STUDY GODS

How the New Chinese Elite Prepare for Global Competition

學神

中國菁英教育現場一手觀察

姜以琳——著
許雅淑、李宗義——譯

本書獻給我愛與感激的父母

目次

各界讚譽

精彩的文字，生動的細節，令人捨不得闔起書本。《學神》帶領我們進入中國的中學，看見以考試建立起來的世界，充滿了競爭與淘汰，而成績優異的學生，在這裡享有崇高的地位。作者姜以琳耗費數年的時間追蹤觀察這些年輕人，見證他們進入常春藤大學並在歐洲和美國獲得高階職位。強烈推薦！

——**安妮特．拉蘿（Annette Lareau），《不平等的童年》（*Unequal Childhoods*）作者**

《學神》是一本極具意義的著作，作者長時間觀察一群中國的菁英學生，見證他們的成長歷程。作者文筆細膩、內容親切易讀，結合社會學、教育學和人類學的跨學科文獻，推薦給關心中國崛起的讀者。

——**馬穎毅（Yingyi Ma），《野心與焦慮》（*Ambitious and Anxious*）作者**

作者姜以琳提出清晰的概念，透過嚴謹的分析，讓我們知道中國菁英家長的子女如何駕馭這套教育體系，他們又是如何獲得學業上的成功，以及在全球競爭中爭取獲勝的機會。姜以琳還破除了「虎媽」的神話，呈現社會階級在塑造價值觀、規範、日常實踐和社經地位的至關重要性。

——**周敏（Min Zhou），《亞裔美國人的成就悖論》（*The Asian American Achievement Paradox*）共同作者**

作者文筆細膩動人，呈現「學神」的生活、觀點和經歷。姜以琳透過長期且全面的觀察，讓我們能夠深刻理解這群社經地位優越、成績優異的中國學生。

——**馮文（Vanessa Fong），阿默斯特學院（Amherst College）**

這本《學神》讓我們看見「萬般皆下品，唯有讀書高」此一信念，如何在中國種種條件的催化之下，演繹成數倍於臺灣的殘酷競爭環境。我也深刻地體會到，「內卷」跟「躺平」

這兩個詞，從中國先流行起來，絕對不是偶然，有其令人悲傷的因素。

——**吳曉樂，作家，《你的孩子不是你的孩子》作者**

想像一個社會中，如果只有百分之一的在教育中的優勝者，而卻有其他百分之九十九的學習受挫者。整個集體產生的相對剝奪感導致的消極情緒、憤怒、怨恨及不滿，將會成為整個社會的不定時炸彈。而《學神》一書告訴我們這顆炸彈是如何製造。「教育」在民主的國家，學習典範正慢慢的從「追求卓越」跨入「自我實現」的年代，正是因為教育一旦成為階級複製的煉金術；階級越穩固而且很難流動的社會，絕不是人們能夠安居樂業的場域。

——**郭駿武，臺灣親子共學教育促進會秘書長**

序言

國一上學期剛開始，我穿著喜愛的一套衣服前往中正紀念堂，跟剛認識的同學們一起排練啦啦隊。我這一套衣服是淺粉紅色底、淺灰藍色格子條紋的外套跟長褲。我非常、非常喜歡這套媽媽給我的衣服，小六時穿著它照國小畢業照，這天也刻意挑選這套服飾，想給新同學們留下好印象。剛抵達中正紀念堂，幾個同學看見我，紛紛指著我偷笑。我不知道她們笑什麼，自顧的繼續往大家的方向移動。在離其他同學大約三步的距離，兩位女生搭著肩走向我，帶著訕笑的語氣大聲問：「姜以琳，你穿你家菲傭的衣服喔？」

國一下學期結束前，不擅手工的媽媽努力學會了幫女兒編麻花辮。我頂著媽媽編的辮子上學，感覺心情飛揚，自己覺得這髮型可愛、跟綁了多年的馬尾不同，頭髮也不會黏在脖子上，好適合臺北的夏天。老師在學期最後一天，指著坐在班上最後面的我，建議同學考慮把較長的頭髮綁起來。立時，班上同學們哄堂大笑：「姜以琳像大陸妹！」

我再也沒有穿過那套粉紅色的衣褲。即使爸媽說不要管別人怎麼說，即使二十多年後我依然能清楚描繪這套衣服的樣式。我再也沒有讓媽媽幫我編頭髮。即使媽媽表示不要理同學的言論，接下來五年我都千篇一律的將頭髮紮成馬尾。但是為什麼，為什麼這些同學覺得我的衣服、髮型都很可笑呢？難道是因為我的衣服不是名牌嗎？她們沒有確認，自然也不會知道領子後面沒有商標。難道是因為陸劇裡女生綁麻花辮？在那個沒有陸劇概念的年代，國一少女分明更為關注愛情小說跟電影。年幼的我並不知道，這群幼稚園開始一起在私立學校長大的女生們，壓根不需要確認商標，她們用品味就可以準確的區分人群。當年的我也不瞭解，同學們想表達的不是我長的像哪裡人，而是拒絕老師將外人劃分進她們的世界。她們所做的一切，都只是在日常生活中用排他性的行為，進行再正常不過的地位區辨（distinction）。

國中時所受到的種種衝擊，啟蒙了我日後對於階級差異的研究興趣。地位階級的差異，其實是有跡可尋、眾人都知道，但大家都不明說的事情。許多研究都指出，青少年已經在區分彼此之間的地位。我在「社會學」課堂中，讓大一學生看兩張五年級小孩的照片，分別描述兩個小孩的故事。好多屆下來，學生們即便是自以為在亂掰，大多也都能準確猜中照片中小孩的家庭背景、學區類型，和從事的課外活動。顯然，臺灣的大一學生已經練就出藉由一張照片就精準區分陌生人地位差異的能力。這種千錘百煉出的技能，成年後更是成為他們一種不言自明的直覺。學術上常用布迪厄（Pierre Bourdieu）的文化複製理論，包含品味、文化資本、場域、秀異、排他性等專有名詞，來解釋這種無法言喻的感覺。每一個名詞都是一套理論，可見區辨階級這一看似人人都知道、隨時都在進行的簡單日常行為，其實是由多種極為複雜的行動跟觀念交織而成。

階級地位跟家庭背景有極高的相關性。研究跟媒體常用薪資、稅賦來區分社會階級，但青少年的邏輯跟這些成年人的分析有著決定性的差異。套句 Murray Milner 在 *Freaks, Geeks, and Cool Kids* 一書中的一段話：「青少年沒有權力、也沒有財富，因此最重視地位。」作為異常認真區分彼此地位的群體，青少年幾乎不會較量家庭財富或爸媽年薪，更鮮少直接比較誰家有更大的政治權力。我（以及其他考進私校的同學）跟在私校長大的同學們有眾多差異中，其中確實有相當程度是因為家庭背景不同。舉例來說，我用的尺購自巷口文具店，每把定價五元；他們喜歡的則是每把兩百五十元的日本原裝進口尺。我以為在外面吃東西就是去餐廳、便利商店，或邊走邊吃；他們除此之外，還有去百貨公司頂樓俱樂部用餐的選項。但即使這樣，說到底，我的國中同學們沒有詢問彼此家庭背景，純粹的進行他群和我群之間的地位分野。這條分界線到底是什麼，他們怎麼劃分你我？更重要的，有誰可以跨越這看似嚴謹的分隔，成為所謂我群的一分子？

我哥哥就越過了。同樣身為考進私校的學生，他彷彿輕而易舉、不費心力的在班上擁有一群志同道合的朋友，每天都跟同學們一起打球、打屁、打電動。我對這差別經驗感到困惑，畢竟我跟哥哥的家庭背景完全一樣，我們住一起、上同樣的幼稚園跟國小，朋友們還說我們長的很像。直到一天我的導師怒氣衝衝的回到班上，分享她剛才在國三班級的代課經驗，我這偶有的困惑才終於得解。導師抱怨的內容大致是：「那個班上有個男生一直在講話，但我不知道他的名字，沒辦法叫他起來，只好抽籤問問題。結果，啊哈！就抽到他！」接著她悻悻然的表示，「沒想到他居然回答的出來，我只好讓他坐下。」我以為故事結束，誰知接下來劇情急轉直下，老師看著我說了像是這樣的話：「後來我發現那是姜以琳的哥哥。要是姜以琳膽敢在班上這樣，早就被我打死了。」導師的這番話讓我幡然領悟。我跟哥哥的差異，不是（或不只是）我們的性別、年齡不同，而是在於他身為分數超高、被預測上建中的學生，能完美回答出老師的問題，所以老師只能吞下怒火，放任他上課說話。我分數不高、常常不知道問題的答案，所以上課不准說話，若是說話就會被懲罰。

原來，在青少年的世界裡，地位既不能簡單的用家庭背景劃分，甚至可能有比社經背景更重要的東西。這東西是什麼，卻很難明說。每個地位體系都強調不同的特質，問卷調查難以全面含括，也沒什麼人會在訪談中承認自己依據某個特質區分人群，受訪者甚至可能為了展現自己的多元包容性而斷口否認做過這種事情。想要知道一個體系的規則，恐怕需要在長時間的相處下，成功融入一個群體，但依然保有身為外人的目光，才能較為準確的意識到某種重要特質的存在、以及其在這套地位體系內的價值。本書在北京菁英青少年之中所觀察到的這個特質，就是分數。這個特質的選擇並非青少年自行選擇的，而是社會引導他們決定的。當身邊的大人，從家長、老師到小區裡的陌生大媽，從報章媒體到國際競賽都在強調分數，十幾歲的青少年幾乎沒有可能不在乎分數。當然，青少年也有自主的能動性。身為菁英子女，他們要做的是獲得美好的未來，確保未來的生活水準不會下滑。為了達成這個目標，社會強調的特質，他們會照單全收並且自動去強調。結果是在與社會的互動過程中，分數不但成了他們在校內區分階級的標準，甚至成了個人本質性的差異——不同分數的同學，被賦予了不同的階級名稱。

最後，雖然青少年世界裡不強調財富，他們所區分出的地位，卻受到家庭背景的強烈影響。大學時期，我回到國中去拜訪老師。有一位較熟的老師感慨的說了一番話，大致是：「你看你國中時成績不怎樣，卻居然考上臺大，果然小孩的結果最後還是得看家長。」她的意思並非我父母收入高或低。跟國中同學相比，我家裡一個月的收入恐怕還不到他們父母一天的收入；另一方面，跟上不起私立學校的朋友比，我家不用借貸，就能籌出一雙兒女三年的私校學費。但是家庭在經濟之外的影響確實不可磨滅。我的家長有足夠的文化涉獵，可以透過親子教養與溝通等方式，讓女兒即使在相對剝奪的環境下，能健康成長、安然度過國中三年。我的家長對教育體系有足夠的理解，所以當我成績不夠好時，知道怎麼鼓勵我、讓我士氣高昂的面對下一次考試比賽。這些種種，都是家庭背景帶來的非經濟優勢。這位國中老師不知道什麼是文化資本，也不需要用高深的統計分析或精闢的田野觀察，就平鋪直述的道出了現今階層化研究的結論。果然，教育階層化是一個所有人都知道，但日常中不會細究其成因背景的社會事實。

這本書來自我在賓大撰寫的博士論文，爾後改寫成全新的著作。在這份研究中，我用一群北京青少年的真實案例，爬梳地位區辨、階級複製的過程。我希望在盡量不使用高深學術理論的前提下，樸質真實的呈現這些優渥的年輕人如何學習、運用學到的能力與技巧，逐漸成為不只適應中國，而是可以前進國際社會的新生代青年菁英。在發表與本書相關演講中，我常被問到臺灣跟北京的高中生有什麼差異。我不知道現在的臺灣高中生怎麼將彼此歸類，但區辨既是基本的社會行為，我猜測臺灣高中生應該與世界各地的青少年無異，只不過各自賦予價值的特質可能不盡相同。本書雖然描述北京的菁英青少年，但並不是要提倡中國特色或有錢人家的生活樣貌。相反的，我希望用這些青少年為例，探討每天在世界各個角落不斷上演的，地位區辨與階級複製的戲碼。盼望本書能藉著分享真實案例，幫助讀者們將自己的日常經驗與求學過程放入更大的社會群體脈絡內檢視，促使我們對現今共處的全球社會有更深刻的理解。

回顧收集資料的過去八年，我由衷感謝過程中支持我的每一個人。我首先必須感謝亦師亦母的指導教授Annette Lareau毫無保留的支持。Annette教我蒐集和分析民族誌資料、提出問題以及駕馭學術寫作，她的建議以及鼓勵支撐著我從開始田野調查到完成本書。Randall Collins引領我學習各種理論概念，每次都用毫無保留的鼓勵維繫我對這項研究的熱情，他的建議塑造了支撐著這本書的理論架構。Emily Hannum帶我認識中國教育，也是唯一在田野調查期間到北京探望我的論文口委，每次與她討論都帶給我許多精闢的觀點。Hyunjoon Park在課業知識和學術熱忱上給我的多方支持，他帶著我參與國際學術研討會，教導我階層化的研究與概念。我的老師們不辭辛勞的多次聚在一起熱烈討論、探究我的研究，有他們多年的指導與鼓舞，才有這本書。我也深深感謝Jere Behrman和Irma Elo在整個博士期間給我的鼓勵和支持，當他們的助理讓我收穫良多。Yeojin Lee、胡力中、Sarah Spell、Natalie Young、Chris Reece、Duy Do、Sangsoo Lee、吳挺誌、黃旨彥、陳妙昕、鐘佳妤、林Hannah的友誼照亮了我在賓大的生活，使我的博士生涯充滿歡笑與美好的回憶。

在北京時我很幸運得以在芝加哥中心和太月園遇到志同道合的朋友。陳晨、許晨佳、Denelle Raynolds、Stephanie Balkwill、Nathan Attrill、Mary McElhinny、Silvio Ghiglione、白珮怡、高維華、林宜慧，和Ben Ross把我在北京的田野調查變成了一場有趣又令人難忘的特別經歷。我真心感謝在北京的叔伯阿姨們，若不是他們的支持與愛護，我不可能完成研究。胡伯伯、Alice阿姨慷慨收留了初來乍到北京、什麼都不懂的我，他們是讓我解鄉愁的北京基地。董叔叔、小鄧阿姨、劉勇老師從帶我辦手機、找房子，到清早帶骨折的我去看醫生，他們為我解決了一切在北京的疑難雜症。嚴士健伯伯、劉秀芳阿姨、馬志銘伯伯、陳木法伯伯、羅丹阿姨對我甚是愛護。他們為我這第一次見面的朋友小孩費盡心思，年歲已長的嚴伯伯與劉阿姨甚至親自出面，好幫我求取田野的入口。每次回想到自己獲得這麼多叔伯阿姨跟朋友們的支持，我就覺得自己實在無比幸運。

我在美國生活十二年後回到臺北。國立政治大學社會學系的同事們給了我充分的時間重新調整腳步，並且讓我有適性發展的空間（這在職場上可是難能可貴），他們讓我得以在適應新生活之餘，能夠完成本書的寫作。我非常感謝每一位系上同仁、也很慶幸與他們成為多年的同僚。臺灣青少年成長歷程資料庫（TYP）的前輩們時常表達對本書的興奮與期待，他們提供了寫作者隨時都需要的動力。李宣緯、Jack Neubauer、Ryan Holroyd、吳欣芳、王盈婷、翁哲瑞、林文旭和曾俊凱都是出色的同行，也是聰明幽默又和善的好朋友。在漫長的研究過程中，葉思妤的建議總是提綱挈領，她也總能讓我振奮士氣。特別感謝我的研究助理鄭詞云。過去三年來，她不遺餘力協助我完成本書的寫作。從校對參考目錄、整理逐字稿，到處裡行政程序和校正格式與翻譯，她的協助得以讓這本書順利完成。

田野調查要花很多錢，海外的長期追蹤調查更是破財耗時。本研究得到賓大Otto和Gertrude K. Pollak暑期研究獎、Judith Rodin Award、President Gutmann Leadership Award和Provost Fellowship Award for Interdisciplinary Innovation，以及科技部的專書寫作計畫（108-2410-H-004-194-MY2）的資助。Hyejeong Jo、Aliya Rao、Peter Harvey、Sherelle Ferguson、Blair Sackett閱讀並評論初稿的幾個章節對我幫助甚大。Hyejeong陪我梳理論文所應該使用的菁英定義，這段討論對本書至關重要。已逝的Murray Milner也在研究初期給了許多關於菁英研究的寶貴建議。我在國內外的不同單位發表了與本書相關的演講，在此感謝與會者的評論和洞見，請恕我無法逐一致謝。

我有幸享受家人始終如一的包容與愛護，他們全力支持我的研究。我的父母灌輸給我專注於研究的習慣，並且每天都以身作則。他們不但是我走進田野的源頭，也是這項研究最早的起點：他們把哥哥和我送到臺北一所私立中學的決定，無意間帶我進入了一個全然陌生的菁英世界。想當初他們安慰受創的國中女兒時，恐怕自己也沒料到，這位女兒所感受到的中產和富裕階級之間的差異，將在十多年後促成她研究菁英青少年的地位體系。

最後，我對本研究的參與者獻上無限的感謝。我真心感激首都中學與頂峰中學的家長和老師，特別是那些接受我走進他們課堂和家庭的人，以及在八年之間大方與我分享他們生活經驗的學生們。我的論證有時需要我把他們寫得很不討喜。但即便如此，這些獨特的年輕人其實對社會不平等抱持高度的敏銳，也相信自己有能力也能夠促進社會平等。他們非常關心農村貧困、難民流離失所、野生動物貿易和環境污染等重要的社會問題。我認識的他們，都是善良、富有同情心，偶爾顯得有點彆扭的可愛的年輕人。我至今都極為喜愛這群人，也堅定的支持他們。我將他們對我的信任、贈予我的友誼，和他們與我相處時的慷慨銘記在心。能夠見證這群青少年逐漸轉變為成熟的年輕人，是我一生的榮幸。

導論

從劍橋大學畢業之前，Ashley就收到好幾份錄取通知。[1] 其中有兩個機會特別吸引她。Ashley可以到瑞士去，進入全世界最大的製造商，開啟她的職業生涯，或者進入歐洲排名第一的商學院就讀。無論選擇哪一條路，她就業後的起薪都至少有十萬美元左右。Ashley深思熟慮後，決定接受瑞士的那份工作，如此一來就能儘快實現夢想中的理想生活。一年後，Ashley厭倦了在蘇黎世朝九晚五的日子，她說蘇黎世不過是「一座歐洲小鎮」，於是，她跳槽到另一間日本公司，被派駐到設在新加坡的分公司上班。Ashley的薪水遠遠超過她前一份工作，她在新加坡要支付的稅金也比較低，而且公司給她的福利待遇比日本總公司的同事還要優渥。當我問她未來有何打算，Ashley把齊肩的長髮撥到一旁，雙臂交叉抱在胸前想了想，她說自己可以留在目前的公司繼續升遷，或是跳槽到另一家公司爭取更優渥的薪水。「要不然」，她信心滿滿地笑著說，「也有可能到美國哈佛或華頓商學院讀個MBA。」

Ashley完成劍橋大學學業的同一年，在地球的另一端，劉向祖從南京大學的一流系所畢業。大四期間，劉向祖思考畢業後的出路。他收到幾家公司的邀約（歸功於自己就讀的科系和產業之間的緊密聯繫），並錄取了中國兩家頂尖大學的博士班。經過一番考慮，劉向祖決定繼續攻讀博士學位，希望將來能夠創業。為了累積人脈，他決定到北京讀博士，而且馬上就成為指導教授委託研究案的重要一員。劉向祖創建自己的領英（LinkedIn）帳號後，旋即獲得一份顧問工作，開始為一家在中國投資數十億美元的美商工作。向祖身材高大、黝黑、結實。他與大多數年輕人不同，全身散發自信，談吐成熟穩重，有大將之風。雖然二十四歲的他還是個博士生，但他的收入已經躋身中國城市收入的前百分之十，也經常出席涉及商業機密的商務會議，或是與重要人士私下談話。向祖還開著一輛嶄新的黑色奧迪轎車上下學。由於渴望進一步瞭解國際市場，他還打算在畢業前申請到美國參加為期一年的交換計畫。

Ashley和向祖都是新一代的全球菁英。正如許多和他們一樣的菁英同儕，[2]他們都畢業於世界各地的頂尖大學，躋身國際大企業，亟欲建立自己的金融帝國。這群年輕人含著金湯匙出生，接受世界一流的教育、生活舒適無虞，往後也很可能過著富裕的生活。隨著中國成為全球最大的經濟體，這群在中國出生和長大的菁英青年引起許多關注。在電影《瘋狂亞洲富豪》（*Crazy Rich Asians*, 2018）和《公主我最大》（*Ultra Rich Asian Girls*, 2014-15）等影視節目中，呈現出來的中國菁英青年形象，超乎西方觀眾的想像。他們進入美國校園讀書，竟帶動了豪華汽車的銷量，他們支付的學費是歐洲私立學校的重要收入來源。[3] 中國新一代菁英深受矚目，反映全球財富正流向中國。中國已成為美國國債最大的持有者，也是億萬富翁人數第二多的國家。[4] 全球四十歲以下白手起家最富有的億萬富豪，前十名之中有四位是中國人，只有三位是美國人。[5] 中國買家正在收購美國和歐洲的企業，包括奇異電器（GE Appliance）和富豪汽車（Volvo）。[6] 這些買家滿手現金，就算在全球經濟不景氣的時代，人們也認為就是他們炒作房地產，才造成房市價格上揚。[7] 探討中國崛起的相關書籍越來越多，《當中國統治世界》（*When China Rules the World*）等書已成為全球暢銷書。[8] 此外，我們也經常看到「改變全球產業的中國大企業」或「中國浪潮主宰全球經濟」這一類的新聞標題，似乎在不久的將來，中國和中國菁英將引領全球經濟的發展。

同時，中國也使用其財富在媒體、科技和教育等領域施展影響力。當西方新聞媒體機構正面臨預算縮減，中國的國營（黨營）媒體卻繼續加碼，提高他們在倫敦和紐約等全球分社的薪資。[9] 另一方面，中國技術飛快發展，迎頭趕上美國，並與美國爭奪人工智慧的主導地位。[10] 此外，中國的高等教育也蓬勃發展，而美國卻在二〇〇八年金融風暴後，取得終身聘的教授人數逐漸減少。[11] 現在中國大學足以跟美國大學爭奪師資，中國的大學經常宣傳自己具備最先進的設備，並且提出高於美國平均水準的薪資條件。[12] 中國大學在國際排名競爭也有所斬獲：根據二〇二一年《泰晤士高等教育》（*Times Higher Education*）的排名，清華大學（中國兩所頂尖大學之一）不僅是亞洲排名第一的大學，也是世界排名前二十的大學。

有人說中國新一代的年輕菁英在無意中成為國家的代理人，幫助中國征服世界。[13] 雖然這些臆測都是無法證實的陰謀論，但中國的青年菁英正在證明自己是世界上最優秀的人才之一。根據「國際學生能力評估計畫」（Programme for International Student Assessment, PISA）的科學和數學的競賽成績，中國學生的表現超越其他國家的學生。[14] PISA的報告也顯示，即使是中國貧困家庭的學生，也比OECD其他國家的底層學生表現得更好。學校的教職員之間經常出現的話題，是近年來有越來越多的中國學生申請美國的研究所，而且他們的GRE成績還超越那些以英語為母語的申請者。這群表現優秀的中國學生正以前所未見的速度登上世界舞台。在美國、加拿大和澳洲大學的國際學生當中，中國學生是人數最多的一群，大約占外國學生的三分之一。英國政府的統計顯示，中國留學生在英國的總人數，超過排名第二到第六名的留學生人數總和。[15] 有些接受留學生的國家，如美國，已經緊縮移民政策，並穩定減少發放學生簽證的數量。[16] 然而，許多中國學生即便知道簽證名額減少這件事，卻毫不擔心，認為自己在美國學習和以後就業的計畫不會受到阻礙。[17]

大量的指標都顯示中國年輕菁英正一步一步主導全球經濟。他們究竟是如何辦到的呢？像Ashley和向祖這樣有資源有優勢的學生，如何不止在國內、而甚至在國際上嶄露頭角？這就是本書要分析的主題：年輕菁英在面對全球競爭時，如何複製菁英地位。這過程背後往往有一段不為人知的故事，但卻非常重要。具體來說，中國年輕菁英的故事，突顯從國際角度研究階級複製的必要性。菁英通常被認為是在國內具有強大影響力的小團體。[18]然而，隨著社會的相互聯繫越來越緊密，資源和人員的跨界流動也日益頻繁。在全球化的時代，菁英遊走各大洲，居住在不同的國家，並在他們所到之處積累人脈和財富。儘管他們的國籍不同，但菁英就讀相似的大學、參加同樣的實習，並且相互提拔，建立朋友圈。考慮這一段複雜的過程，就不再是在自己國家境內有影響力的小團體。反之，他們四海之內皆兄弟，追求類似的生活方式、工作和目標，基本上不受政治或國界的限制。因此，探討中國的年輕菁英如何加入新一代的全球菁英行列，對於地位複製的問題，能夠帶來更多的啟發。

本書的資料來自於我長期累積的民族誌以及訪談記錄，我研究的對象是北京社會經濟菁英階層的學生、家長以及老師。我對二十八名菁英學生進行的追蹤調查是從他們高二和高三開始，調查時間長達七年（二〇一二年至二〇一九年）。我記錄他們在人生重要轉折的生命軌跡，從中學到大學畢業，再進入研究所，或者進入中國、美國、歐洲和世界各地的職場。

我認為中國的年輕菁英之所以能夠在全球的菁英大賽中攻城掠地，是因為他們懂得如何成為「學神」，而所謂的學神就是表現特別優異的學生。然而，會讀書並非學神唯一的特色。學神之所以「有如神一般」，在於他們可以不費吹灰之力就在學校裡高人一等、出類拔萃，而其他學生，包括「學霸」則要在學習上孜孜不倦。成為學神並不等於成為校園裡最受歡迎的學生，也不等於顯露個人不凡的家世背景，學神也與出眾的外貌或運動長才無關。[19]成為學神表示學生在學校裡位於崇高的地位，同儕認為他天生就是那麼優秀。在日常的互動中，學神是同儕的焦點，享受老師的寵愛和父母的溺愛。重要的是，學神的形成基本上就是菁英階級複製的過程。因為「學神」的定義是（不費吹灰之力）名列前茅，所以學神的資格取決於一流的學業表現。然而，向下流動的威脅就在眼前，因為學神可能會隨時因考試「失常」而墜落凡間。在這方面，來自父母幫助孩子提高成績的各種支援就非常重要，他們的策略常常能夠創造學神，或維護學神的地位。

在本書接下來的章節，我會一一介紹我研究的這群年輕人。這些男女學生在中學畢業時，已經具備各種重要的技能，這些技能形成了一套行為模式，有利於他們在全球社會中再次進行菁英地位的複製。他們已經掌握並駕馭地位等級（status hierarchy），期待同儕和上司依照每個人不同的地位給予不同的待遇，並且當他們遭遇有可能危及地位複製的阻礙時，會向父母尋求協助。這群年輕菁英中學時期在學校和家庭的經歷，實實在在影響著他們長期的發展軌跡。這群學生帶著從前在中學學到的經驗，進入美國（和歐洲）的校園繼續磨練這些與成為菁英有關的技能。隨著他們進入研究所或職場，也會應用他們在中學時期吸取的教訓。那些對校園內的地位體系（status system）有深入瞭解的人，能夠制定策略，讓自己始終名列前茅，或至少避免淪為墊底。他們與同儕和老師日常互動的技巧，之後會運用在處理職場上與同事和上司的關係。家人在重要時刻也發揮關鍵作用。他們還在學校時，父母幫助孩子克服一路上的種種困難，並且以孩子還未具備的全球視野，提供後備方案。畢業後，萬一孩子的職涯發展不甚理想，這些菁英的父母依然擔任後援的角色。

就如同其他國家背景相似的學生，本研究的中國菁英學生是一群面向全球的人。他們都必須和全球菁英人士廣結善緣，透過留學、參加學術交流計畫，或進入國際企業上班，結交各地的菁英。在這群年輕的菁英當中，並非所有人都能在畢業時找到一份薪水優渥的工作。許多人選擇進入金融界，但有一些人則對環境保護、科技或學術等領域充滿熱情。然而，即使是那些成就較低的人所設想的未來，對於中國和其他地方的一般學生來說，也是很令人羨慕的未來。雖然學生在學校裡頭的表現未必決定他們未來的成就，但我會在本書接下來的章節之中說明，那些成為學神的學生所磨練出與菁英地位複製有關的技能，因此，他們的表現會勝過那些功課一般的同學。所以，「學神」在中學學到的技能，可以說在各個社會的職場都非常實用而且無往不利。

二十一世紀的菁英面向國際，以西方社會的標準來看，他們可說是非常富裕。本研究的中國年輕菁英，是中國不平等現象擴張的原因，也是不平等現象的產物，中國是世界上貧富差距最大的國家之一。[20]這樣的社會環境意味著風險更大，因為那些向下流動的人有可能萬劫不復。由於中國的影響力遍及世界，在中國成為菁英也就可能成為國際社會的菁英。國內和國際的不平等越嚴重，對人造成的地位焦慮也就越嚴重，使得菁英父母不得不花大錢投資孩子的教育，保障他們的未來。[21]我們必須注意到這個更廣大的社會趨勢，因此本書探究的中國年輕菁英不只是「善於」人生「大賽」，更是一群想把自己打造成新全球菁英的年輕人。[22]

菁英教育和階級複製的競賽

青少年有許多目標和夢想。有些人的目標明確，例如想要成為音樂家、律師、醫生、演員或臥底特工。有些人可能對未來的職涯懵懵懂懂，或者只是想過個好日子。然而，他們所設想的未來並非幻想，而是建立在職業志向（career aspiration）之上，並且孩子們的職業志向與日常生活有緊密的關係，是經過不斷討價還價或妥協的結果。例如，孩子可能因為觀察家裡和社區的生活方式，決定他未來想做什麼，也可能因為與同學和老師的日常互動，從而使得孩子改變或重新評估自己的目標，這些人對他們的看法和期望會影響他們的自我期望和職業志向。簡而言之，孩子對於自己成年後的生活抱持什麼樣的期望，與他的社會經濟背景息息相關。[23] 有各種因素會影響孩子未來的發展，包括孩子的家庭背景、個人特質和人口特徵（demographic characteristic），以及他們所遇見的人，這些都會對他們的未來產生重大影響，而且因為這些影響發生在青春期，具有非常重要的意義，所以跨世代的階級承襲大致都能成功。[24] 我們在許多社會都不難觀察到類似的階級複製。這種現象可說是反映「有其父必有其子」這句古老的諺語。中國的諺語「龍生龍、鳳生鳳，老鼠的孩子會打洞」指的也是相同的現象。在許多社會中，包括中國，菁英的小孩成為未來的菁英，中產階級的小孩一樣是中產階級，工人階級的小孩依然是工人階級。

根據布迪厄（Pierre Bourdieu）的觀點，階級複製有如一場紙牌遊戲，玩家是各個家庭，而大獎是地位，玩家們為此相互競爭。[25] 每位玩家都拿了一手牌，必須想盡辦法，擬定致勝的策略。然而，打從一開始，玩家們的起點就是不公平的。每個玩家手上的牌可能天差地別，少數玩家拿到一手好牌，而大部分的玩家則是拿到一堆爛牌。每個人的打牌技巧也不同，有些人懂得使用各種策略，而有些人根本無計可施。最後，儘管一同坐在牌桌上，玩家對規則的掌握程度也有落差。有些人熟悉無數的特殊規則和鬼牌（wild card），但其他人可能對此一竅不通。

這群菁英有如在階級複製遊戲中手握特權的玩家。他們手上的牌特別好，可以支配的經濟、社會和文化資源特別多，而且菁英還非常懂得怎麼打牌。比方說，富裕的菁英家長對孩子進行密集教養，以此提升孩子成功的機會。這些家長的做法包括「規劃栽培」（concerted cultivation），也就是高度的時間管理，並且多與位居要職的人來往，例如教師和學校行政主管。[26] 這些家長會「不擇手段」解決孩子在學校遇到的任何問題，也因此他們難免要與老師和學校行政人員商討解決問題的方式。[27] 雖然一些菁英家長並不干預小孩子的日常作息，可是一旦他們認為子女遇到麻煩，還是會使出殺手鐧，而菁英家長運用的策略多半是資源匱乏的競爭對手辦不到的事。[28] 最重要的是，菁英對規則瞭若指掌。事實上，就是他們制定了遊戲規則，也是他們推動遊戲進行下去。[29] 畢竟，在眾多的文化腳本（cultural repertoire）之中，是由菁英決定了某一特定品味對於擁有者的價值。想當然爾，他們對自己已經擁有的品味，賦予了更高的價值。[30]

兒童和青少年所設想的未來，教育的學位和文憑是必備的。競逐階級複製的菁英，常常把教育當成傳遞特權的重要手段，他們在學校時就培養出成功所必備的技能。階層化的研究文獻指出，教育是預測未來成就的重要變項。[31] 隨著社會越來越重視文憑，教育程度往往成為決定地位的先決條件或訊號。[32] 學校的教育過程，其實是在訓練菁英青年競逐全球地位。在中學階段，菁英青少年必須培養階級文化品味，並且能夠把知識運用到得心應手，對上對下都能從容自在，並且擺脫任何非菁英地位的記號。[33] 進入大學後，這些菁英會繼續把菁英主義的記號昇華，並且和同樣是菁英的校友建立網絡。[34] 大學畢業後，這些年輕人有較大的機會到有影響力的公司上班，也有更多的機會獲得權力。[35] 因為教育是如此重要，對個人的成就有重大的影響，所以教育可說是最重要的手段，讓菁英青少年在未來脫穎而出、成為高社會經濟地位的一員。換句話說，幾十年的學校教育是一段珍貴的時光，菁英學生在這段時間熟悉階級複製的遊戲規則。

菁英之所以能夠成功完成菁英階級的複製，原因之一絕對是他們非常熟悉階級複製的基本遊戲規則。然而，藉由教育進行地位競爭的規模正在改變：從歷史上來看，這些菁英過去只在國內競爭，而現在留學海外的菁英也加入賽場。參賽的行動者和機構似乎也在增加。雖然教育仍然至關重要，但是比賽環境和參賽者的改變，意味著全球層次的具體規則可能會有些模糊不清。畢竟，不同國家的菁英對於支配競爭的規則並無共識。例如，德國菁英淘汰賽早在四年級就開始，而美國卻在十二年級才展開。換句話說，德國的菁英青年養成之路要比美國早了許多年。[36] 在不同的國家，菁英看重不同的才能。在只教一種外語的國家，菁英可能認為具備多種語言能力是全球競爭的重要資產。相比之下，對盧森堡的菁英來說，具備多種語言能力可能就沒有這樣的意義，因為當地學校培養的學生至少要能熟練三種語言。哪一種教育體系會帶來成功也變得難以比較。目前還不清楚是美國的菁英寄宿學校、英國的公立學校，還是中國的國際學校更能提供學生地位優勢。同樣，也很難確定是哪所學校，究竟是常春藤盟校、牛津劍橋（Oxbridge）、法國高等專業學院（Grand École），還是清大、北大，可以給畢業生更好的前途。[37]

當判定教育是否成功的程序、時機和標準因國家而異，那麼全球規模的地位競爭規則也就不會太明確，即使對菁英來說也一樣。[38] 然而，預先確認一套共同的規則，是玩家是否願意參與任何遊戲的先決條件。因此，全球菁英在競爭階級複製時制定了什麼規則呢？他們必須學會什麼，才能夠與世界各地的對手競爭菁英地位呢？在本研究中，無論是在中國、美國還是英國，挑選並進入理想的大學是菁英學生生命中的大事。中國家庭把大學視為決定孩子是否能成為未來菁英的第一步。學校裡的同學毫不掩飾地說，像 Ashley 這樣的學神，不僅會進入頂尖大學，而且未來的努力都會得到豐碩的成果。老師甚至經常鼓勵學生們要想像自己未來有可能成為中國的總理。菁英學生認為如果在教育方面獲得國際認可的成功，那對他們就是獲得至高無上的成功了。Ashley同時取得劍橋大學和卡內基梅隆大學（Carnegie Mellon）的錄取，雖然要進入這兩所大學的困難程度不分軒輊，但她在仔細思考過後決定選讀劍橋，因為她認為劍橋大學比卡內基梅隆大學的國際聲望更高。向祖雖然已經在一家營收數百萬美元的美商有了全職顧問工作，但在仔細考慮未來國際創業的雄心壯志之後，仍決定繼續攻讀博士。

正如學者指出，有資源優勢的學生選擇有聲望的學校，或是追求更高學位的文憑，才有辦法與其他同樣掌握特權的學生抗衡。[39] 在Ashley、向祖和其他許多人的案例中，他們挑選的學校，是根據菁英階級複製的規則深思熟慮過後的選擇。菁英學生讓自己沉浸在競爭環境之中，與世界各地的同儕競爭，並且在教育競賽中獲得勝利，而菁英的孩子也要發展出這樣一套技能，讓自己能夠順利競逐全球的菁英地位。隨著時間過去，以教育為基礎的階級複製競爭規則也就逐漸浮現出來。

中國的青少年菁英

中國青少年菁英從名校畢業之後，也參與了全球地位的競爭。這些富裕的、表現耀眼的學生，隨後踏上能讓他們日進斗金的職業生涯。無論國際政策有何變化，他們似乎都能貫徹自己的生涯規劃。二〇一八年，美國總統川普修改了理工科系（STEM）簽證計畫，縮短中國學生畢業後能留在美國的時間。然而，許多中國學生仍然信心滿滿，認為這並不會動搖他們未來的計畫。[40]這群來自中國的青少年菁英是強大的全球競爭者，他們在國際競賽中取得佳績，過去的教育成就讓他們取得成功的入場券，再加上高度的自信，其他發展中國家的青少年根本難以望其項背。這些中國學生清楚地位競爭的規則，打算利用他們所掌握的資源完成他們的教育策略。最重要的是，中國菁英青年打算複製父母的菁英地位，不是（或者不僅是）在中國，而是在全世界！

中國這群年輕的社會經濟菁英有很強的競爭力，而且他們也都相當成功，然而對於他們如何取得全球菁英地位的過程，我們卻所知甚少。近年來，眾人開始關注這群來自中國的菁英青少年，他們才因此獲得一點鎂光燈。一九八〇年代中國經濟改革，新社會經濟菁英崛起，他們通過求學獲得很高的地位。[41]中國和其他許多國家一樣，教育在後改革時期是決定菁英地位非常重要的關鍵。一個人的教育程度已成為躋身政治和經濟菁英階級的強力指標。[42]由於父母通過教育成功實現向上流動，所以他們期望自己的孩子進入頂尖大學，認為這是子女走向未來康莊大道的第一步。本研究的學生是在穩定、無重大社會變動的共產主義中國成長的第一代，他們追求教育成功不僅是為了向上流動，也是第一代為了複製父母地位的中國人，試圖繼承他們從小就享有的優勢。此外，在這個日益不平等的中國社會，本研究的參與者可以呈現社會頂層的教育經歷，此時中國收入的金字塔頂端和其他人之間的差距已經明顯擴大，學業競爭也是世界上最激烈的地方。[43] 中國的菁英父母通過學業競爭爬到現在的地位，如今他們為了幫助自己的孩子邁向成功，也依然持續參與在這場競爭之中。這個過程造就一代又一代的菁英，他們熟悉把教育當成獲得高位的工具，他們經驗老道，懂得如何參與這場競賽。

以激烈的學業競爭當作取得社會經濟主導權的主要手段有其好處，但也造成意外的後果。一方面，本研究的中國青少年是在一九九〇年代、一胎化政策下出生的小孩，當時頒佈這項政策的目的是希望培養出新一代的中國青年，使他們成為中國現代化建設的先鋒。[44] 這些青少年可說是在落實政府的計畫。他們在世界各地的頂尖學府取得學位，畢業後留在已開發國家工作，並成為當地收入前百分之二十的高薪族群。另一方面，正如我在書中所呈現，他們裡頭有些人具有特權意識，預期同儕和有權威的人對他們另眼看待。同時，可想而知，他們承受著非常大的壓力。即使他們的父母能夠像作家薛欣然的書名一樣「給我買片天」，[45] 這些青少年的恐懼和焦慮程度通常高於西方國家同年齡的青年。[46] 在中學和大學當中最常見的自殺原因，竟是自認為學業表現不佳。[47] 我在本書詳細描述中國下一代菁英為了參與國際競爭如何裝備自己。我認為學生和成年人之間的微觀互動（micro-interaction）是一股相互交織的力量，共同促成菁英地位的形成。藉由近距離的觀察與分析，我認為新一代的全球菁英巧妙地運用自己有形和無形的資源，在一個日益全球化的時代裡與他人爭奪地位。

關於本研究

菁英學生為了實現自己的夢想付出心力，而且也能得到家長的大力支持和身邊其他人提供的資源。[48]當我開展這項研究時，我非常想要瞭解這段過程。我選擇關注學生的經歷，而不是學校或家長的觀點，是希望能掌握學生自己對全球社會地位競爭的理解。因此我必須跨越國界，研究這些天之驕子如何與來自無數國家的競爭者爭奪主導權。

菁英研究非常罕見。據我所知，本書是第一本針對社會經濟菁英學生進行長期追蹤的作品之一。本書資料來自對中國菁英學生的觀察和訪問，從二〇一二年開始，持續到二〇一九年，前後歷時七年（方法論附錄詳細說明本書的研究方法）。我訪談了二十八名學生，他們就讀北京排名前十的其中五所中學（全市總共近三百所中學）。為了更理解成年人的影響和期望，我也訪問了這些學生的老師和家長。五所學校中的其中兩所同意我進行課堂觀察，並允許我和學生隨意聊聊。這兩所學校分別是頂峰中學還有首都中學，前者是成立於清朝歷史悠久的名校，後者是二十一世紀崛起的新學校。這兩所學校後來成為我田野調查的主要地點，我也對就讀於頂峰中學和首都中學的八名學生進行深入的參與觀察。我連續五天，每天跟著一名學生十到十五個小時。當我在校園裡，我會坐在他們的教室內一起上課、讀書，並且跟他們一起用餐。下課之後，我和他們在城市、電影院或遊樂園閒逛。高考那幾天，我還到考場陪考。我藉由這些活動，也認識許多他們的同班和同校的同學。

雖然訪問這些菁英家庭十分困難，我依然順利對追蹤研究的八位關鍵田野報導人之中的四位做了家庭訪問。我訪問三位男孩的家庭，每個家庭都訪視了一至三次，每次三至七個小時。我在其中一位女孩的家裡住了四天。訪問過程中，我希望父母和孩子們不要理我，盡量維持正常。雖然他們知道我在場，但當父母和學生專注在家務或學習，我彷彿退到了布幕之後。當我觀察他們的家庭生活時，我會坐在客廳的地板上；當我陪他們去考試和上館子，我坐在車子的後座。正如我在方法論附錄中所提及的，學生和家庭的接納增強了我的信心，讓我相信自己所看到的確實是他們的日常互動。

自從我開始做田野以來，已經過了七年。二〇一二年，這些學生正就讀十一和十二年級，面臨很大的考試壓力，忙著申請大學。到了二〇一九年，他們已經大學畢業，進入職場變成上班族或進入研究所。我通過微信、人人網和 Facebook 與全部二十八名學生保持聯繫，我們會互傳訊息和簡訊。在他們中學畢業之後，我平均拜訪每位學生兩次，而且幾乎是每年都會在費城與那些正好住在附近的學生見面。學生提到能參與這項研究都相當愉快，他們都很高興可以再看到我，並且很開心在中學畢業後還能保持聯繫。中學畢業七年後，這些女孩仍然會摟著我、跟我自拍，而且當我們走在一起時還會挽著我的手臂。男孩看到我，也都笑著迎接我，他們會替我拿背包、帶我去參觀市區。其中有些人說以後來訪問時，可以住在他們的公寓。所有人仍然像他們在中學時一樣叫我「姐姐」。這些互動使我確信，我曾經陪著一起上課的這些年輕人——現在已經躋身全球菁英——如今依然接納我，並且願意與我分享他們的所見所聞。

章節安排

為了回答中國新一代菁英是否以及如何主宰全球經濟，我們首先必須瞭解這些人是誰。第一章概述新一代中國菁英的整體情況。我要探究的是，這群年輕人在社會不平等日益嚴重的環境下的經歷為何。這項研究更大的背景，是我觀察到有越來越多的中國留學生前往西方國家求學。中國學生一窩蜂到國外就讀中學、大學，反映他們普遍相信接受頂尖的全球教育是通往成功的可靠途徑。這種現象表示他們認為自己必須在頂尖學校獲得所需的技能，才能確保他們未來的地位，成為真正的全球菁英。因此，求學過程成為中國下一代菁英瞭解全球地位競爭規則以及進行地位戰事訓練的關鍵時期。

接下來各章將說明中國菁英學生如何掌握競逐階級複製的能力。在學校，這些學生發展出關於地位體系的精密知識，以及如何巧妙地駕馭社會等級制度。他們明白能否與同學和老師打好關係，基本上取決於他們在地位體系中的位置。此外，父母會介入他們的教育，特別是當危機來臨時，這使得青少年更加意識到取得地位的重要性。第二章借用牌局這個比喻描述階級複製，說明遊戲的規則和菁英學生對規則的熟悉程度。學生們對於校內賦予地位的資格有著清楚的認識。具體來說，他們利用考試分數和眾人可感受到的勤奮程度（perceived diligence）建立起一個清晰的地位體系，包括四個群體：學神、學霸、學渣和學弱。本書利用頂峰中學和首都中學的民族誌資料，呈現處於不同地位的學生以不同的方式駕馭這套地位體系。後來進入西方大學的學生，發現他們對地位體系的理解在大學期間都未受到挑戰。因此，他們繼續堅持一套由考試成績（或ＧＰＡ）決定的地位體系，並認為自己在美國大學中也具有一流的地位。進入中國大學的學生很快就發現，他們的學業表現竟不如非菁英的同學，後者來自競爭激烈的人口大省，因此「整天都在學習」。經過幾次考試的挫敗後，菁英學生很快改變規則，他們建立一套新的地位體系，例如標榜懂得「玩得開心」而非專注於考試分數，如此一來他們依然佔據高位。

第三章到第五章研究新一代菁英如何透過人際關係學習到一套以地位為基準的行為模式。第三章的重點在同儕之間的互動。菁英往往必須與同為菁英、差自己一點或比自己優秀一點的競爭對手保持關係。本研究的學生似乎在中學階段就已經精通做人的道理，懂得如何培養同儕之間的關係。地位高的學生一方面藉著與地位低的同學的日常互動和密切友誼來維持自己的與眾不同，同時緩和彼此之間的差距。地位低的學生不斷輸給地位高的同學之後，學會合理化和維持這個等級制度。最終結果是下駟打從心底佩服上駟，不管自己的地位高低，皆相互支持這套地位系統。換句話說，中國菁英學生通過與不同能力的同學互動，已經為將來在公司與能力和地位不同的同事和共事者互動做了萬全準備。[49]

菁英必須培養的另一種重要關係是與掌權者的關係。第四章探討學生與老師的互動。學生與教師的互動模式因學生在中學的表現而有了固定的差異。雖然老師經常要求學生尊重他們（尤其是在儒家文化底下），但是學神可以無視、忽視和站出來反抗老師，因為學神知道培育出成績優異的學生對老師來說是有好處的。相比之下，那些成績差的學生明白老師並未從他們的表現中得到好處，因此就表現得比較安靜與順從。我在這群學生大學畢業後對他們的追蹤訪問發現，他們描述自己與公司主管的關係，有時與他們在中學與老師的關係相似。因此，就像菁英學生期望學校的老師會根據他們的學業成績而有差別待遇一樣，他們也預期老闆會多照顧那些表現優秀的員工。

第五章探討父母培養子女追求全球菁英地位的過程。父母會向小孩強調地位的重要性，並根據小孩在校的地位，建立親子互動模式，父母也會成為子女在校內學生地位體系的外部支持者。學神的父母無條件支持他們，並給他們相當大的自由。相比之下，若是子女表現不佳，父母就會緊迫盯人，造成一種約束感。雖然所有的父母都關心他們的獨生子女，但取決於孩子在學校中的地位，家長對子女的支持和互動模式，表現出了不同程度的放任或約束。因此，學業成績最好的菁英學神，他們期望得到家庭最大的支持，而且信心滿滿；其他學生則缺乏支持，也缺乏自信。

第六章聚焦討論危機管理在菁英階級複製過程中的重要性。雖然父母能介入子女的大學申請與考試的準備，但他們通常會退居二線，由孩子主導。雖然整體來看未主動插手，但並不代表他們完全放手不管。我在第六章提出的證據說明，一旦父母察覺到子女的大學準備出現危機，他們就會馬上介入。父母並未干預孩子的求職，但如果孩子在就業市場遇到困難，他們也會插手。父母在適當時刻會以身作則，向他們的孩子清楚說明備案的必要性。雖然在進入就業市場時，沒有人真的動用到父母的備案，但他們都提到自己的父母有必要時會隨時出手相助。重要的是，許多學生會自己擬定備案，並在必要時刻實施這些策略。

本書最後一章重新審視新一代中國菁英如何主宰世界這個大問題。我指出中國和美國菁英教育的差異，以及他們的教育過程為何**無法**讓他們在未來登上菁英地位的重要原因。例如，可能因為課外活動的參與有限、反亞裔的情緒和竹子天花板（bamboo ceiling）限制了他們的發展。整體而言，我會說明中國菁英青年試著變成學神所得到的關鍵技能，還有這些技能在他們競逐全球菁英地位時獲得的回報。

本書最後有兩篇附錄，可以加深我們對全球化時代菁英的理解。中國學生到美國和其他西方國家的人數越來越多，年紀也越來越小。這些菁英學生經常會留在華爾街、大型的顧問公司，以及Amazon、Google和Facebook等公司工作。事實上，在本研究中，留在美國工作的學生，光是起薪就讓他們晉身美國、英國、新加坡和香港收入的前百分之二十至百分之五。這些年輕人並不是只在國內接受訓練，西方的大學、公司甚至國家，都促成了來自中國的全球菁英崛起。中國如何讓他們的新一代面對一個日益競爭的世界？本書拓展了對於這個議題的討論，同時對於其他在爭奪全球主導地位的國家來說，本書也可謂是警世故事。

第一章　中國的新一代菁英

我在中央中學的校長辦公室見到娜娜，她是位留著短髮的高䠷女孩。聊了幾句之後，我不經意說到她似乎很在意考試成績。娜娜對我輕率的態度皺了皺眉頭，鄭重回答：「假設北京大學錄取的分數線是六百六十分，但你只考了六百分。從這一刻起，你的人生就會完全不同。比如說你從哈佛大學畢業。你能說這和從美國其他任何大學畢業一樣嗎？你能嗎？你不能，它們就是兩碼事。你會得到不同的實習機會，在不同的公司上班，並且開始不同的職業生涯。對吧？只是一句『我從北大畢業』，就會讓你有完全不一樣的起跑點。」

對不同的學生來說，上大學代表不同的事。有的人把上大學看成是一場夢想，有一些人把上大學看作一張保障未來經濟無虞的門票。對於中國的菁英學生來說，接受高等教育並非未來可能進入的人生階段，而是非常篤定的事。訪談中，我向娜娜詢問她的大學計畫。她充滿耐心地向我解釋，上大學從來不是個問題，能否進入頂尖大學才是問題所在。在大學入學率很高的國家，我們不難理解學生的討論不僅止於上大學這件事，他們更關注各大學的排名。但是在經歷教育大幅擴張的社會，學校的品質和聲望對地位成就至關重要。[1] 畢竟，當每個人都能上大學，進入**哪一所大學**才是宣告自己高人一等的關鍵。然而，在中國這個只有不到一半的學生可以上大學的國家，對一般人來說，考上大學就是一種成就。[2] 事實上，大多數中國學生對上大學並不是那麼有信心，如果他們能像娜娜和她的同學一樣對上大學那麼有把握，他們會鬆一口氣。

娜娜顯然不是一個普通的中國學生。她滿口大學的選校，而不是強調上大學這件事，顯示她屬於一個獨特的群體——高社經地位的菁英青年，他們標榜自己與眾不同，追求高人一等。此外，娜娜還根據自己大學申請的結果，勾勒出職業軌跡。這說明當她為自己的第一志願而努力，她看到的是更大的利益。娜娜努力追求的不是大學入學，而是未來的地位，大學只是一個直接影響個人的成就的「起點」。

正如同娜娜，本研究的每位學生都認為錄取大學的排名決定了他們的未來。他們樂於接受更激烈的教育競爭，並且也善於競爭。然而，中國的高等教育並不完全等同於菁英地位。在文化大革命期間，政治背景與地位最為密切相關。[3] 在文化大革命結束後，政府恢復高考，於一九八〇年代推動經濟改革，並在隨後的幾十年展開一系列教育改革。[4] 與此同時，中國社會出現了一批通過教育成就獲得地位的經濟菁英。[5] 一九九八年後，高等教育迅速擴張，[6] 但此時進入大學依然可以帶來巨大的收入回報，而且大學學歷還是決定經濟和政治菁英地位的先決條件。[7] 隨著社會快速變遷，中國的社會不平等現象明顯加劇，而且出現社會兩極分化的現象：收入最高的百分之十與其他人群之間的收入差距明顯擴大，且窮人用於教育的支出佔家庭收入的比例是富人的五十倍。[8] 中國上一代對下一代的收入傳遞效果，也就是父母收入對子女收入的影響程度，比其他國家都還要大。[9] 由於社會日新月異，不平等程度的擴大，再加上越來越高的代際收入彈性（intergenerational income elasticity），[10] 向下流動的可能性已成為大家正視的問題，因為從階級階梯落下的孩子很難重新爬上去。

在這樣的背景下，教育作為階級複製的主要工具就顯得特別重要。中國就和許多其他國家一樣，頂尖大學的學歷是獲取菁英地位的關鍵。[11] 北京和清華這兩所中國一流大學的畢業生，[12] 具備其他大學畢業生所沒有的優勢。其中包括大學畢業後有高達百分之九十五的就業率（反觀中國政府正為整體中國大學生就業率偏低而憂心），[13] 起薪比全國大學畢業生的平均工資要高五成，[14] 以及在政界、學術界和經濟領域強大的校友網絡。[15] 由於這些優勢能夠帶來長遠的影響，菁英想當然爾會把獲得頂尖大學的畢業證書視為傳承社經地位的最佳渠道。

然而，要進入頂尖大學，說起來容易做起來難。中國的教育競爭可說是世界上最激烈的競爭之一。中國的高等教育是通過高考選拔學生，在每年六月七日和八日舉行為期兩天的全國統一考試。[16]考試包含六個科目：語文、數學、外語、以及人文（地理、歷史和思想政治）或理科綜合（生物、化學和物理）。參加高考的中學畢業生根據他們的考試成績做排名，然後再按照排名獲得一個學校系所的錄取名額。[17]雖然每年大學錄取約百分之四十的考生，但其中只有百分之零點零八的考生能夠考上北京或清華大學。[18]這個比例低於法國高等學校的錄取率（不到百分之五）。對比美國，如果全美的高中畢業生都申請長春藤盟校，錄取率約百分之零點一，還略高於北京或清華。[19]

微乎其微的整體錄取率，使得菁英開始利用其他管道來駕馭教育體制。其中一個辦法就是利用戶口制度。戶口指的是一個人的居住地。中國把福利制度和社會保障與個人的戶口掛鉤，教育資源也不例外，城市居民比農村居民享有更多的教育機會，學校的品質也更好。此外，錄取率也取決於戶口。[20]北京大學和清華大學都位於北京，因此，相較其他人口大省，人數不多的北京人口享有更多的北大清華名額。過去的十年內，北大和清華每年錄取約百分之一的北京學生。相比之下，山東省的考生需要在省內排名前百分之零點一，廣東省的考生需要排名前百分之零點零三。[21]

菁英除了會利用戶口的優勢之外，他們還會把孩子送到「對的」中學（中國將高中稱為中學），如此可以針對高考獲得專家的培訓。研究發現進入一流中學非常重要，一旦控制一流中學這個變項，家庭背景對大學錄取的影響就不再顯著。[22]以北京為例，排名前十的學校（全市有兩百九十一所中學）明顯不同於其他學校。比起北京平均百分之一的錄取率，十所中學每年大約會有百分之十五至百分之二十五的學生考上北大和清華。有能力分班的重點中學，前段班有一半的學生都能錄取北大清華。由於學校的高考表現不凡，菁英學生蜂擁而至，但一流中學每屆只招收幾百名學生。這些中學的招生主要取決於考試成績，學生必須在中學入學考試中取得前百分之十的分數才能得到錄取資格。不過家庭背景也有幫助，因為那些分數略低於錄取線的學生可以繳交一大筆學校贊助費，彌補二到三分的差距（滿分五百八十）。這是合法的做法，而且蔚為風潮，也代表出得起這筆費用的菁英家庭認為進入一流中學是實現菁英階級複製的重要一步。

毫無疑問，中國的菁英希望把自己的社會經濟地位傳給下一代。然而，在中國保有菁英地位並不是這些家庭的終極目標，他們要追求的是全球的菁英地位。本研究裡，許多菁英父母支持孩子的教育競爭是著眼於全球競爭。如此一來，有些菁英家庭會有一個內部的規劃，就是當孩子從北大或清華畢業後就把孩子送到國外。另一個常見的途徑是把孩子送到西方國家讀大學。[23] Claire那位有博士學位的醫生母親就屬於後者。在我訪談Claire的母親時，她就直接說出了他們家的盤算。「Claire的父親來自內蒙一個非常小的村莊。他考上大學，來到北京。Claire的目標是延續他父親的精神。」她看著我的眼睛堅定地說：「她會跟隨父親的腳步，從北京走向全世界。」Claire家境富裕，家庭成員都受過高等教育，而且在中國有很好的人脈。然而，他們並不滿足於待在中國社會的頂端。他們希望孩子能追求的是全世界的菁英地位。

菁英並不是唯一把孩子送到國外的人。在西方國家讀書的中國留學生數量驚人，[24] 這些來自不同社會經濟背景的家庭都會在國內或國外的高等教育體系之間做出選擇。當藍領階級的父母認為自己的小孩在中國向上流動無望，就會試著把孩子送到國外；中產階級的父母則認為西方教育是「新的教育福音」。[25] 雖然西方高等教育的長期回報整體來說值得商榷，[26] 但大多數家庭認為拿到外國大學的學位後，不論是在留學國和中國都會有比較好的前途。[27] 儘管大學學位的整體回報率充滿不確定性，但頂尖大學畢業生確實是中央和省級政府與企業所追求的高技術人才。在那些回到中國的學生之中，有百分之九十三的人在回國後的半年內找到工作；超過四分之一的人起薪是全國平均水準的三倍。如果他們創業，也預期可以帶著公司飛黃騰達。[28] 因此，這就像留在中國的菁英青年一樣，出國留學的人考慮的不是上大學，而是上**哪一所**大學。和他們留在國內的同學一樣，這些出國的學生對頂尖大學的定義也非常狹隘。在本研究裡，學生認為只有常春藤大學、史丹佛大學（Stanford）、麻省理工學院（MIT）、以及在《美國新聞週刊》（*U.S. News*）排名前三十的私立大學以及牛津和劍橋大學才是頂尖大學。他們也清楚其他大學和文理學院的情況，但根本不認為這些學校的名望足以相提並論。

中國人很難躋身美國的頂尖名校。[29] 不只是因為這些大學每年只錄取少數幾位中國學生，而且學生還必須瞭解不同的高等教育選拔體系。因此，菁英父母從小就花大錢栽培小孩，並把孩子的教育前途當成家裡最重要的事。[30] 這些父母聘請留學代辦，透過他們的介紹認識美國大學的教授，並請教授提供私人指導，教授的報酬高達每小時兩千美元。[31] 重點中學對於把菁英學生送去留學也發揮重要作用，比如聘請美國大學的招生官當學術顧問，並模仿美國中學的課程設計。重點中學的學生極具競爭力。以SAT的成績來說，二〇一三年中國北京學生的SAT中位數是一千四百五十五分，滿分是兩千四百分（在新的評分標準是一千零五十分，滿分一千六百分）。[32] 相比之下，我所訪談的重點中學的學生最低SAT成績為一千八百分（在新的評分系統為一千三百分），這以美國標準來看排在前百分之二十。[33]

簡而言之，中學是關鍵時期，這段時間，菁英青年在重點中學取得必備技能，確保自己未來躋身全球菁英。來自中國的菁英是一群出身富裕、學業成績優異且對地位競爭抱持實用主義的青少年。我們聊天的時候，娜娜沒有看過我所引用的學術報告和統計證據，就能對一流大學學歷所帶來的長期地位優勢侃侃而談。我很驚訝的問這位十七歲的女孩怎麼知道這一切。她歪著頭想了一會兒，聳了聳肩。「我也不知道。這是自然就知道的，大概是因為父母、同學、朋友吧。」娜娜的直覺反應表明，她和菁英同儕接受的栽培，就是為了讓他們無論到哪個國家上大學都可以進入名校。假如教育競爭是開啟未來菁英地位的關鍵鑰匙，那麼這些學生正在預備要爭奪全球的菁英地位。最重要的是，他們已做好萬全的準備。

未來菁英的修羅場：北京的重點中學

清朝在一九〇五年廢除科舉，建立現代西式學校。這些學校選拔學生的條件，包含：追溯至三代以內的家庭背景、儀表，以及來自同鄉官員的推薦信。雖然平凡人家的小孩未被正式排除，但這些選拔標準造成學生清一色是菁英男孩。[34] 事實上，學校迎合菁英階層並不令人詫異，因為設立這些學校的目的是為了把菁英小孩培養成有知識的官員，未來好輔佐皇帝掌管天下。五十年後，共產中國建政初期，這些重點中學繼續教育菁英的子女，並且每所學校招收的高幹子弟有些區別。有些學校招收的是政府官員的子女；有一些學校專門栽培將領的子女。後來重點中學的學生也參與政治活動，因為他們當時積極參與文化大革命，對老師進行批鬥。[35]

快轉到二十一世紀，這些曾經處於菁英複製和政治鬥爭中心的中學，已褪下過往的名聲。如今它們因不凡的辦學成果，而成為全國家喻戶曉的重點中學。這些學校根據菁英對中國和國外教育軌跡的多樣需求進行調整。菁英家庭最遲在十年級的時候，也就是高中一年級，就要決定是否把孩子送出國上大學。[36]為了替學生做好進入世界一流大學的萬全準備，重點中學根據他們的目標國家，建立分開的升學系統來做準備，而不同的升學系統都具備相當的專業程度。在入學時，學生必須先選擇本部和國際部，前者是為學生在中國的高考取得優異成績做準備，後者則專門把學生送入美國和世界各地的頂尖大學。[37]

嚴格來說，雖然本部和國際部的錄取都是看考試成績，但重點中學的學生家庭背景仍然有很高的同質性。[38]簡而言之，他們大多數都是菁英。舉例而言，奧美中學以培養北京市高幹子女而聞名。每到放學，校門口總會停滿各式昂貴的黑頭轎車。中央中學和高地中學是兩所與中國的現代文人關係密切的頂尖中學，兩校多年來接連培養出北京市最優秀的學生。頂峰中學於清朝創校，首都中學則是專門給高階將領的子女就讀。根據這些學校的老師估算，校內學生的家庭收入中位數是中國城市排名前百分之十家庭收入中位數的一點五倍左右。[39]此外，老師們還強調大多數學生的家長都能貼近權力核心，尤其是軍方或政府。兩個世紀以來，學生的社會經濟背景依然如此一致，說明儘管選拔學生的方式改變了，卻沒有影響錄取結果，重點中學仍然是為菁英服務。

頂峰中學和首都中學

重點中學無疑是未來菁英的修羅場。本研究主要實地考察的頂峰中學和首都中學就是兩個典型的案例。頂峰中學自二十世紀初成立以來一直是一所傳統的明星中學。因為學生的學業成績不凡，媒體稱它是一所「神一般的中學」。首都中學是成立在毛澤東時期的一所新興中學，後來排名大幅提升，現已成為全國的「超級中學」之一。兩所學校都設有本部和國際部，能夠幫助學生考上中國的大學和申請美國大學。兩所學校課程相同，作息也一樣，都是高考的常勝軍，申請美國大學的成功率也很高。兩所學校都和軍方有所聯繫，使學校在一定程度上不受政府政策影響。[40]

兩所學校的任務都是訓練菁英，校園裡也給人一種大同小異的菁英氛圍。頂峰中學位於北京二環內，占地十五畝，全校約有一千五百名學生。儘管位於繁華的大街上，但校園有如一座秘密花園。頂峰中學在大門口的石牆和主樓穿堂刻上用書法寫下的校名，卻被成排的自行車和一架平台鋼琴擋住一半。不論是本部和國際部的學生，都在校門內一棟白色水泥校舍上課。[41] 在這棟建築裡，他們的六邊形教室布置得很溫馨、簡約。教室牆壁的上半部塗成白色，下半部則塗上淺藍色。陽光透過柔和的橙色窗簾照進來。每間教室都有四扇窗，兩扇面外，兩扇面向走廊。教室前面是一塊黑板和小螢幕；後面是一塊公佈欄，上面公佈了學生的考試分數與各種表現。頂峰中學按能力分班，分成資優班與普通班。在我訪問期間，資優班十二年級的學生有許多傑出表現，所以印在A4紙上的得獎公告貼滿整面牆。在教室的其他地方，班長把每個科目的筆記要點釘在牆上，提醒同學注意作答常犯的錯誤。老師們費心布置教室並同時遵守極簡主義原則。一位數學老師為了慶祝聖誕節，在黑板旁的角落布置了一棵小小的塑膠聖誕樹；這棵樹一直放到那裡，直到六月學年結束。一位語文老師在佈告欄旁邊放了一座書架，上面擺著中國古典小說，佈告欄上用大大的毛筆字體寫著「安靜」。頂峰中學的學生不論上課或下課都很安靜，很少有人在走廊上聊天，就算有人講話也都是輕聲細語。

頂峰中學的校園有如一座博物館。校園如同傳統中國建築和藝術品的展覽會場。雖然白色混凝土蓋起來的主樓看起來很現代，但其他建築是在二十世紀初所建造。紅色四合院改建為行政辦公室，矗立在那座橫跨迷你人工池的石橋旁，通向一座四周都是竹子的涼亭。幾步之外，好多隻金魚在另一個更大的池塘游來游去。再往裡面走，天氣好的時候，學生經常坐在翠綠樹下的走廊讀書。走廊通往兩座綜合活動大樓。一座大樓的大廳裡有一套編鐘[42]和一架平台鋼琴，而另一座大樓的正中央則座落著一個十英呎寬的複刻版渾天儀，四條黑色的石雕龍支撐著這顆空心球體。頂峰中學校內到處是藝術品。主樓大廳的三面牆上懸掛著二十多幅書法作品。教室走廊上掛滿毛筆字寫的標語，筆力遒勁，每一個標語都是在鼓勵學生全力準備高考。二樓走廊上的標語是：「全面創優、高考奪標、報效祖國、報答父母、實現職業理想」，落款為「致高三學子」。一座六呎高的金屬紀念碑展示的是青少年拔河比賽的場景，紀念碑俯瞰著豔陽下的操場。其他紀念碑散佈在草坪上，歡迎著校園裡漫步的學生、老師和訪客。

頂峰中學西南方向約一小時車程是首都中學，全校差不多有四千名學生（一半是初中生），校園佔地四十英畝。首都中學位於城市的外圍，座落於非常醒目的位置，以奪目、強烈的國際主義將自己與周圍環境區隔開來。走進校門迎來的是一座十五呎高的紅色公共藝術品，與學校門前的校訓一氣呵成。經過大門全副武裝的保全之後，右手邊是一棟重新翻修的白色大樓，國際部位於此處。國際部的入口有一台很大的液晶電視，電視上輪播著一張一張的投影片，公告學生大學錄取的喜訊。看到國際部的榜單留下深刻的印象後，訪客會經過外籍老師的辦公室，再來到穿堂，穿堂的牆壁上掛著幾十面各國國旗。中央放了一個地球儀，直徑相當於兩位成年人伸出的手臂。一樓唯一沒有明顯展現國際元素的是深綠色的高大植物，陽光映照著植物的身影，在白色的瓷磚上伸展。在我造訪期間，學生教室位於二至四樓，到處都看得到鼓勵他們爭取佳績的元素，像是走廊上印刷的標語和二樓中間牆壁上的大幅世界地圖。那幅地圖上標示出北美和歐洲的十六所大學——那象徵著學生應有的目標。地圖上有美國的五所學校，包括麻省理工學院、史丹佛大學、哈佛大學、普林斯頓大學和耶魯大學，其中還特別以粗體及較大的字體強調哈佛大學的校名。跨過大西洋彼岸，劍橋大學（字體有放大但未加粗體）與牛津大學及倫敦政治經濟學院也在地圖上被標示出來。少數其他西方國家的一些學校同樣是榜上有名。

從國際部出來後，穿過田徑場、一大片草皮、石造涼亭、學校禮堂及體育館，才能來到本部。本部位於首都中學的代表性建築，由三座五層樓的紅磚建築組成，俯瞰著樹木環繞的中庭，據學生所說，這些大樓設計是參考哈佛大學的校園。每棟樓都有一間學生自習室，地板是吱吱作響的紅木地板，有幾十張五呎高的藍灰色天鵝絨沙發椅背靠背擺著。本部與國際部的教室一模一樣。每一間正方形的教室整整齊齊擺了三、四十張亮白的金屬課桌椅，放在潔白的米色瓷磚上，從天花板灑下的陽光讓地板發亮。每間教室的前面都是佔滿整面牆的黑板，上面有液晶螢幕，右邊還有個長架，教室的前後兩個角落各有一張老師辦公桌。首都中學與頂峰中學的老師一樣，會根據自己教學的科目布置每間教室。校方不會干涉老師的教室布置，因此教室的布置從豪華到簡樸都有。有一位生物老師把教室弄成溫室，窗台上和教室都種滿植物，並在對面的牆上掛了一張人體血液循環圖。有一位語文老師用世界地圖、歷史大事紀、學生考試成績及排名，貼滿了教室內所有牆面。還有一位外語老師在書架上擺滿英語小說和字典，把教室變成了一間小型圖書館。另外，有一位數學老師只有把自己的測量工具放在書架上方，允許學生把他們的書和試卷放在書架裡。

校園的最深處是學校餐廳，有點像美國校園的美食廣場。學生在幾十個攤位前排隊等待各種每日特餐。然而，儘管東西琳瑯滿目，許多學生不僅不喜歡在學校餐廳吃飯，還常抱怨菜色一成不變。上課時，校園一片寂靜。但在休息時，學生們精力充沛。學生們大聲和其他教室的朋友打招呼，走廊充滿嘰嘰喳喳的聲音，老師經常要大聲喝止他們在走廊上奔跑。

簡而言之，頂峰中學以優雅的校舍、高尚的文化和歷史文物展示學校的菁英氣質。這裡的學生靜靜讀書，學會自律、保持沉著。首都中學則是以壯闊的校園以及世界觀，彰顯自己的菁英風範。菁英學生在開闊的校園穿梭，行走在五彩繽紛以及充滿國際主題的建築物裡。雖然兩間學校風格有所差異，但都與其周邊地區截然不同。中國的未來菁英正是在這些校園，為了迎向國際競賽接受培訓。這一切，都從成功贏得國內和國外頂尖大學的錄取資格開始。

準備高考

距離高考只剩十二天的早上七點，首都中學十二年級的學生已經在操場上排好隊。一位短髮、聲音高亢的女學生走上講台。她站在麥克風前大聲說：「十二天後，我們將踏上高考的戰場。老師和家長的鼓勵是我們手中的盾，大家的努力和勤奮是我們手上的劍。」她講了大約五分鐘，把考試比喻為最後一戰，並誓言同學們將「為學校爭取最高榮譽」。女孩說完後，十二年級的劉老師登上講台，講了幾乎完全一樣的話。首先他說：「不到十二天，你們將邁向高考的戰場」，最後又說：「十二天後，你們將為本校帶來榮耀。十年後，你們將成為職場上的重要人物。二十年後，你們會是社會的支柱，是國家與民族的棟梁！」

高考是極為重要的事。但如果認為高考只不過是一場重要的考試（high-stakes exam），那就大錯特錯了。正如個案中的女孩和老師一樣，許多人把高考比喻為一場戰爭，戰場上學生就是士兵，不僅要為他們的人生和未來而戰，也為他們的學校和國家而戰。這個比喻表明，高考已不僅僅是一場高等教育篩選學生的考試。相反地，菁英學生認為考試的結果關係到集體存亡和整體的榮辱。有了另外這層意義，高考成績自然成為學生最關心的焦點。高考成績的嚴肅性基本上確保整個中學階段，沒有任何其他事情的重要程度能夠超越高考。

一起關注考試成績

沒有哪件事能像高考如此引起全國公眾的關注。網路鄉民每年夏天都會在網路上發佈高考梗圖（meme），這些圖也毫無例外的引起民眾對高考的關注；例如，二〇一七年一張名為《高考》的虛構電影海報，背景是面目猙獰的學子（見圖1.1）。此外，媒體也會在這時鋪天蓋地報導各省高考狀元在中學畢業前的求學過程，使他們在全國各地聲名大噪。地方政府也制定政策，在考試這幾天協助家裡有考生的家庭。在高考前幾天，《北京日報》（北京市的官媒）在全份四十個版面的報紙中，用了大約五個版面發佈政府對高考家庭的支持，像是允

史诗级灾难片鸿篇巨制
高考
COLLEGE ENTRANCE EXAMINATION
六月七日 上午九点
全国同步上映
一笔一人命
是天不恕人，还是人心叵测?
国家教育部耗巨资亲情打造
直接无视广电审批
全国百万演员聚集
更有全国各大教育巨星鼎立加盟!
导演：中国教育部 主演：全国考生＆考生家长
官方主题歌『残酷高考的纲领』

圖 1.1　全國高考的梗圖。

許他們在考試當天把車停在公安的停車位上，或者如果學生趕考來不及，會派出公安為他們開道。

報紙上還有很多關於如何把考生照顧好的資訊，像是專家建議提前六十至九十分鐘吃早餐。考試當天每個考場配備一台救護車，門口還有警衛站崗。考生出示准考證後才得以進入考場，焦急的父母和掛心的老師則被擋在外頭。每年這兩天都有大量人群湧入考場社區，並且社區周圍的道路一律封鎖。但是，儘管麻煩不斷，周圍住戶似乎不以為意，他們也主動掛上大型看板，提醒彼此保持安靜，以免干擾考生。

如果連同旁觀者——網路鄉民、媒體、地方政府和周邊居民——都對考試成績充滿興致，自然可以理解學生、老師和家長，也就是高考成績的利害關係人，會如此看重考試分數的原因。在我訪談的中學，學生每一天都與同學之間激烈競爭。大家都能看到彼此的考試成績。許多老師把學生的名字、成績、班級排名和過去的排名等名單，全都張貼在教室的牆上或公佈欄。校方在走廊上放置「榮譽榜」，以粉紅海報印上放大的字體，炫耀學生每一科的考試成績。一旦高考成績公佈，校方會在學校網頁上列出錄取北京和清華的學生名單，並印製海報貼在校門口展示。有一些學校，如首都中學，則是保留個人考試成績不公佈。但這些政策並不妨礙學生得知彼此的成績。學生可以直接問或通過老師瞭解大家的分數，老師被問到分數的時候也是毫不保留。學生甚至會利用父母的人脈去問。家長會在微信等社群媒體比較孩子的考試成績，因此資訊傳播有如光速。有一次，頂峰中學的男同學葉華才剛拿到考試成績，不到三十秒，他還沒走到門口，人都還沒跨出教室，有位同學就在教室裡大喊：「葉華！你考了一百四十分？」為了表示訊息可靠，他接著說：「我媽說你媽跟她說的。」在重點中學裡頭，詢問某人的考試成績是聊天常見的開場白，聊考試成績就跟討論天氣好不好一樣，不過是日常的談話。

學生之間分數競爭激烈，再加上老師推波助瀾，同一班的同學會挑戰其他班，看看誰才是平均分數最高的班級，或是競爭自己班級有沒有出狀元。由於考試成績公開，校際競爭也很常見。每一位老師都使出渾身解數提高學校的高考平均分數。老師會說服成績優秀的奧林匹亞競賽得獎者參加高考，儘管這些人已獲得推薦免試資格。誰也不讓誰的心態也造成老師對其他學校的學生做出過於偏激的評論。最明顯的例子之一是在首都中學李老師的物理課上，這位中年女老師警告十二年級的學生說：「在考場上……有些學校的學生會因為你是首都中學的學生，就來整你。不要理他們，不要幫助他們。無論他們說什麼或給你什麼，他們都是要害你。」

不是只有李老師會把外校的考生說成是不擇手段傷害自己學生的敵人。許多老師隨時隨地都在防備著外校的學生，可能是因為他們一肩扛起為自己的學生準備高考的責任。在中國，家長（包括菁英）自然而然把高考的準備工作交給老師。家長會固定在禮堂舉行，每次大約有五百名家長靜靜地聽著老師在台上說話。老師與家長很少一對一溝通，老師們也不喜歡與家長見面。許多老師表示家長會「完全沒有必要」、只不過是「浪費時間」，要盡量「兩三句話就帶過去」。[43] 有一年夏天，頂峰中學要求每位班導師都要做家訪。老師們同意這項政策立意良善，但還是忍不住抱怨。面對老師的不情願和反對，學校行政單位一年後就對這項政策喊停。

家長把老師視為專家，認為術業有專攻。大多數家長不假思索就接受老師的計畫。即使家長不理解老師的計畫或通知，也會把問題藏在心裡，不會提出來問清楚。[44] 不過儘管父母盡量放手，他們並未疏忽大意。本研究的菁英家長，都盡力準備了可以讓孩子專心在考試上的最佳環境，以此來支持自己的孩子。例如，他們會以超出市場行情的租金價格，租下靠近學校附近的公寓，減少孩子的通勤時間。那些曾出過狀元的公寓租金特別貴，因為房東經常會提高房租兩三倍，租給未來的房客。[45] 一部名為《高三》的紀錄片提到，福建的一位老師要求班上父母不要在小孩考試那年離婚，父母們在老師的勸說下乖乖地點頭同意，顯示高考成績比中樂透或婚姻決策還重要。[46] 每年新聞都報導父母隱瞞祖父母生病的事，以免分散孩子準備考試的注意力。有時候，高考狀元的父母也同樣為了高考，隱瞞另一半突然去世的消息。由於大人和身邊的其他人都一心一意想著高考，難怪菁英學生把考試的重要性提高到無與倫比的地位。

北京的特殊條件

利害攸關的考試，包括高考，在世界各地都簡單明瞭、容易操作：整個錄取原則就是由考試成績決定大學入學。然而，北京的高考還包含各種影響學生錄取結果的特定條件，必須要謹慎看待。在我田野調查期間（二〇一三至一四年），高考加分是一個可能帶來獎勵（或傷害）的特殊情況。學生可以由其他管道得到額外的分數，再算進總分。雖然加分的條件有好幾種，但學生只能保留其中一種。表1.1列出二〇一三年和二〇一四年的加分條件。除了少數民族身分之外，要獲得加分需要付出不少時間。學生要衡量，是要花六個月時間準備大學的自主招生獲得加分，還是要投入準備期長達兩年的中學奧林匹亞競賽。此外，如表1.1所示，加分的來源和期望值經常變化，而且都是臨時通知。二〇一四年，奧林匹亞競賽前兩個月，政府宣佈全國中學奧林匹亞競賽的金牌得主不再有保送資格。這讓浴朗深受打擊，因為她花了兩年時間備戰奧林匹亞競賽，犧牲準備高考的時間。首都中學的學生莉莉幾乎是哭著對我說，自己夢想的學校在自主招生考試前幾個月突然宣佈取消採計這項加分。

北京另一個特殊的難題是大學志願的填報方式。學生提交志願之後，只會取得一個大學系所的錄取名額。在中國大部分地區，考生的大學志願是根據自己的高考分數填報。然而，北京的學生先在五月提交至多五個志願，然後在六月參加高考。這套制度的正式名稱「猜分填報志願」清楚反映出看到考試成績之前選填志願的風險。[47] 學生的落點在學生與學校的匹配過程中更為複雜，學生需要考慮到每所大學的限制條件。例如，一流大學只錄取那些把它列

表 1.1　北京考生可獲得加分的條件

類型	2013 年加分項	2014 年加分項
1. 全國中學奧林匹克競賽金牌[a]	保證錄取	10 分
2. 自主招生考試	最高 60 分	最高 60 分
3. 三好學生[b]	20 分	10 分
4. 體育特長生[c]	20 分	20 分
5. 少數民族	10 分	5 分
6. 校長推薦[d]	60 分	60 分
7. 北京和清華大學冬令營	最高 60 分	最高 60 分

備註：每個學生只能獲得一種加分。

a. 除了給予 10 分的加分之外，北京和清華大學在 2014 年大幅降低這些學生的錄取分數線。2015 年取消加分，但仍實施降低錄取分數線。

b. 三好學生，於 2015 年廢除。

c. 政府不斷減少符合條件的體育特長生。

d. 北京大學和清華大學每年向選定的北京重點中學分配一到兩個名額。

為第一志願的學生。有些大學則接受第一志願是一流大學的情況下，考生把自己列為第二志願，而有些大學則直接拒絕將自己排在前二志願之外的學生。許多大學允許學生把自己放在後面志願，但志願每往後排一個，錄取的最低分數線就會拉高（等於排名在後要扣分）。這些標準由大學自行決定，處理錄取的時間也不同。在一次家長會上，首都中學的副校長反覆提醒家長選擇第一志願的重要性：「當A大學把一個（落榜）學生的考試成績發給下一個志願校，（後者）可能已經發出所有錄取通知，因此也無法再收這個學生。」所以儘管考生通過最低錄取的分數線，也無法被錄取。[48] 為了應對這些特殊性與困難，奧美中學有個女孩的說法，清楚總結了菁英學生的應對策略，「只有你的第一志願才算數。第二志願都是備胎了；它不是那麼好。基本上，沒有人想上自己的第二志願。」

這些潛在的風險給原本簡單明瞭的淘汰機制增加複雜性。準備參加高考的菁英學生需要隨時掌握這些瞬息萬變的狀況，並注意任何可能出現的變化。因此，學生和家長不得不把精力放在爭取加分，並花大把時間擬定最穩妥的志願。

本部的日常生活

有了唯一目標再加上各種不確定性，菁英學生的中學三年都在為高考做準備。事實上，許多人認為自己已經準備了「十幾年」，「從小就開始」，或者「從我有記憶以來」就在準備考試。在田野調查初期，我問向祖與他在奧美中學的三個同學，他們每天花多少時間讀書，做什麼課外活動，他們聽到問題後的眼神像是在問，我的頭殼是不是壞掉了。「你可以說是二十四小時都在讀書。」其中一個翻白眼的學生回答。另一個同學諷刺地說：「你剛剛講的『課外活動』是什麼意思？」[49] 在另一次訪談中，中央中學的學生娜娜滔滔不絕地描述中國的教育過程就像「打造一個銅鑼：最後一錘定音」。換句話說，高考是決定學生成敗的最後一錘，並見證「十年寒窗」的努力。有一位老師呼應娜娜和其他學生的意見，他對我說：「準備高考要心無旁騖。」我很快意識到學生投入準備高考的程度，就如這句成語的字面描述，對於這些中學的菁英學生和所有以北京和清華為目標的學生來說，醒著的時間就是準備考試的時間。

這些中學的老師把三年的教材塞進兩年的課程，保留時間磨練學生的答題技巧。因此，中學三年和最後一年全部在準備考試。十二年級的學生，也就是中學的最後一年，實屬準備考試的高峰期，一般情況下他們標準的一天是這樣的：學生七點半之前到達學校，參加當天第一場考試。首都中學是例外，週一上午在操場舉行升旗典禮，被選中的學生會站上司令台，接受公開表揚。老師希望學生可以專注在頒獎儀式，但大多數學生偷偷在口袋或袖子裡藏筆記，默默準備考試，並像機器人一樣為那些「大概是做了什麼值得表揚的事」的同學鼓掌。

八點準時開始上課。十年級和十一年級的學生會上一些與考試無關的課，例如哲學，而十二年級的學生只上考試科目和體育課。[50] 課堂活動通常是學生做考卷以及老師複習試題。我很快就瞭解到，如果學生在上一堂課考試了，下一堂課就是檢討考卷，再下一堂課又是考試，然後又是檢討，如此周而復始。學生們的十二年級一直在考試。每天都要參加多項科目的測驗，每週有週考、然後是期中考試、全區模擬考，以及期末考試。甚至體育課也是為了提高考試成績：中學畢業考試要考這個體育，而學生的健康是維持學生作息不可獲缺的條件。學生們一天要上八節（或九節）課，課間休息十分鐘，午餐休息一小時。[51] 老師經常會再利用大部分下課休息時間來複習一兩道題。剩下的時間學生排隊上廁所、小睡一下、討論試題，或者自己留在座位上讀書。

五點半下課，學生們下課去吃晚飯。十二年級學生大多數會在一小時內回來上晚自習，老師會在走廊上巡堂。學校非常認真看待晚自習的時間。老師認為晚自習的情況大大影響了高考成績，並在家長會上報告了這件事。雖然學生可以決定晚自習要留到幾點，但幾乎所有人都在九點半和十點半之間離開。一天結束，學生拖著疲憊的步伐走向大門，穿過這個他們在十五個小時前走過的大門。學生回到家之後繼續讀書，大多數人在晚上十一點到凌晨二點之間上床睡覺（表1.2列出本部平日的作息）。週末可能要讀更多的書。許多有高考壓力的十二年級學生週末還是穿著制服，到學校讀一整天的書，通常是早上九點前到校，然後大約在晚上九點左右離開。

週末的自習與晚自習差不多，老師會去巡堂，學生們安靜讀書，學校的鐘聲像平日一樣按時響起。學生每天花在學校的時間是十二到十五個小時之間，幾乎沒有時間做課外輔導或補習。[52]

表1.2　首都中學和頂峰中學的學校作息表

	本部與國際部（秋季學期、十二年級）	國際部（春季學期、十二年級）	
		首都中學	頂峰中學
07：00～07：20	到校		
07：20～08：00	學校開始活動[a]		到校
08：00～12：25	第一～五節課	到校	上課時間
12：25～13：35	午餐時間	午餐休息	午餐休息
13：35～16：00	第六～八節課	上課時間	上課時間
16：00～17：30	自習		
17：30～18：30	晚餐休息		
18：30～21：30／22：30	晚自習[b]		

a. 活動包括考試、自習，以及參加升旗典禮。
b. 通常十二年級才有晚自習。

申請美國大學

首都中學幾個十二年級的學生邀請我去聽他們五月份在數學課上的報告。他們要研究兩個變數之間的統計關係。兩位女同學Liz和Tina決定用「二〇一六級中國全美大學生（Chinese Undergraduates in the United States, CUUS）」數據驗證ＳＡＴ的分數和大學錄取結果的相關性，總共有幾百個樣本。我坐在教室後面，聽著她們的報告。兩個女孩打開一份投影片，上面用斗大的字體寫著：「ＳＡＴ分數和大學錄取」。留著短髮，臉上還有些青春痘的Liz是非常開朗的學生，她走到教室前面，笑著對同學介紹她們的計畫。她講出題目之後，立刻就吸引同學的注意力。一直在打瞌睡或在桌下偷偷發簡訊的同學紛紛抬起頭，打直身子，盯著教室前面的螢幕。

Liz指著投影布幕，目光掃過整間教室，馬上進入主題：「這應該是我們所有人最關心的事。我是說這就是我們每個人曾經最關心的事。」（這批學生都已經參加了ＳＡＴ考試，也收到大學錄取結果）。Liz做了開場之後，安靜害羞的Tina報告研究發現。她先是放了一張看起來明顯有正相關的點狀圖。「ＳＡＴ分數越高，學校排名也就越好，這非常明顯。」她語氣聽起來有些緊張，越說越快，眼睛死盯著螢幕。「每一個點都在這條線的旁邊。所以，我們可以看到這兩者的確存在相關。我們也做了假設檢驗，證明兩者的確相關。」學生聚精會神看著投影片，Tina總結說：「我們的結論是，儘管我們常對自己說SAT的分數低並不等於最終會進入一所（排名）低的大學，但數據顯示，SAT實際上決定我們會讀哪一所大學。」同學們點頭表示同意，表示他們認為研究結論很有說服力。

國際部的學生知道如何申請美國大學。他們在中學就開始準備個人資料、寫小論文、申請書、找老師寫推薦信，並努力爭取很高的成績。然而，除了個人的努力之外，他們也堅信SAT分數可以預測申請結果。這項作業沒有限制主題，Liz和Tina卻不選擇其他的主題，而是決定研究SAT分數和申請結果的關係，這顯示她們即使已經考完，還是對SAT非常有興趣。「SAT」這個詞一下子就吸引同學的興趣（立刻抬起頭來，聚精會神盯著螢幕），說明Liz和Tina並不是特殊的個案：即使不是教室裡的全部學生，但至少大多數學生都有相同的興趣。雖然距離畢業不到一個月，但這些菁英學生並沒有把他們的申請拋諸腦後。反之，SAT的成績仍然是他們「最在意的事」。

萬眾矚目的SAT

學生並非唯一關注SAT的人。一說到美國大學的申請，媒體、網路鄉民和當地企業也是關注非常。媒體通常把SAT（和ACT）稱為「美國的高考」。[53]記者大肆報導SAT滿分的學生與那些每年獲得多所美國頂尖大學錄取的學生。這些報導詳細介紹這幾位學生如何準備SAT考試，還有他們最後的選擇，使得這些人成為有抱負的學生和其他家庭的榜樣。網民們也幫忙轉發報導，並寫上祝賀的話。這些學生即將要去留學的國家還有就讀的學校，也在它們的社交媒體上分享這些新聞報導，歡迎這些即將到來的新生。SAT考試的佼佼者有如高考狀元，在全市、全省和全國，甚至是在不同的國家都變得非常有名。準備SAT考試是一門蓬勃發展的生意，專門做SAT培訓的補習班在學校附近熱烈開張。學校附近的書店為了迎合當地客人，也在店門口擺上一排排SAT參考書、字彙書和SAT的模擬題。有些書店誇張到讓學生抱怨買不到其他文學書籍。

其實想要前往美國的學生與家長都知道，美國大學的選才系統，是評估申請者的整體狀態，但他們依然關注SAT分數，並在分數一較高下。因此，學生對SAT的態度有如高考。從我第一次接觸國際部的學生開始，我就對學生執著在考試成績的程度感到驚訝。首都中學的數學老師龍老師是我田野的關鍵報導人，他邀請我去當一節課的物理代課老師，並且向學生介紹美國大學的生活。在我的簡短介紹後，學生立即提問，例如「如果我的SAT分數不夠高，我能申請上布林莫爾學院（Bryn Mawr）嗎？」「同一所學校對於學生的要求會不會不同？例如中國學生的ＳＡＴ是不是要比美國學生高？」以及「我們應該同時準備ＧＲＥ和ＳＡＴ嗎？」學生的提問都圍繞著考試及ＳＡＴ準備，他們好像只關心ＳＡＴ考試，對其他話題不感興趣。學生上課會忘記帶課本，但從來不會忘記帶ＳＡＴ字彙表。他們的上課筆記字跡潦草，還會在筆記本上塗鴉，筆記紙散落在課桌上、書包或是夾在書本之間。相比之下，他們的ＳＡＴ筆記字跡工整，整齊收在透明的檔案夾裡，隨時都可以拿出來讀。

學生下課、吃飯和放學後都在互相較量ＳＡＴ的分數。學生非常關注彼此的成績，甚至在課堂上偷偷討論。[54]雖然考試都是各自去考，但ＳＡＴ的分數是公開的。學生在教室與同學比較ＳＡＴ成績，也跟不同的班級和學校比較。他們相信美國大學把中國所有申請者放在一起審查，因此他們積極和北京以外的學生分出高下。學生利用補習班、個人網絡關係和社群媒體的資訊，瞭解申請學生的ＳＡＴ分數。被約翰霍普金斯大學（Johns Hopkins）錄取的首都中學學生Hannah告訴我，她那一屆新生的ＳＡＴ分數落差在兩百分內，從滿分到比滿分少兩百分都有。雖然這可能說明美國大學錄取的中國學生ＳＡＴ成績參差不齊，而且ＳＡＴ成績並不像學生想像的那麼重要，[55]但學生往往忽視這種可能性，仍然執著於考試。

比較ＳＡＴ分數是國際部學生日常的問候語。他們如實回答，也希望對方同樣誠實。許多人並不喜歡滿口都是ＳＡＴ的問候，但也是身不由己。首都中學的學生Selena平常都和另一所重點中學的學生一起玩，她對這種習慣特別不滿：「中國學生。你一見到他們，他們就會問你『SAT考幾分？』他們（接著）會說：『喔，我比你低』，『我比你高』。類似這些話。」學生也很在意其他學生的考試成績。他們瞧不起成績差的人，如某人在SAT「只考了」幾分，或「最後只上了」一所不怎麼樣的大學。他們敬重成績好的人，說這些人「很棒」或「太厲害」。即使他們之後失去聯繫，學生可以記住彼此的SAT分數好幾年。對菁英學生來說，SAT不只是一場考試，他們一起關注SAT分數，心情隨SAT的結果起伏，SAT分數已成為他們記憶中的一部分。

家長全心全意協助子女準備SAT考試。有錢的菁英父母往往不計血本投入小孩的SAT考試。每年各項支出包括大約一萬五千美金的國際部學費[56]、三千美金的補習班學費、家教每節課一百美元。[57]學期之外，父母把孩子送到美國參加夏令營，提高他們的英語能力，預算通常高達五萬美金。除了這些費用之外，學生還要去香港或新加坡考試，次數最多高達五次，家長心甘情願支付機票、旅館和報名費。然而家長的支持遠超過金錢所能衡量。許多家長說他們要熬夜研究美國的大學，每天早起為孩子做新鮮的麵包，或者尋找優質的家教來提高他們的SAT分數。家長整天的心思都圍繞著SAT考試，說明SAT對他們來說非常重要。

然而，學生和家長重視SAT考試，卻使得學校老師非常不滿。雖然家長認為SAT是選擇大學的基礎，但學校的學術顧問只把SAT分數當成學生需要達標的分數線，強調要在大學和學生興趣之間找到最佳的「適配度」。但由於家長對學生的申請名單比學術顧問有更多的控制權，在學校擔任學術顧問的老師們有時會對自己的專業有一種無力感。首都中學裡，美國來的學術顧問Tom戴著防霾口罩皺著眉頭抱怨說，許多家長只是「拿出《美國新聞》刊登的大學排名」就對他們的孩子說「申請排名在前十或前三十的學校」。即使中國籍的顧問John試著勸阻家長別只看SAT分數來決定，家長也會馬上用「你太不體貼」的指責要他別再說下去。家長和顧問之間對SAT考試的認知不同，造成顧問感到挫折，這些顧問甚至覺得家長不想讓他們做好份內的工作。首都中學另一位美國顧問Chris總結他們的無力感，感嘆道：「歸根究柢，這是家長和學生要申請的學校。」

儘管學術顧問認為家長過於重視SAT只是證明家長完全不瞭解情況，但本研究裡的菁英家長卻認為，這樣做才是理性應對美國大學申請制度中不確定性的方法。家長理解美國高等教育選拔制度與中國的考試制度大相逕庭。他們明白大學錄取結果並非取決於考試成績，也會對孩子的大學申請資料感到焦慮。然而，正如Tracy父親的解釋，問題在於：「我們家長不明白……為什麼課外活動重要，課外活動的目的是什麼，我們應該透過課外活動表現出什麼。」他們想知道每項標準的權重，但無從獲得這類資訊。因此，在缺乏這些關鍵資訊的情況下，家長不得不把注意力放在清楚的標準上——SAT考試；總之分數越高越好。

由於家長覺得學術顧問無法支持孩子準備SAT考試，而且學術顧問還整天勸家長別把注意力都放在他們認為可以控制的唯一標準上，因此家長把孩子送到專門準備SAT的補習班和聘請家教。本研究裡的國際部大多數都有不鼓勵學生聘請家教的規定，但是政策很少能夠落實。中央中學對此是絕不允許，使得家長只能偷偷尋找外頭的補習老師。頂峰中學和首都中學則是在家長會喊話，強調校內學術顧問的資歷豐富，想要家長自動遵守這條規定，但本研究除了一名國際部的學生之外，其他學生都花錢找了家教或顧問。其他有些學校連管都不管，也有些學校直接與特定的機構合作。此外，奧美中學的學生花特別多的錢去找私人輔導老師與家教則是眾所周知的事情。[58]

學術顧問和家長之間的認知差異因雙方缺乏聯繫而更加嚴重。學術顧問經常說他們歡迎家長來訪，也認為與家長保持順暢的溝通很重要。然而，大多數家長並未與孩子的學術顧問見面。外籍學術顧問把缺乏溝通歸咎於語言障礙。雖然語言可能是一個重要的因素，但首都中學的中國籍學術顧問John表示，他已經是全校跟最多家長會談的學術顧問，而即便他用中文跟家長溝通，過去一年大約「只有四分之一的家長」與他有過聯繫。即使是特殊情況也沒有打破家長與學術顧問之間的這種習慣。Brandon的父親是本研究之中唯一完全信任學術顧問的家長，兒子Brandon在學校的顧問是美國籍的William，父親稱讚顧問William「特別（有經驗）、誠懇，並且對美國許多大學都很熟悉」。然而，即使如此，他也很少與William聯絡，也未能具體說出William如何協助Brandon。換句話說，國際部和本部的菁英父母一樣，一般不會與學術顧問聯繫。

國際部的日常生活

儘管中國的中學生與美國的中學生申請的是同樣的大學，但國際部學生的日常生活與美國的中學生不大一樣。在申請截止日期之前，國際部學生的作息與本部的學生基本相同。七點半到校，連續上五節課，每節課中間休息十分鐘，吃午飯，再上三節課，吃晚飯，然後在學校自習到晚上九點半或十點半（表1.2列出了國際部學生的作息表）。當然，國際部與本部之間也有些許差異。一個是申請壓力的時間點。國際部的各項大學申請高峰是在十一年級，這段期間，學生經常說他們的焦慮程度遠高過本部的同學。皮膚黝黑的Tony是首都中學的資優生，他覺得十一年級非常煎熬：「整個十一年級，我都像是被一輛車子在後面拖著跑。（我）拚命努力才可以跟上進度。」他說他知道自己有很多事要做，要讓老師開心、課前預習和課後複習，並在課後完成功課。然而，他「沒有時間做這些事」，而是整天忙於「讀SAT、準備大學預修課程（AP）考試和參加學歷認證考試（ECE）。」[59] Tony的回憶說明他和同學一樣，把準備考試放在第一位，認為考試比其他各項入學要求都還要重要，而且還要承受無比巨大的競爭壓力。

由於學校未特別幫學生準備SAT考試，可是SAT考試在學生和家長眼中非常重要，所以學生會在週末去補習班或上家教。校方眼看學生自然而然把整個十一年級和十二年級上學期都投入在準備考試，這些中學擔心學生會忽視其他入學要求，進而拖累學校整體的錄取結果。眼看校方的聲望岌岌可危，菁英高中生就讀的中學只好強迫學生參與美國大學看重的活動。首都中學每天下午指定至少有一節課要用在校內的活動，再把這些活動算成課外活動。雖然學生勉為其難參加，但這些經歷後來成為他們在申請文件中展示領導能力的證明。首都中學的努力與其他學校比起來是小巫見大巫，有一些學校出於同樣的理由，大手筆安排海外學生志工活動。[60]

一旦學生在十二年級春季學期收到錄取通知，國際部學生的課表就會完全改變。他們不再留校晚自習，週末也不到學校自習。國際部沒有一套標準課程，因此學生的時間安排很彈性，就看他們功課的負擔。首都中學的學生經常中午才到學校，然後下午上課；頂峰中學的學生則是上午上課，午餐之後放學。學生可以從學校提供的選修課，自由選擇自己感興趣的課程。首都中學有幾年開了大學先修的個體經濟學，因為他們聘了一位有這領域大學學歷的老師。另一所與頂峰中學相似的中學則計畫要開一門「社會科學寫作」課，在我的研究過程中，沒有其他學校開設這堂課。這些十二年級的學生可以彈性安排時間，白天也可以自由進出校園，或是在校外尋找自己的興趣。例如，Alex找到自己非常喜歡的武術課；Joe努力在暑假前完成志工服務。許多學生前往東亞或東南亞旅行；一些學生則決定狂追韓劇。

本章摘要

對菁英青年來說，進入大學不僅僅是求學的里程碑。這是決定他們能否競爭未來菁英地位的關鍵。有了這樣的認識，高考就不只是一場決定學生在中國大學錄取的考試；SAT的意義也不只有申請美國大學而已。反之，學生堅信在這些考試獲得高分，從而得到頂尖大學的錄取，是參與全球菁英地位競爭的入場券。菁英學生把畢業於頂尖大學等同於長期的地位優勢，他們全心全意與他們的同學競爭頂尖大學的錄取資格，並心甘情願在整個中學時期懸梁刺股埋首在教科書和模擬考。他們每天相互拚搏，而公開的考試成績使得競爭更激烈。

菁英父母過去藉由國內的升學競爭取得如今的地位，而現在他們與他們的孩子抱持同樣的想法，一同投入孩子的教育競爭。培養未來菁英的關鍵一步是盡可能把孩子送進重點中學。這些中學不但在校園美學上展現菁英主義，學生的學業表現也非常亮眼。早自清朝以來，這些學校就有培養菁英青年的輝煌歷史，學校的老師更是以培養學生進入一流大學為己任。藉由準備大學的過程，就讀這些學校的菁英學生浸泡在中國國內和國際的地位競爭之中。中國下一代的菁英就是在這樣的環境中，獲得爭取全世界菁英地位的能力。

第二章 各歸其所、各安其位

「喂，你知道什麼是學神嗎？」這是小龍在我們第一次聊天時的開場白。這時已經接近晚餐時間，我看著學生收拾書本並走出教室，一邊自己想著是否應該在下雪前趕回家。坐在我旁邊的小龍也把課本塞進掛在他椅背上的黑色書包裡。我猶豫地回答說：「沒，我沒聽過。」他對我的答案感到錯愕，他轉身面向我，看著我的眼睛。「那學霸呢？也沒聽過學弱或學渣嗎？」這些用語對我來說如同火星文。小龍右臂靠在椅背上、左手肘放在膝蓋上，帶著微笑緩緩地說：「好吧，那就讓我來告訴你吧。」

每當我進入一所學校，我會先找到學生受歡迎或被排擠的訊號，這通常是菁英地位的標誌。[1] 但就算是看似受歡迎的學生和風雲人物，這些特徵在學生眼中的重要性和我眼中並不一樣。風雲人物有時會被同學嘲笑；有吸引力的人未必擁有特權。即使是班長，這種通過投票贏來或由老師分配的職務，也沒有實質權力，而且經常受到同學忽視。有些同學在社交媒體上炫耀自己昂貴的收藏品，但他們得到的「讚」並不多，也未能引起很多關注。沒有人會去操場跟校園裡的運動健將一起運動，而美術生的才華在別人眼裡有如空氣。顯然，假如中學裡的階級複製是一場紙牌遊戲，現在的我還不知道怎麼玩這場遊戲。[2] 那麼，遊戲規則到底是什麼呢？是什麼特徵賦予這些菁英、表現優異的中國學生特殊的地位？

正如小龍還有許多同學後來向我解釋的那樣，他們世界裡的地位體系只有一個準則：考試分數決定地位。這條準則決定各個學校的地位，本部和國際部的學生都遵循這一個準則。因為他們相信考試分數決定升學結果，學生把考試成績視為決定地位的因素，並將考試成績與排名和大學錄取結果交替使用。

在菁英青少年的世界裡，平均水準就是世界一流的表現，想當然同學之間的考試成績差距很小。以本部為例，地位高的人是那些考試成績落在北大和清大錄取分數線上的學生，或者在北京排名前百分之三的學生。[3] 而在國際部，分數線是SAT兩千兩百分左右（等於新系統的一千五百一十分，或是在美國PR值九十八），這個魔法數字是學生心目中進入常春藤盟校的必要條件。地位低的人是經常低於學校平均分數的人。平均分數其實是經常變動的，但這些資訊很容易就從學校公佈的考試分數計算出來。SAT分數雖然不會公佈，但學生在每次考試後都會分享自己的成績，使得SAT實際上變成公開資訊。SAT的平均分數通常在兩千一百到兩千一百五十之間（新系統是一千四百七十至一千四百九十分，或美國的PR值九十六至九十七）。[4]

雖然決定地位的規則簡單明瞭，但其中還是有些困難。一是他們的考試成績有高有低。緊盯同學表現的學生經常對我說：「沒有人會一直考低分，」即使是成績最好的學生，「也可能在一兩次考試中失手（表現不佳）。」由於考試相當頻繁，考試分數的常態性變化會對地位體系構成威脅，學生提出的解決方式是「忽略（個人表現）一時的改變」，而「專注在（個人的）平均表現」。換句話說，學生透過監控彼此的成績觀察到成績波動的問題。諷刺的是，他們解決這個問題的方式是更緊迫地盯著彼此的成績。

以考試成績決定地位還有另一個問題，頂尖中學的學生通常考得相當高分。每年頂峰中學成績優異的班級，[5]有一半學生進入北大或清大。中央中學每一年都會大張旗鼓張貼學生取得長春藤盟校或其他同等級院校的榜單。高地中學並不在意北京大學和清華大學的錄取率，而是專注於培養出北京高考的榜首。如果一班裡有多達半數的學生在校園裡處於高位，那麼這個地位體系就會顯得沒有意義，[6]因此學生就用「愜意」作為比較地位高低的第二個標準。學生眼中的愜意是勤奮、努力或付出的反面。學生愜不愜意看的是他是否投入跟高考無關的活動，以及投入多少時間，例如：線上遊戲、運動、吃飯和睡覺，在他們看來，愜意就是計算一個人投入多少時間。[7]考試分數彼此差不多的學生，愜意比不愜意的人地位更高。然而，儘管游刃有餘的人可以獲得高位，但學生平時聊天仍然專注於考試分數。排高低的時候，只有考試分數差不多的人，才會看愜意這個標準。

中國式的青少年地位體系

學神

根據決定地位的規則，菁英學生用考試成績和愜意程度在本部和國際部建立四種類型（見圖2.1）。[8]金字塔頂端是「學神」。學生眼中的「學神」就是「那些不太用功但考試成績卻很高的學生」。學神是鳳毛麟角，而且不平均的散佈在不同學校、班級和學部。不論是哪個部、哪個班，學神通常不會超過四到五個，有些甚至一個都沒有。奧美中學最有名就是學神比其他學校多。Robert為這種現象做了清楚的註解：「奧美中學肯定有一群學神。你可以從他們招收的新生看出來，奧美有北京最拔尖、腦子最好的新生。」

高地中學的凱豐就是學神，凱豐是個聲音輕柔、個子不高的男孩。凱豐他成績優異，也是老師萬中選一挑出來參加高中奧林匹亞競賽的學生。凱豐起初不願意報名，因為他認為這競賽沒什麼意思，到了十一年級時他才改變心意。然而這時其他人已經花了至少一年來準備競賽。他在受訪時說：「我發現奧林匹亞只要一天，但高考要兩天。如果我可以在一天內結束，那我肯定選擇一天的方案。」換句話說，他參加奧林匹亞是為了儘量減少準備考試所花的力氣。凱豐僅僅用了一年，就贏得奧林匹亞的金牌，並在十二年級初就取得北京大學的保送資格。

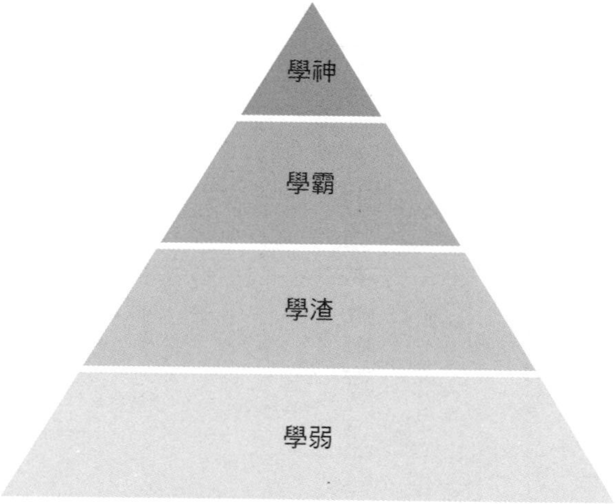

圖 2.1　中國頂尖高中的地位體系。圖中並未顯示每個地位的學生人數。一般來說，學神和學弱人數最少。學霸比學神和學弱加起來還多，而學渣是四個群體中人數最多的。

凱豐繳回北大的入學同意書後，高地中學的老師說服他也參加高考，藉此提高學校的平均分數。雖然凱豐勉強同意，但他認為老師設定的目標（高於學校平均分）實在過於容易。他反而為自己設定了一個更「合適」的目標，也就是在他的擅長科目中，要成為北京的高考狀元。凱豐說即使已經收到北大的錄取通知，依然努力不懈。他自願留校到每天晚上十點半，跟著同學上晚自習。然而，他的努力似乎也就到此為止。當其他同學在教室裡焚膏繼晷，凱豐卻玩起魔術方塊，或是為了好玩在教室做一些超出考試範圍的數學題。在我們的訪談中，凱豐承認半夜睡覺前會看「兩三集動漫」或玩「一會兒」網路遊戲。他還經常找同學討論動漫或打遊戲的戰績。凱豐不費吹灰之力就表現優異，完完全全就是個學神，可說是學校向外國研究者介紹高地中學的理想代表。

學霸

第二類是「學霸」。學霸是那些「非常努力且考試成績優異」的學生。學霸比學神更常見，但即便如此，比例還是不高。他們的考試成績往往與學神不相上下，但卻因為不夠輕鬆而無法躍居神位。儘管地位不如學神，學霸依然憑藉優秀的考試成績在學校位居高位。學霸是許多頂尖中學的平均考試成績和大學錄取結果的驅動力。例如，Tony認為，首都中學靠著努力用功的學霸讓考試成績大幅提高，以致於全校的大學錄取結果能與奧美中學匹敵。他評論道：「奧美中學學神較多，頂峰中學學神與學霸都有。（但）首都中學培養了大批學霸。」

Tracy是一位短髮、大眼睛，看起來弱不禁風的女孩。她身上有首都中學國際部學霸的堅實特徵。她說話速度很快，活潑外向、精力充沛，但黑眼圈卻又讓她看起來很疲憊。Tracy參加過幾次SAT考試，取得總分兩千兩百的成績，這算是高分了，但不如分數都在兩千三百以上的學神。儘管SAT分數略低，但Tracy後來還是和她的學神朋友同樣錄取約翰霍普金斯大學，她對此結果很滿意。不同於那些看似無需用功的學神，Tracy非常勤奮努力。每當我到教室找她，她總是埋首苦讀、寫論文，或者背誦SAT單字。有些老師為了引起學生對課程內容的興趣在課堂上和學生閒聊。然而Tracy很少答話，而是在這種情況下開始寫其他作業。Tracy的同學和老師很少看到她放鬆或休息，在我們談話時，他們經常開玩笑說Tracy是個工作狂。

到了中學快畢業時，國際部的應屆畢業生都已經確定他們即將要就讀的大學。學生一派輕鬆，大多數人都不再熬夜讀書。然而，Tracy與眾不同，她還繼續用功讀書。在十二年級最後兩個月，Tracy經常躲在沒有上課的教室，因為她的同學「太吵了」，讓她無法專心學習。我好幾次看到她獨自一人在讀書，有一次我在一間空無一人的教室找到她，問她在做什麼。Tracy正經八百的解釋：「我正在上AP課程。這很花時間，我要拿高分，這樣（約翰霍普金斯大學）才會確定收我。我還要參加入學分級測試（placement test）。」我點了點頭。Tracy示意我坐到她身邊，給我看她的筆記型電腦螢幕，上面有一篇她正在寫的文章，她已經用單行行距寫了好幾頁。「這是我宿舍的申請書。我想住在校內最受歡迎的宿舍，所以這份申請不能有任何差錯。我已經花了好幾天在寫這個。」然後她把眼神轉回筆記型電腦，示意我不要打擾她。Tracy的考試分數非常高，分秒必爭，甚至花了幾天時間處理像申請宿舍這樣的事情，使她成為學霸的完美代言人。

學渣

第三類是學渣。學渣是指「不努力學習，考試成績也不好的學生」。由於考試分數低的基準是平均分數線，因此有不少學生會被歸類在校園中的底層。[9]可是為了再進一步區分，學渣特別強調愜意。重要的是，學渣表現出一派輕鬆的態度，讓自己踩在最底層之上。

Robert是國際部的學渣。這位首都中學的男孩，個子很高、皮膚黝黑，還相當有魅力。我們第一次碰面時，他就讀十一年級，那時Robert說自己的目標是SAT考試：「無論如何至少要超過兩千一百分。」誰知經過十一年級和十二年級一共五次SAT考試之後，他的總分只有兩千零五十分，低於首都中學的平均水準。[10]後來他和另外兩位同學一起上了喬治華盛頓大學（George Washington University），他們三人的成績都低於國際部的平均分。Robert的學習成績也差強人意。事實上，他在學校的考試成績非常低，當我問他的老師——華老師關於他的學習成績，她總是皺著眉頭回答。Robert在一份經濟學作業也表現出他在學習上自由放任的態度，這項作業是分析做一件事的成本和效益。Robert選擇評估「打電玩」。他的說法是打電玩的成本是「佔用學習時間」。但由於玩遊戲「讓我心情很好」，因此他的結論是效益大於成本，所以「應該繼續打電玩」，而不惜犧牲準備大學的時間。

Robert在學習上顯然不夠努力。我在十二年級的春季緊密的觀察他。在某個春季學期的午後，當時所有人都已拿到大學入學許可，可是下課鈴響後，依然有不少學生還在課桌上寫作業，一點也沒有要放學的意思。但是，Robert已經收好書包，立刻衝出教室。有一次我叫住他，問他要去哪裡。他此時已經跑到走廊上，很不情願地走回來，急急忙忙地說：「我要去公主墳。」他說得太快，我聽不懂。我又問：「啊？」他嘆了口氣，又說：「我要去公主墳。掰！」話還沒聽完，他已經不見人影。有些同學無意中聽到我們的對話，也望著門口面露驚愕。我不知道他說的是什麼意思。坐在我身旁的一個女同學見我一臉疑惑，馬上解釋：「他要去公主墳的網吧打電玩。」其他人也跟著揭露Robert打電玩的行為。有一名男同學在教室對面大喊：「上學期週末我們還看到他從網吧走出來！」另一個人馬上補了一句：「我們要去補習SAT，他卻在打線上遊戲！」由於Robert的成績低於平均分，因此在學校的地位並不高。然而，比起那些在放學後或週末去補習的同學，Robert一派輕鬆。他讓自己一直維持成績不佳的狀態，但也一點也不願意努力，好讓自己不至於落入整個金字塔的最底層——「學弱」。

學弱

「學弱」構成中國頂尖中學地位金字塔體系的最底層。學弱是那些「非常用功但考試成績仍然不好」的學生。他們和學渣一樣，本部的學弱後來多半就讀中國的知名大學（通常在北京以外）。[11] 國際部的學弱畢業後去了美國和加拿大的公立大學，或是常春藤聯盟以外的私立學院，又或是其他具有同等聲望的學校。雖然許多學生說自己是學渣，但很少有人自認為是學弱，而且大多數人都盡量避免把同學說成是學弱。儘管缺乏自我認同，但學生經常評論說：「每個學校都有學弱。」同一所學校的學生也都知道誰是學弱。但在外行眼裡，學弱是隱形人，因為他們通常是獨行俠。然而，當我們觀察學生之間的交流時，他們就會立刻被辨認出來：學弱和同學的對話通常只有單向的對談，並且只要他們出現，同學的笑聲就戛然而止。

劉攀是就讀於頂峰中學的女學生，她身材高䠷，短髮俏麗，卻也是少見自認為是學弱的學生。高考結束後幾天，我在北京一家咖啡館訪問劉攀。起初，她緊張地說她「可能是」學渣。當我請她再詳細告訴我自己屬於哪一群，她馬上改口，轉而說自己是學弱。劉攀往前挪，身體前傾，湊近我小聲解釋：「我算是個學弱。我是那種一直考不好的學生。有時我表現還可以，但大多數時候我都考得不好。……在十二年級時，（我）非常用功，從早讀到晚。」然後她詳細列出自己的作息對我說：「我六點起床，晚上十點或十一點上床睡覺。除了一日三餐的時間之外，我都在讀書。」後來我發現，這是她週末的作息。平日她整個晚自習期間都留下來讀書，直到晚上十點才回家，然後在午夜左右睡覺。做了這些事的劉攀，顯然比其他同學更加努力。

儘管她相當勤奮，但課堂上的考試成績一直低於平均水準。後來，劉攀考上北京以外的一所著名大學，主修藝術，這也是那所學校的一流專業之一。然而，當我在夏天恭賀她時，我注意到劉攀看起來並不像其他人對錄取結果感到興奮。她的班主任後來解釋：雖然她錄取了自己的「第一志願」，但她夢寐以求的學校是清華大學的藝術系，而這所學校的最低分數線「超出她的能力」。因此，她只好屈就，以排名較低的大學為目標。即使選擇一所分數線較低的大學，劉攀的升學過程仍然坎坷。她爭取「三好學生」未果，也未能通過大學的自主招生，使她成為全班少數高考未能加分的學生之一。可是按照全國標準來看，劉攀的成績並不低。她的高考成績為六百六十五分，在全北京市名列前百分之五。雖然劉攀在其他學校可能是學霸，在一半學生有望躋身北大或清華的班級裡，劉攀的成績相較之下就顯得偏低。即便非常努力，但卻沒有很好的分數，使她成了學弱的代表，在學校裡地位低，抬不起頭。

整體而言，學生們對於地位分類的定義和意義都有共識。所有學生都擁護地位體系還有分類標準，顯示這套體系相當強大。此外，這些術語到處流通，已經成為俚語。當學生關注學神不凡的學業成績時，經常會說「來膜拜大神」。或者說，「當個學霸」表示一個人正在學習。學生還說當他們想從備考中喘息一下，他們說自己「是個渣」。當學生決定放棄一件事，他們會開玩笑地大喊：「弱爆了！」接著就是一陣爆笑。[12]

瀏覽中學地位系統

學生對於校園內的地位體系有清楚的認識。個人地位由考試成績和愜意程度而定。他們清楚考試分數或愜意程度這兩項條件能否、在什麼情況下能獲得地位體系中的回報，以及兩者之間的關聯。然而，要在地位競爭之中獲勝，需要的不僅僅是瞭解和同意這些規則。參賽者必須主動參與，並且擬定策略贏得比賽，也就是想盡辦法獲得高地位，或者避免失敗而落到底層。掌握了複雜的規則知識之後，菁英學生會根據他們在這等級制度中的位置來制定策略，並選擇最有利的戰術，以盡可能提高自己在學校的地位。

學神的優先排序策略：Ashley「只要」劍橋

不論是優異的考試成績，還是輕鬆愜意，學神依據地位體系中回報最高的原則來做決定，維持了整個體系。這些學生瞭解分數的意義以及由此而來的排名。除此之外，他們還知道愜意程度能為他們帶來最高的地位，但前提是他們要取得高分並名列前茅。根據遊戲規則以及他們所處的高位，學神採用一種優先排序策略，首先專注在爭取排名，接著是表現出愜意。學神在許多決定中都秉持這項策略，從準備考試到申請大學都是如此。

頂峰中學的Ashley，就是一個懂得優先排序的學神。Ashley有雙明亮的眼睛、舉止成熟，因此又被叫做「方阿姨」。我在Ashley十二年級時認識她。Ashley的SAT成績是兩千兩百三十分，絕對是同學之中的佼佼者，她申請到美國排名在前的大學。然而一開始，由於對自己的申請結果不確定，她刻意申請更多學校。對於大多數學生來說，多申請幾間就表示要申請同一個國家排名較低的大學。[13] 可是，Ashley申請的其他學校，卻是對於SAT分數的要求也一樣嚴苛的英國名校，而且排名與她申請的美國大學旗鼓相當。

我在春天訪問Ashley，當時剛好是大學申請報到的最後幾天。Ashley在走廊上一看到我，就馬上把我帶到一間沒有人的會議室，私下向我說明最新情況。首先，雖然大多數學生都收到一、兩份大學錄取通知，但學神Ashley卻收到四份：劍橋大學、卡內基梅隆大學、西北大學和布蘭迪斯大學（Brandeis）。她立即拒絕布蘭迪斯大學，因為這一間在四所大學中排名最低；她對西北大學也沒有好感。然而，Ashley在劍橋大學和卡內基梅隆大學之間陷入兩難。她描述自己收到劍橋大學錄取通知時的激動心情，但在隔一週又收到卡內基梅隆大學的錄取通知書後，她就開始失眠。

在這場突來的諮詢會議上，平時冷靜、矜持的「方阿姨」在比較兩所大學時顯得很緊張。她重嘆了一口氣，「我不知道該選哪一個。我真的非常、非常喜歡劍橋大學，但我也不想放棄卡內基梅隆大學。」不論是選哪一間都有很好的理由。她解釋說：「卡內基梅隆大學的資訊科學系最符合我的興趣。他們的畢業生一畢業就有很好的出路，而且這正是我想讀的科系！」她又嘆了一口氣，「但劍橋是我夢寐以求的學校。自從我幾年前參觀過校園後，我就愛上這所大學了。」我向她表示祝賀，並建議她可以和父母討論這些錄取通知，比較每所學校的優缺點。Ashley點了點頭，又嘆了口氣。她變得很安靜，若有所思。

春天結束前，我和Ashley一起在北京玩了半天。當我們在地鐵站附近一碰到面，Ashley馬上對我說，她已經決定要去劍橋大學讀經濟學。她帶著微笑描述家庭會議上的討論過程，他們還自創了一套評分系統比較兩所大學。「我選擇劍橋是因為它名氣更大，它的排名比卡內基梅隆大學高。選擇劍橋大學會帶給我更多機會。雖然放棄卡內基梅隆大學讓我好傷心，我難過了好幾天，但我還是得選擇劍橋。」她停頓了一下，說：「從申請的材料來看，劍橋大學比美國的大學更偏好在專業上很專精、扎實的學生。」她充滿自信又補了一句：「我考試很高分，那會是我（在那裡）的一個優勢。」

把Ashley大學申請的過程攤開來看，排名的重要性越來越明顯。與Ashley一樣在SAT考高分的學生，她們的口袋名單只有那些SAT分數要求很高的頂尖名校。雖然有幾個學神對自己的錄取結果感到不確定，但沒有一個學神申請那些SAT分數要求低且排名較低的大學。Ashley不願申請排名低於布蘭迪斯的大學，也就是說明她身為學神，不可能讓自己屈尊於地位等級的範圍之外，為了維持地位，只能再申請全球排名差不多的大學。Ashley也採取相同準則，以維持地位決定婉拒哪一所大學的錄取。根據相同的地位體系規則，她因為學校或科系的排名不夠高而婉拒布蘭迪斯大學和西北大學。此外，她在卡內基梅隆大學和劍橋大學之間的糾結是因為兩校排名不相上下。由於她對資訊科學感興趣，卡內基梅隆世界最頂尖的資訊科學系排名也對她來說有很大的吸引力。然而，劍橋大學排名世界前五，高於卡內基梅隆大學。在這兩所學校之間做抉擇，實際上反映出的是在專業排名和學校排名之間做抉擇。

Ashley最終決定落腳劍橋大學，有部分原因是考慮到學校地位（「更有聲望」、「排名更高」）。然而，她也從愜意這個概念說明自己的決定。Ashley說到選擇卡內基梅隆大學有兩個主要原因：符合興趣以及有機會實現自己畢業成為資訊科學家的雄心壯志。兩個原因都和愜意無關，而後者甚至要非常努力。相比之下，她無法具體說出劍橋大學提供的「機會」，而且對於錄取的經濟學系也不特別喜愛。然而，她選擇劍橋的兩個原因是其「優美的校園」還有更勝其他學生一籌的優勢（「成績很高」）。這兩個原因都指向大學裡的輕鬆愜意。Ashley是標準的學神，她策略性選擇自己的戰場來保持在地位體系的頂端：她首先爭取排名最高的學校，然後選擇可以證明自己游刃有餘的比賽。這個例子和其他的例子都一樣，學校排名和個人輕鬆程度加總更甚於個人興趣和職業成就。

Ashley選擇大學的故事並未就此落幕。頂著學神光環，Ashley選擇哪一所學校在頂峰中學是公開的秘密。有關她選校的消息傳到本部。我和Ashley出去逛街的一個禮拜之後，本部的學神李飛對她選擇劍橋而不是卡內基梅隆表示贊同。我和李飛在他家裡聊起他被清華錄取一事，他嘴裡批評著社會對考試成績的重視近乎病態。令我驚訝的是，李飛突然講到Ashley

的事。

李飛懶洋洋地坐在桌旁的木椅上。他皺著眉頭說：「我想改變社會判斷一個人的方式。有時我會想，分數低並不代表一切。我一直在思考這個問題。考試分數不能決定一個人的好壞。比如，Ashley，你聽過她嗎？」李飛頓了一下，先確定我知道Ashley。我點了點頭。李飛繼續說：「我覺得Ashley很優秀。但是，如果她沒能進入世界名校，沒跟世界頂尖的人站在一起，她就是一個無名小卒。幸好她選了劍橋大學。這是地位問題。卡內基梅隆？它肯定不是很出名。在中國，劍橋大學更能證明你的能力。見鬼，我們為什麼要這樣評斷人？」他批評自己後停了一下，馬上搖搖頭，最後說：「但我個人認為在劍橋讀經濟學比在卡內基梅隆讀資訊科學要好得多。」

李飛這番看法的結尾表明連本部的學神想法都一樣。雖然李飛厭惡地位體系的規則，但他仍然堅守這些規則。李飛對Ashley的分析，毫無考慮個人興趣或與科系的契合度，而只關心排名。其他學神也贊同Ashley優先考慮大學排名的作法，並對Ashley和他們一樣遵守規則感到滿意。

學霸的往死裡學習策略：德宏決不懈怠

學霸作為校內高人一等的群體，主要關心的是如何防止地位下滑。學霸並不熱衷於登上「學神」的高位，而且大多數人並不想提升自己的位階。其中一個原因是學生認為「學神」與其他人之間有一道無法跨越的鴻溝。更重要的是，追求學神的地位意味著要展現出愜意。然而，減少讀書時間會提高考低分的可能性，使他們有可能落入學渣之列。學霸成為學渣，不僅僅是地位等級掉了一階而已。相反地，這意味著從高地位群體落到低地位群體。此外，隨著大學申請的截止日期和高考逼近，學生越來越用功，學霸地位受到的威脅與日俱增。

學霸用他們內化的專長——學習，面對向下流動的威脅。從這個角度看，學霸無法感到愜意不僅僅是群體特色，也是他們為了維持高地位而採取的策略。然而，這種學習策略無意中使得學霸在考試成績下降時容易落入學弱的地位。學霸越努力讀書就越有可能成為學弱，這又讓他們更努力學習。學霸困在努力和容易墜落的惡性循環之中，中學畢業前往往一刻不得鬆懈。

德宏就是為了保有高地位而努力讀書的標準學霸。德宏是首都中學一名身材結實的男學生，他十一年級時下定決心要成為學霸。用他自己的話來說，決定用功讀書是「一場賭注」，因為假如考試成績未能提升，他可能會淪為學弱。幸運的是，德宏在十二年級初成為學霸，並且他的學習成績不斷進步。十年級時，他利用休息時間看漫畫放鬆。然而，看漫畫對高考毫無助益。十一年級時，德宏利用休息時間讀書，把放鬆時間限制在晚飯後三十分鐘。他不再看漫畫，而是看三十分鐘的好萊塢電影，這有助於他準備高考英語科的聽力。[14] 到了十二年級下學期，德宏讀書到了廢寢忘食的地步。如果讀書時想休息一下，他會在走廊盡頭做幾分鐘的伏地挺身，面前還擺著一本打開的課本。他說做伏地挺身是「為高考增強體力」，但是因為「其他人都在教室裡讀書，我沒時間休息」，他必須同時學習，所以這幾分鐘伏地挺身的休息時間並沒有「白白浪費」。

德宏的努力不止於此。隨著高考逼近，他不再做伏地挺身。在校內看到他都是行色匆匆，幾乎沒有一刻停下來與人聊天。高考前兩周，我和幾個學生坐在教室裡，等待晚自習開始。德宏衝進來，從朋友那裡拿了一本筆記本。他看到我在教室裡面，向我點了點頭，然後轉身離開。在他離開教室前，我叫住他，大聲問他，緊湊的讀書安排有沒有讓他考試成績進步。「沒有，當然沒有！」德宏三步併兩步走回來我這邊，睜大眼睛搖了搖頭。然後他吸了口氣，小聲解釋：「我知道自己排名在哪。在北京，我和北京大學的最低錄取分數線之間大約還有三百人。我不可能再超越三百個人了。我真的沒法子。其他人都在讀書，我不想輸。

我已經盡全力了；說真的，我已經氣力放盡。如果我能維持現在的排名，不往下掉，就謝天謝地了。」然後他迅速走出教室。

德宏這樣的學霸都有地位焦慮。中學畢業前，競爭越來越激烈，他們都感受到威脅（「其他人都在讀書」），所以他們也盡最大努力（「已經盡全力」）。然而加強學習的策略似乎不如預期。學霸本可以偷偷學習爬上學神之位。德宏本可以在一個大家看不到的地方做伏地挺身，但他卻在走廊眾目睽睽下做伏地挺身。這是因為他認為在地位體系中晉升的機會渺茫（「我真的沒法子」）。學霸的目標不是爬上最高地位，而主要關注向下流動的危機（「不往下掉就謝天謝地」）。他們不關心自己為什麼始終無法接近游刃有餘的學神，而是看重自己是否與那些成績不好的人或學弱有所區別。

許多學霸捲入了越是花時間讀書、失去地位的風險就越高的漩渦，德宏也不例外。許多學霸都有類似的焦慮，他們會採取更激烈的手段。比方說，紫怡是首都中學的學霸，後來考上清華大學，她在十二年級的每次模擬考試前都要通宵達旦兩三晚。國際部另一個學霸Tracy也是整天讀書，直到同學覺得她是一名工作狂，後來她在大學申請截止日前焦慮症發作。這些例子都顯示，學霸的學習策略所帶來的後果，包括身體和精神上的傷害。然而，他們為了維持自己的高地位和獲得一流大學的錄取，甘願剝奪自己的休息時間、忍受睡眠不足、忍受焦慮症發作。在中學競爭地位時，學霸按規則行事，不惜一切代價就想要留在勝者這一方。

學渣的天鵝策略：家齊的日常表演

學渣有如一群天鵝，他們在校園內優雅滑行，但在水面下卻賣命地划。學渣常常把天鵝策略看作是維持校內地位的必要手段。學渣正如學霸，並不想要獲得學校的最高地位。事實上，他們大多數人甚至沒試過爬上高位，反而主要關心不落入最底層。由於只比學弱高出一階，學渣察覺向下流動的可能，並且打好算盤，防止自己在地位競爭中一敗塗地。如果要做到這一點，就必須不斷證明他們與學弱的關鍵差異——愜意程度。

學渣是老謀深算的玩家。家齊就是其中之一。家齊就讀首都中學，身材壯碩、留著貝克漢頭，還戴著黑框眼鏡。家齊從十一年級結束後就經常在晚自習開溜。即使在考試壓力最大的情況下，他週末也不去學校自習，而其他同學則是自願留校到深夜。升上十二年級時，我經常看到家齊在翻汽車雜誌，而其他同學則在同一間教室讀書。原因如他所說：「既然我有沒有讀書都沒辦法打敗（超越）那些成績好的同學，那麼乾脆別讀了。」我問他為什麼沒想過努力，考得更好，讓排名進步。他聳了聳肩，調皮地笑笑：「沒什麼理由。我有想過，就只是不再努力學習罷了！」

雖然很少看到家齊在學校讀書，但他私底下默默用功學習，而且相當努力。他好幾次都要我在沒人的空教室陪他練習英語，看他的作文（高考的測驗）。他的母親徐太太也提到，家齊週末會在家裡的書桌前唸書，這我後來也親眼證實。有一個星期天下午，我到家齊家拜訪。家齊來公車站接我，然後直接去他家。徐太太歡迎我的到訪，並要家齊帶我參觀他們家。我注意到他書桌上擺著一本打開來的課本，表示在我們見面前他一直在讀書。參觀不到三分鐘結束，之後他對我說要去學習了。我坐在客廳的一角寫筆記；家齊坐在書桌前，房間的門開著。我在那裡待了五個小時，家齊只出房門兩次，加起來不到五分鐘：一次是去洗手間，另一次是去廚房倒一杯水。整個下午家齊都坐在他的書桌前。沒有起身、沒吃東西，也沒有和任何人說話。屋裡非常的安靜，只有徐太太在廚房切白菜以及家齊翻課本的聲音。我走進廚房，趁著徐太太做晚飯和她聊天，她告訴我家齊週末一整個下午都是在他的書桌讀書。

像是家齊這樣的學渣，在學校要在眾目睽睽之下表現出輕鬆愜意，但卻花很多時間和精力偷偷讀書。他們的努力不為人知，也意味著他們想努力留在學渣之中，小心翼翼避免淪為學弱。天鵝策略也說明學渣是一個重要的群體，並且按規則比賽。學渣作為校內的大宗，其實可以拒絕理會考試成績，進而挑戰地位體系的規則，或至少建立一套不同的地位體系，藉此撼動原有體系的穩定性。[15] 然而，他們並非不在意考試分數以及考試競賽，而只是假裝很愜意。天鵝策略之所以有效，是因為他們以不在意的態度掩蓋內心真正的意圖，實際上卻全心全意按照原有的規則參與地位競賽。因此，當學渣外表看起來不在乎，他們也支持著地位體系。他們在水面下努力划水，讓自己浮在水面上，撐住一個把地位最低的那群人淹沒的體系。

學弱的展望未來策略：Mark轉戰加拿大

學弱不同於其他群體，他們在應對學校的地位體系時沒有太多選擇。學弱通常是沒辦法達到學霸或學渣地位的人。由於被困在底層，有些學弱希望藉由否定自己的身分，而改變他們的地位。然而這種方法往往適得其反。首先，欠缺自我認同並不能阻止其他學生給他們貼上學弱的標籤。如果無法表現出大家眼中期待的學弱行為，也會帶來嘲笑和譏諷，讓這些心不甘情不願的學弱無法改變他們的位置。學弱不得不接受自己在學校地位體系中的地位，轉而採用一種面向未來之計。他們在中學的地位競賽中躺平，並提早為下一輪的競爭做好準備。

就讀於首都中學的Mark，身材高大、性格開朗，考試成績並不好。他不認為自己是個學弱，可是一度承認自己符合學弱的定義。Mark使勁準備SAT，考了五次。儘管他很努力，但總成績只有兩千一百八十分，低於學校的平均水準，後來他上了英屬哥倫比亞大學（University of British Columbia, UBC）。乍看之下，Mark使用的策略有點問題。講白了，他經常假裝自己很努力，實際上卻不是如此。在一個陽光明媚的週五下午，我坐在Mark十一年級的教室靠窗的中間一排。學生都在自己的座位上等待老師上課。坐在教室前面角落的Mark突然拿著他的十七英吋的黑色筆電，溜到我旁邊的空座位上。我驚訝望著他，發現他正在用筆記型電腦打遊戲。我皺著眉頭問他：「你在幹嘛？」在他回答前，老師走進教室，宣佈開始上課。Mark迅速戴上耳機，眼睛仍然盯著螢幕，靠過來小聲對我說：「我沒有上這堂課，但我就告訴你一聲，我坐在你旁邊，他們就會認為我在讀書，我其實沒有。你看，你可以當我的掩護。」他得意洋洋瞇著眼睛看了我一眼，然後又回到遊戲上。

Mark決定用努力來掩蓋愜意實在違反直覺。玩遊戲可說是表現愜意。如果他讓其他學生知道他輕鬆以對，也就可以向上流動成為學渣。但是，他卻用努力掩蓋愜意。Mark經常錯過這些躋身學渣的黃金機會，一直到畢業都是個學弱。針對Mark行為的可能解釋之一是他並不理解地位等級這一套遊戲規則。然而，Mark是向我清楚解釋這套規則的學生之一。他明白決定地位的要素，也同樣理解每個學生屬於哪一個群體。另一種可能性是Mark想避免老師因他不專心上課而生氣。但他不是這堂課的學生（「我沒有上這堂課」），也沒有必要參與。另外，Mark可能假裝在讀書，避免擾亂課堂。然而，他瘋狂點擊滑鼠的噪音顯然讓他身邊的女同學感到不耐煩，因為她不時地向Mark投出惱怒的目光。更有可能的解釋是Mark乾脆放棄擺脫學弱的身分。不論是這一次或其他幾次，他不在乎是否可以抓住向上流動的機會，因為他接受自己墊底的命運。他並未表現出一派輕鬆，而是習慣性地保持一種學弱的勤勉讀書形象，好似沒有為向上流動制定策略。

學弱不打算追求更高的地位，坦然接受自己在底層的位置，其實是藉著盤算下一輪的競賽來應對這套體系。雖然中學時無所適從，但Mark依然沒有退出地位競賽，反而有意識地計畫自己的大學選擇。他決定申請去加拿大而不是美國，就是因為他的中學同學幾乎都去了美國。Mark中學畢業兩年之後，我在費城與他見了一面。當我們談到他在首都中學的日子時，Mark告訴我，他在中學的SAT成績一直很低，這讓他很「崩潰」，因此最後只申請了加拿大的大學。我問他為什麼做出這樣的決定。

「那是因為我完全沒辦法跟那些學神競爭。他們申請的是康乃爾大學或賓州大學這些名校，SAT成績都在兩千三百分以上。」Mark皺著眉頭說。「我完全沒有機會。我不可能進入美國的名校。但我可以申請加拿大的頂尖大學，因為申請加拿大的大學比較容易錄取。當然，這是加拿大，不是美國，但是……」他欲言又止，很快還是把自己的想法大聲講出來：「有些加拿大的大學可也在世界排名頂尖！」

這個例子說明，學弱應對中學生活並非毫無章法。其他群體在中學時為了提升地位汲汲營營，而學弱卻為未來的競爭做打算。Mark展望未來的策略讓他決定申請加拿大的大學。從兩方面來看，這是個朝向未來的決定。首先，他遠離中學時期的地位競賽，因為在他眼中那是一場毫無勝算的戰鬥（「我完全沒辦法跟那些學神競爭」）。加拿大的大學不是學神和學霸的目標。由於這些優秀學生幾乎不關注加拿大院校的排名，所以Mark避開直接比較，早早退出競爭。第二，Mark計畫在中學畢業後重新開始。根據他內心的盤算，那些成績比他好的學生會去美國其他大學。藉著轉向加拿大，他還是會進入一所頂級大學就讀（「世界排名頂尖」）。最重要的是，他即將面對的新對手，有可能競爭力較弱，因此增加Mark在大學裡提升地位的機會。[16]換句話說，學弱接受了他們已經在這場戰鬥中失敗的事實。由於人數不多，他們並不想要改變規則，也沒有能耐改變環境。他們乾脆為下一輪的重新開始制定策略。由於他們預期下一輪的競爭也將以同一套規則運作，因此學弱不僅服膺於地位競爭的規則，而且還從底層支撐著這些規則。

合理化地位體系

在大多數社會群體之中，地位是由一個人的家庭背景、種族、工作時間、學校資源或各種因素加總決定。[17] 相比之下，本研究裡的菁英學生普遍強調考試成績。這群菁英學生為了證明這種地位體系的合理性，試圖解釋為什麼他們之中有些人的表現總是勝過其他人，而另一些人儘管付出努力，卻始終無法提高他們的考試成績。然而，在高同質性的群體中，要解釋考試分數的差異相當困難。這些學生來自北京相對富裕的家庭。他們在學校的作息時間都一樣，每天在一起學習多達十五個小時。如果用紙牌遊戲來比喻，菁英學生認為彼此手上的牌難分軒輊。由於努力和家庭背景等統計上的顯著因素無法解釋考試分數的差異，這些學生通常不考慮常見的因素，而是傾向於考試分數反映天賦能力的說法。

天賦能力說

天賦能力的解釋認為，學神的優越與生俱來，而學弱是天賦不足。雖然這種說法政治不正確，而且與中國共產黨的任人唯才（meritocracy）的說法背道而馳，但不同地位群體的菁英學生普遍接受這種解釋，並統一用它來證明學校的地位體系的合理性。[18] 嗚佳是頂峰中學的高材生，後來考上清華大學，在我訪問的學生之中，她是支持這種說法的其中之一。我問鳴佳為什麼地位體系的最底層是學弱，誰知她反而解釋了學神，並強調天賦能力在區分地位群體中的重要性。

「你怎麼看（學弱）？」我問。

「我覺得努力程度一定有關，但這可能是基因的問題。」鳴佳的語氣彷彿在陳述一個事實。

聽到這句話，我提高音調，重複她的話：「基因？」

鳴佳立即調整她的說法：「也許不全是基因。這與思考方式、生活習慣有關。」

我先停下來，讓她講得更清楚。鳴佳回答：「嗯，我認為有些人天生就比較聰明。也許他們在學校發展得比較好，也可能他們的父母把他們教得比較好。我不知道他們怎麼變成這樣，但有些人就是有比較好的思考能力。」

在這個例子以及其他例子裡，學生把地位歸因於天賦能力。鳴佳以學神的舉例解釋學弱的存在，顯示她的邏輯能夠同時適用於兩者。她的答案更是說明天賦能力說足以證明整個地位體系的合理性，因為這個說法可以解釋地位體系從上到下的結果。此外，當我明顯拒絕接受學弱天生智力較弱的觀點，鳴佳依然堅持己見（「這可能是基因的問題」）。眼見我的強烈反應，她馬上提到社會主義者會同意的社會因素（習慣、學校和家庭）來調整自己的說法。

然而，這轉變相當短暫，鳴佳的下一句話就回到她一開始的論點，並把地位歸結為與生俱來的能力（「天生聰明」、「比較好的思考能力」）。由於鳴佳的成績優異，或許有人認為如同鳴佳這樣表現傑出的人會為了合理化自己的地位，就說自己天賦異稟。雖然有部分確實如此，但在我們的訪談中，鳴佳清楚表示自己離學神還差得遠，她最多只是個學霸。這表示像鳴佳這樣的學生，也會認為自己先天就不如學校裡那些出類拔萃的優秀學生。

再努力也沒有用

學生之所以堅持天賦能力說，有可能是因為他們無法提出其他可能性。眼見學生經常拿不出其他解釋，後來聊天時我提出其他假設，但每次都遭到反駁。建民是頂峰中學的學弱，儘管自己在校內的地位是學弱，他仍然堅定的捍衛天賦能力說。暑假高考結束後，我和建民一起吃午餐，當時我們談到考試成績和大學計畫。我問他學神的考試成績為什麼那麼好。

建民毫不猶豫地解釋：「學神是這樣的，你在用功，但這個人不用。他可能在玩線上遊戲或什麼的。他是天賦異稟。（你）拿他沒輒，沒法解釋，就是這樣，是非常聰明。」

我提出努力也是考高分的關鍵，但建民對我的論點嗤之以鼻。他靠向桌子，把兩隻手放到桌子上，乾笑幾聲說：「假如努力就等於（考試）成功，那麼成功就沒什麼大不了。如果努力就可以成功，那我只要努力就好。如果每個人都努力，每個人就都會成功。但這是不可能的。所以，努力不可能帶來成功。還有很多其他原因，比如說運氣。」他啜一口熱茶，補充說：「還有智商，或者聰明。」

建民的觀點和許多人一樣，強調與生俱來的特質，而且還聽不進去其他解釋，包括時間管理、學習習慣和過去的經歷。[19] 建民和鳴佳一樣強烈支持天賦能力說（「天賦異稟」、「運氣」、「智商」）。除此之外，建民還反駁我強調努力讀書的替代假設（「不可能」），並以自己為例說明整個體系的本質。這類對話說明，學弱非常熟悉支配這套地位體系的規則。他們承認在既有的分類標準下自己的地位很低，也乾脆地接受自己低下的地位。

重要的是，建民的說法顯示地位低的學生是多麼用力捍衛與合理化這套等級體制。地位低的學生支持這套制度的可能原因之一，是他們需要以一種直白的方式解釋自己的成績不振。他們把低分歸咎於不可抗拒的因素，即天賦能力，避免為自己在學校表現不佳負責。同樣的，儘管學生使用相同的說詞，並把學神描述為「聰明」或「腦子好」，但在討論中，天賦能力仍然是一個抽象的概念。學生們並未直接衡量天賦能力，也沒有證據直接支持這個論點。他們從考試成績以及展現出來的努力去推斷同儕的天賦能力。然而，當大家把這種看不到和測不到的特質當成同儕表現差異的唯一合理解釋，也就在學神和其他人之間製造了一條不可逾越的鴻溝。當學生把整套地位體系合理化，學神也就成為一個與眾不同的崇高群體。最終使得學神成為校園裡的「神」。

先天障礙：天賦能力的一體兩面

學生認為學神是「天生」才華洋溢、異於凡人。按照同樣的邏輯，學弱則是「天生」欠缺腦力。有一位學生直言不諱地說學弱「次人一等」，提出這樣的觀點，這個學生就是小龍，首都中學十一年級的學生。我在一次課堂觀察時，坐在小龍旁邊。結束一天的觀察後，他忽然和我搭話，聊到我是否清楚校內有四種地位。然後他向我解釋這些群體，並透露他是一個學渣。當時，我尚未理解這套體系以及這套體系對學生日常生活的影響。我問他是否考慮過努力讀書提高考試成績。也就是說，我是在挑戰他追求高位，成為一名學霸。

小龍倒吸一口氣，不可置信地看著我。他皺著眉頭怒氣衝衝的向我吼道：「我不是學弱！絕對不是！努力學習還考不出好成績，就說明這人的腦子有問題。這太糟糕了。當學渣肯定比學弱好。我是學渣。你看，我考不好是因為我不學習，不是因為我蠢！」

學生在學弱和其他人之間畫出一條涇渭分明的界線。許多時候，學生言談中流露出的意思是會不惜一切代價避免淪為學弱。這種區分對於像小龍這樣的學渣尤其重要。一旦面對地位流動的問題，他本能地嚴厲批評學弱是弱智（「腦子有問題」、「蠢」）來標明界線。雖然學渣這樣做可能是為保持自己的地位尊嚴，但即使是學神和學霸也會抨擊學弱。根據我的觀察，學生經常講出羞辱人的話，並且在言語上罷凌學弱。

有一次訪問，我問首都中學的學神Tony對於學弱有什麼看法。Tony以冷淡的語氣回答說：「他們是弱智。」彷彿一句話就講完了，然後他看著我等待下一個問題。另一次觀察時，我訪談頂峰中學的Joe，他的課業表現高於平均水準，我問他對學弱有何看法。Joe直接了當地說：「〔他們〕的腦子有問題。」Ashley則是例外，這位學神選擇用另一種說法來解釋學弱的表現。Ashley說，學弱是「找不到（正確的學習）方法，或者他們有心理方面的問題」。然而，雖然這個答案有可能指向行為和心理因素，但Ashley又回到天賦能力的觀點，她補充說：「實際上，聰明是一種學習方式。」這些例子都表明，學生通常把學弱歸咎於天生問題（「腦子有問題」、「弱智」）。[20] 在這些說法底下，學弱之所以與其他人不同，不僅僅是因為他們在等級制度中的地位最低；而且地位低也是可以合理解釋的，因為他們「先天不如」其他學生。

地位宿命論

學生非常恐懼地位下滑，以致於他們不努力往上爬。然而，每屆學生中還是有一些學渣憑藉用功上升到高位，而學渣當然也曾經親眼見證別人努力嘗試，並成功躍升學霸。儘管他們周圍有很多上下流動的例子，但學生經常表示，地位的結果難以撼動，不是個人能夠控制的。天賦能力說帶給學生一種無力感，使他們在理解學校的地位體系時，採取斯多葛主義的躺平態度（stoic approach）。學生經常把地位結果歸因於命運。在前一個例子中，建民暗示考試成績是由命運決定，他宣稱學神地位神聖不可侵犯（「你拿他們沒輒」）。同樣地，家齊和其他學生也表達類似的感受。我無意中聽到家齊在下課時間跟幾個朋友評論一位學弱的糟糕表現。我加入大家的討論，並問到他們說的學弱是否能做些什麼來改善狀況。家齊停頓了一下，歪著頭，似乎陷入沉思。過了一會兒，他嘆口大氣，右手揮了揮，平靜地對我說：「這是智商問題。他們整天都在唸書，卻沒什麼用。這些人沒救了。」家齊的結論是學弱就註定是學弱（「沒救了」），想要在校內的地位有所提升是毫無希望。

許多學生以一派輕鬆的方式談論同儕「註定」地位低下。然而，成績超過平均的首都中學學生、喜愛運動的陽光女孩舒華卻不這麼認為。當我問她對學弱的看法，原本閒聊卻變成正經八百的討論，她說在整個中學階段一直都在思考這些問題。在舒華高考結束後，我跟她一起到溜冰場溜冰，那是個陽光明媚的下午。當我們坐下來脫溜冰鞋的時候，我問到同學們在高考表現如何。舒華說出成績好的學神和學霸的考試結果，然後又跟我說成績差的學渣和學弱是誰。她對排名靠後的群體將就讀省立大學感到遺憾。她嘆了口氣：「這令人難過，但也是意料之中的事。」我接著問舒華，這些學生要怎麼做才能提高他們的考試成績或改變他們的處境。

舒華挺直身子，認真分享自己的想法。「說真的，這個問題困擾我好久。為什麼有些人不管怎麼努力就是考不好。」她搖了搖頭，語帶同情地說：「我最後看清了，這一切都是命運，基本上事情就是如此。對吧？你仔細想想，事情真的就是這樣。你根本無能為力。一點辦法都沒有。」

舒華像其他人一樣，接受地位是由命運決定的觀點。舒華是少數承認自己會思考地位體制的人之一，但她想不出任何其他辯解的理由。她的說法相較於其他同齡人，更大程度上代表了一種冷漠的宿命論的觀點。儘管她花了很多心思去研究影響考試成績的因素，但她得出的結論和其他人如出一轍（「無能為力，一點辦法都沒有」）。這個回答還指出，本研究裡的學生採用明顯不合邏輯的天賦能力說，試圖將觀察到的成績差異合理化。因此，學生們把地位結果歸因於一個無法觀察到的特徵，也就是他們口中的「天賦能力」，而且不論地位高低都為這套體系辯護。如此一來，他們就把天賦能力本質化（essentialize），否定了用功努力的潛在重要性，並對自己在地位體系中的位置形成一種宿命論的看法。

中學畢業後：變和不變

對於這些中國菁英學生來說，畢業後的生活與中學肯定截然不同。大學與他們過去習慣的生活有著天壤之別。大家已經不再關注考試成績與GPA。他們不再和同學有一樣的作息，而且面對的是來自各方的競爭者。留在中國升學的學生發現他們面對的是全國各地來的優秀學生；離開中國的學生則是面對來自世界各地的優秀學生。雖然一些新的遭遇像外部衝擊，但這群學生能夠把他們的理解和策略應用到地位競爭中。

「瘋狂的農村孩子」：中國競賽的暫時性變化

錄取北京和清華大學的菁英學生面臨著來自全國各地的競爭對手。起初，這些學生堅守地位體系，他們認為成績優秀的人天賦異稟。首都中學的學神劉軍說，他經歷過大學同學的

「智商壓制」，他們的成績超出自己一截。其他學生和劉軍在大學一年級時也有同樣的感受。例如，高地中學的學神凱豐，在北京大學只是一名中上水準的學生。當我問到他們系的高材生時，他先是搖了搖頭，然後發出一聲嘆息，說那些人「真的是大神，他們實在太聰明。他們看起來根本就沒在讀書，但你就是沒有辦法跟上他們。就好像他們根本不在同一個次元」。

很快就可以看出，菁英學生與來自人口大省的同學比較功課時，根本就難以望其項背。[21]由成績決定勝負的競賽變得如此激烈，使得他們的努力全然白費，所以許多人都不再爭奪最高的地位。為了讓自己有機會獲勝，菁英學生發展一套替代規則，試圖爭取大學裡頭的高位。學神和學弱仍然在金字塔的頂端與底部，但因為愜意程度的緣故，他們把學霸的地位降到學渣之下。換句話說，他們不再只關注考試分數，而是提高愜意的重要性，提高到與考試成績一樣重要。

後來就讀復旦大學的舒華就是加入改變地位規則的菁英學生之一。我在舒華就讀大學時經常和她見面。大一新生入學那個秋天，我們兩人在學生食堂吃點心，這時她對我說，大學讓人想起高中。唯一不同的是「(復旦)學霸都非常用功」，甚至比中學時的學霸更拚。這顯示舒華和其他人一樣，在大學裡仍然致力於同樣的地位競爭。然而，隨著大學生活的進展，許多學神和學霸難以跟上那些來自中國農村極度用功的同學。同時，學生們對地位體系的敘述也開始發生變化。大約在舒華大二結束時，我去拜訪她，我們一起到餐廳吃飯，她第一次抱怨起學霸。舒華承認像她這樣的北京學生表現並不好，但她還是認為他們這些北京學生比那些學霸「更好」。

「我發現城市的孩子通常都比較是通才。畢竟生活中還有比學習更重要的事，不是嗎？」舒華驕傲地說。「來自農村、人口大省的學生比較有競爭力。他們每天都非常用功，像這樣。」舒華握緊雙拳，把手腕放在桌子邊上，低著頭假裝在看書。兩秒鐘後，她坐起來，繼續說：「我們也是這樣。但他們學習時完全不動。那些來自江蘇、山東、河南之類地方的孩子，他們整天都在當學霸！」

接下來，舒華拿自己與學霸做比較。「我在排隊做體檢，一邊拿手機玩植物大戰僵屍遊戲（plants versus zombies）。」她再次強調說：「這完全沒有問題。因為沒有其他事情可做。但我旁邊的同學說……」此時舒華模仿起同學的聲音，用高亢的語調說：「哦，我真希望我也能玩，但我沒有時間。」

我問：「她（那位同學）排隊時在做什麼？」

「讀書！」舒華翻了個白眼，給了我一個假笑。然後她提高嗓門，隔著桌子幾乎用喊的跟我說：「那些同學瘋了！對，我的成績沒他們好。我只是做到每門課的要求，也許多讀一篇課外讀物。但是他們會為補充資料而啃完整本書！我的天哪！」

這個例子和其他例子顯示在大二結束時，留在中國升學的國內學生發現自己輸了，所以他們暫時改變主宰大學地位等級的規則。舒華不再像過去那樣關注考試成績，轉而說關鍵在於愜意或通才（「生活中還有比學習更重要的事」）。這使得菁英學生徹底改變學霸的地位。雖然學生對學霸的定義一致，也就是用功讀書與成績優秀，但學霸這群人雖然具備兩者，在大學裡卻不再高高在上。那些菁英學生，主要是大學裡的學渣，會嘲笑學霸的學習方式（模仿他們讀書的姿勢）。他們批評學霸不夠全面，其中最強調的一點就是游刃有餘的程度，而這在中學裡從未發生過。大學生說到學霸時表現出不屑一顧的樣子（模仿講話的聲音、翻白眼、假笑、「我的天哪」），這與我之前觀察到的形成鮮明對比。最後，各校的菁英學生能夠改變地位體系的規則，這顯示大學裡的學霸似乎無力捍衛他們的地位。[22]

雖然菁英學生改變地位體系，但這種改變只是暫時。大學畢業後，他們又回到自己熟悉的規則之中。莉莉從前在首都中學是個學霸，我在她讀北京大學大二那年的冬天再次訪問她。莉莉和劉軍、凱豐一樣，進入北大後成績平平。莉莉和舒華都認為北京人知道如何在大學裡「過生活」，因此比起「只知道讀書」的農村書呆子，他們更勝一籌。「過生活」的其中一部分，其實就是「愜意」，她買了一輛電動摩托車在城市裡穿梭，經常和朋友在校園附近的購物中心閒晃。她對於自己在系上略低於平均分的成績不以為意，和男友約會的時間超過讀書的時間。藉著這樣的表現，莉莉也以輕鬆應對的方式使得低於平均水準的北京人在大學裡的地位高過學霸。

莉莉從北大畢業一個月後就飛往紐約攻讀碩士。我在她抵達的幾天後見到了她。莉莉開開心心地帶我參觀她的宿舍，並且告訴我自己打算要「努力跟上」。她指著臥室旁另一間上鎖的房間說：「那是我室友的房間。我兩天前搬進來，但直到現在還沒看見她的人影。我另一個室友說她是博士生，整天都在實驗室裡忙。」她微笑著補充說：「她肯定是個學霸，我要向她看齊。」一小時後，莉莉的中學同學、那年夏天來到曼哈頓實習的Tony和Daniel也到了，他們帶著我跟莉莉到附近走走。當我們走向地鐵站，Daniel說到他的博士課程，並提到自己出色的GRE成績。

「你的GRE幾分？」我問道。

人在Daniel和我前面大約三步之遙的莉莉，立即轉過頭來看著我們。她和Tony放慢了腳步，等我們跟上，變成我們四個人並排行走，擋住整條人行道。Daniel平淡地回答：「我考了三百三十六分。」聽到這句話，莉莉吸了一口氣，眼睛睜得大大盯著他看，但又很快把視線移開。看到她激烈的反應，我問莉莉的GRE幾分。她給了我們一個尷尬的笑容，小小聲的回答：「我考三百三十二分。三百三十六分真的很高。」莉莉低下頭，避免與我們三個人目光接觸，不發一語，直到Tony和我設法轉移話題來緩和氣氛。

大學畢業後不到兩個月，莉莉已經恢復她在中學時遵守的最初規則。她不再關心她在大學時堅持的原則，也就是強調愜意重於考試成績，並且重新讓學霸的地位高過學渣。具體來說，她打算在研究所重回學霸之尊，也要以她（尚未謀面）的室友為學霸的榜樣。莉莉不僅決心成為一個學霸，而且還要表現出不輕易懈怠的樣子。她聽到「GRE」這個詞的反應表明，她對考試成績有著本能上的競爭意識（回頭看，放慢速度）。當知道一個朋友在GRE考試中拿下高分時，看得出來莉莉相當緊張（吸氣、盯著人看、轉移視線、尷尬微笑）。在說出自己不如Daniel的成績時，她還露出尷尬的樣子（避免眼神接觸、不發一語）。她並未擺出在大學那種無所謂的態度，嘴上也不再說輕鬆最為重要，而是重拾過往對考試成績會產生焦慮和競爭意識的習慣。[23]

如同莉莉從學霸的角度開啟研究生的新篇章，小龍也以學渣的立場規劃畢業後的下一個階段。小龍在中學時就很注意要把自己和那些學弱劃分開來。他後來讀了一所省立大學，在那裡仍然是一個學渣。我在二〇一九年與小龍見面，那時是他大五的下學期。這個曾經和我一樣高的男孩現在比我高一個頭，但仍然和中學時一樣瘦。他帶我參觀校園，說他想延畢一年，準備去東京讀碩士。我很驚訝，因為他是原先少數沒想過要出國留學的學生之一。

「留在中國拚研究所實在不值得。」小龍笑著說。「好的大學太少了，大家為考研究所瘋狂學習。要考上實在太難了；我永遠沒法子與那些人競爭。」他接著興奮地說：「日本是更好的選擇！他們的大學在世界上更靠前，而且入學要求少很多！」

我問他打算如何實現這個目標。他信心滿滿地回答：「最重要的事情是通過日語考試，這有點難。我會花一年的時間學日語。我得努力學習，可能比我以前更努力，才能在一年內學會日語。」

我心裡想，這真是一個令人難忘的時刻，這位一直在意要表現游刃有餘的男孩決定要「比以前更拚命」。然而，我還沒來得及感動，小龍就馬上放低姿態。「也許沒**那麼**拚啦。我就看動漫學日語。」他咧嘴大笑、露出牙齒。「你也知道，我不是那麼努力的人。我在高中時就沒怎麼努力，現在也一樣。我知道如果自己努力的話，可以做得更好，但我不會努力。我應該在那時候就努力培養用功學習的習慣。哈，現在也來不及啦！」他聳了聳肩，說：「我想避開中國（考研）的激烈競爭。這實在是太辛苦了。」

小龍是少數在中學和大學都維持在同一個地位的學生。他知道努力會帶來更好的結果，而專注於表現輕鬆會對他的未來有不利的影響。然而，他把展現輕鬆的習慣歸結為自己從中學以來從未改變的地位，並認為此習慣已經無法改變（「現在也來不及啦」，「我永遠沒法子與那些人競爭」）。小龍預期自己會考低分且強調愜意，繼續用學渣的方法來競爭階級複製。事實上，他逃避風險的方法與他在中學時的行為極為相似。五年前他還在讀十二年級時，小龍刻意在晚自習看漫畫表現出一派輕鬆，並且付出了高考低分的代價。二〇一九年，小龍決定靠著看動漫來學習日語，犧牲留學語言考試的成績。

「美國人很笨」：在美國玩同樣的遊戲

留在國內的學生預期自己會玩同一套規則，但結果並非如此，而那些出國留學的學生也多半事先不瞭解西方國家的狀況。學生搬進宿舍前，普遍以為自己將要面對校園裡更激烈的地位競賽。他們想像自己會黯淡無光，他們會變成一群菜鳥，面對有先天優勢且經驗豐富的玩家。許多留學生抵達後就急於學習新規則，準備要打一場硬仗。但令這些學生驚訝的是，他們發現這裡的地位體系與他們在中學時相同。因此留學生在新環境要適應的，只是前幾個月身處外語環境的挫折感。

Robert清楚描述美國從西岸到東岸的大學校園內，相同的高低等級排序。在Robert大學畢業的暑假，我趁他上研究所之前去拜訪他。我們兩人坐在他的公寓聊天，談到中學時的學神和學霸。我問他大學的情況是否有所不同。Robert想了一會兒，慢慢吐出幾句話：「我不知道在這兒（華盛頓喬治大學）有什麼學神。」他又馬上補充：「但成績好的學生會受人尊敬，如果你又會玩又有好成績那就更好。」根據Robert的話來看，地位的決定因素與中學相似。成績好的學生受人尊重，地位很高，而那些輕鬆取得高分的學生特別受到尊重（「如果你又會玩又有好成績那就更好」）。Robert看到自己和同學在這新一輪的競賽面對不同的玩家，然而沒有人處於領先的高位。

其他在美國留學的學生也同意Robert的看法。他們不僅秉持同一套支配地位的規則，而且依然用天賦能力說加以解釋。Stacey是畢業自首都中學、成績一般的學生，後來到克萊蒙特麥肯納大學（Claremont McKenna）讀書，大一下學期她到費城來找我，我去火車站接她。自從她離開北京後好像變了一個人。Stacey留起及肩的長髮，牙套也已經摘掉。重要的是，她不再是首都中學的普通學生，而是大學裡的高材生。當我們從水泥人行道走向賓大校園，我問她過得怎麼樣。

「哦，你得聽我說。」她熱心地說。「剛來的時候，我有點擔心，你知道，每天上課都要講英語，我其實擔心自己是否跟得上。」

我點了點頭，心想今天要聊的是她英文進步的情況。但是我錯了，接下來她話鋒一轉。

「可是後來，我發現美國人實在很笨！」Stacey張大眼睛轉向我，提高音調興奮地說。「一開始只是因為他們很會在課堂上發言，我就被嚇到了。所以我仔細聽他們說的話，結果發現他們講的都是一堆廢話！他們還常常說一些和課堂無關的東西，或者他們說的話只會讓人知道他們根本沒讀書！」

Stacey放聲大笑，揚起下巴自豪地說：「我之所以知道，因為我每個教材都讀完了。真的，我發誓，我每一頁都讀完了，所以我知道那些美國人根本在瞎說！」Stacey最後的說法是為什麼教授允許學生隨便討論不相關的話題，並對於討論時「浪費大家的時間」表示不滿。

到美國留學的中國學生回答我有關學校日常生活的問題時，經常提到美國同學的課業表現。正如Stacey驚喜地發現自己在班上名列前茅一樣，其他人也說到類似經驗。其中一位是Tracy，她在約翰霍普金斯大學讀大三時，我曾訪問過她。Tracy和我穿過人滿為患的學生餐廳，看到學生攤開課本，邊吃邊討論。我提到說這些學生似乎很會利用時間。Tracy搖了搖頭告訴我，她的美國同學「在學校表現似乎不大好」。她饒富興味地說：「我實在不懂，他們不是應該有很大的優勢嗎？」

同樣地，Joe在大學畢業前來費城玩。我們就坐在斯庫爾基爾河畔（Schuylkill River），聊起他的大學時光。Joe回想起來，他在波士頓學院（Boston College）的同學都「比不上他」。

「我看不到其他人的GPA成績，所以我就想，大家肯定都像我一樣拿A。但有次我看到一個同學的成績，一個A都沒有。我覺得從課堂討論和作業來看，這位同學算是很優秀。但他只拿了個B。從那時候開始，我才知道大多數人都只拿到B。」

這些說法都顯示，中國的菁英學生用同一套規則把同學排出高下。Robert、Stacey、Tracy和Joe的描述橫跨整個大學四年。抵達美國後，中國學生很快意識到他們在學業上的表現勝過美國人，屢試不爽，尤其是這群英文母語的人士理應比他們更有優勢。為了解釋此一現象，學生們援引他們在中學時就已經熟透的天賦能力說。所以他們口中大學裡的美國同學不是「呆」就是「笨」，就像他們在中學時說到學弱時一樣。[24]

除了使用相同的規則和解釋，這些菁英學生還採用同一套從地位考量的策略，駕馭大學的地位體系。首都中學的學神Claire後來進入耶魯大學。她的學術顧問為她感到開心，但她也默默擔心Claire是否能適應「變成大池塘裡的一條小魚」。結果學術顧問的憂慮成真，Claire是唯一說自己在大學裡成績平平的國際部學生。我在Claire大二那年去找她。當我們穿過校園時，她哽咽著對我說，她在耶魯「有了自卑情結」。Claire說，自從第一次期中考試之後，自己的成績一直低於平均線，還拿到了人生中第一個C。她比過去還用功，但就算是分數很營養的通識課，她的成績還是低於平均。努力用功之後成績依舊不見起色，她認為自己即將落入學弱之列。面對這種情況，Claire在下個學期開始全心全意投入跳舞，並且參與大量的課外活動。此外，她還去劍橋大學交換了一年。由於選修幾門計分方式只有過與不過的課程，她擺脫跟耶魯那些優秀同學的競爭。這些策略奏效，讓她不至於落入學校的最底層。

Claire也採用了同樣的策略來找工作。我之後在紐約訪問了Claire和她的男朋友，三個人在一家印度餐廳共進晚餐。Claire剛畢業，開始到一家全球排名前二十的企業工作。我在晚餐時恭喜她，但她似乎對此略顯尷尬。她不好意思地揮了揮手，解釋說自己接受這份工作「只是因為工作機會來得早，（而且）省去我找工作的麻煩」。之後我瞭解，Claire的謙虛只是反映出大家對此職位一種不好意思明說的理解。我和其他人碰面時，Claire的高中同學Selena直接告訴我，Claire的薪水在那一行算「相當低」。中學時與Claire很要好的Tony就說，自己「絕不會接受這份工作」。隔一年Stacey也接受了同一份工作，但幾個月後就離職另謀高就。我對他們的看法感到好奇，因此上網瀏覽這家公司的網站，發現Claire是她部門內僅有的常春藤大學畢業生。

Claire的生涯軌跡顯示，她與其他中國菁英學生一樣都熟悉掌控階級複製的規則。她非常注意自己的考試成績（GPA），很早就看清自己無緣競逐耶魯大學的學神，所以她直覺上想藉著成為學霸，用功讀書維持自己較高的地位。當她發現用功也無效後，Claire馬上轉而尋求輕鬆，避免淪為地位最低的學弱。畢業時，Claire找的工作，顯然比不上她在耶魯與首都中學的朋友。儘管知道別人會認為她做這份工作是大材小用，但Claire還是毫不猶豫地接受這個職位，以表現出她的愜意（「省去找工作的麻煩」）。Claire決定專注在課外活動，到劍橋大學交換，還接受一份別人不認可的職位，全都是為了表現她的輕鬆愜意。

再仔細觀察Claire的軌跡可以發現，她實際上採取的策略，正符合她學渣的新位置。她用的是天鵝策略，也就是學渣的標誌。Claire忘情在舞蹈，並成為耶魯大學舞蹈社的主角之一。然而，由於她幾乎未受過任何舞蹈訓練，她向我透露自己花了相當多時間在鏡子前練習，而且避免被同學看到她偷練。另一方面，申請劍橋交換要經過激烈的競爭，因為許多學生也想要去劍橋一年。為了得到這個交換機會，她非常認真準備，而且「很幸運地」雀屏中選。即使是她的工作也不像表面上看起來那麼容易到手。Claire曾經無薪在這家紐約市的公司實習，每天都忙到三更半夜。公司對她的表現很滿意，因此在她開始求職前就提供她工作機會。然而Claire在大家或同樣從耶魯畢業的男友面前，卻對自己的努力隻字未提。Claire表面上的愜意掩飾了她在水面下的瘋狂划水。

本章摘要

本研究中的菁英學生為階級複製而競爭，就像在打牌。他們入座、同意某一套規則，接著用考試成績和愜意程度劃分出四個等級的玩家：學神、學霸、學渣和學弱。他們認為地位反映的是天賦，藉此把遊戲規則合理化。然而，學生還是會根據各自的地位制訂策略。每位學生都遵守地位體系還有劃分地位的標準，證明這套體系相當強大。此外，藉由這一整套練習，中學成為修羅場，培養中國的菁英青年參與未來的地位競爭。

地位會改變，但規則和策略卻一直延續。大學生經歷地位流動，有時從雲端墜落凡間，有時又會躍升成為明星。然而，他們競爭地位的方法依然沒有改變。理解地位體系的結構仍然相當關鍵。學生進入中國、美國和世界各地的新環境之前，本能地設法弄清楚影響地位的決定因素。隨著新選手加入新一輪的競爭，學生要為不同的規則做好準備。有些情況下需要改變規則，有些則不需要。然而，即使有變化也是在體系內進行。如本章所示，中國大學裡的學生為了保持他們的競爭優勢，必要時會翻轉成績和愜意程度的重要性，但從未考慮過這兩者之外的標準。來到新的等級制度中佔據一席之地後，這些剛成年的年輕人採用他們在中學時期學到的策略，並在參與全球競爭的過程中利用策略，盡可能爭取高位。

第三章 拜神

二〇一四年夏天，我和鳴佳在北京一家熱鬧的咖啡廳碰面，我們坐在窗邊，陽光穿透窗戶，灑在我們中間那張木頭桌子，然而柔和的光線與她接下來所描述的嚴格的地位體系不甚協調。鳴佳笑了笑，雙手交叉抱在胸前：「考試分數就好比社會上的錢。我不是說有錢人最受尊敬，但有的人比沒有的人還是多受人尊敬些。」

五年後，我與Alex在波士頓一家吵雜的小酒館碰面，他也呼應這種說法。他啜了一口雞尾酒，語氣平淡地說：「人們、社會尊敬那些有錢的人，就是這麼簡單一個道理。」他幽默地補充：「也許還有其他的東西，例如長得好不好看、或者他是不是做了什麼好事。但總的來說，主要的看法就是這樣。」

高考前一個月，一個豔陽高照的炎熱午後，莉莉、婉如、小梅和我在麥當勞吃完午餐後回到首都中學。這時候該回教室繼續用功了。學校的牆上寫著「分秒必爭」與「時間就是金錢」等標語，但這三位十二年級的學生並不著急。三個女孩在走廊上散步，興奮地討論麥當勞剛剛推出的抹茶冰旋風。然而走到轉角處的時候，前方約五十英呎處，一排淺粉紅色海報吸引了她們的目光。大夥的嘰嘰喳喳瞬間停止，臉上笑容消失，轉為銳利的目光。

婉如指著海報，突然大喊：「喔喔！快去膜拜大神！」還沒等我反應過來，女孩們就衝向前方，莉莉也拉著我的手跟上。

女孩們停在粉紅色的海報前，伸長脖子，湊近海報仔細端詳。海報上用黑色斗大的字體列出在上一次模擬考表現出色的學生和成績。她們三人默然無語，眼神充滿敬佩。一兩分鐘後，婉如和小梅垂頭喪氣，兩個人神情低落，悄悄轉身逕自離開，往教室走去。莉莉留在後面，緊緊抿著嘴唇，仔細看著海報上的名字。感覺好像過了很久，莉莉眼睛還盯著海報，慢慢對我說：「這些是我們下一屆的學生。十一年級的學生考了我們的模擬考。」她倒抽一口氣，然後伸出食指，指著海報上方一個男孩的名字。他的分數約為六百五十分，比莉莉低。但是，莉莉看起來像是打了敗仗。她發出一聲讚嘆說：「這個學弟實在太厲害了。我在十一年級時還完全沒法跟他比。」莉莉搖搖頭，對我淡淡一笑。輕聲說：「他是真正的學神。」

當我來到學校，我把地位高的學生想像成好萊塢電影中宛若明星的啦啦隊隊長和美式足球的四分衛，或者民族誌研究中的運動健將和很酷的傢伙，但我的想像不完全正確。毫無疑問，地位高的學生是校園裡的風雲人物。然而，他們的名氣不能簡單的說是人氣，他們對同學的影響超出人氣所產生的影響。地位高的學生未必能與同學熟識或被認出來，他們也不需要現身才能影響到其他人。這些學生有時甚至會避免與同學往來。很多地位高的學生在校園裡獨來獨往，隱瞞自己的行蹤，並且躲起來讀書。相較之下，部分比較親切的學生不只和他們地位相同的人往來，而且自在、交友廣泛。事實上，其中還有一些人只和成績差的人混在一起。

儘管如此，成績高的人，尤其是學神，都相當特殊。他們是大家平常聊天的焦點。光是提到他們的名字和成績就能大大改變學生的集體情緒。以海報上的這名學神為例，這些女孩沒有任何人看過這位十一年級的狀元。即使他們在校園裡擦身而過，也不會認出他來。然而，光是看到這位男孩的成績，女孩們的行為就出現改變。她們原本談笑風生，頓時鴉雀無聲，表情嚴肅。她們走回教室的路上原本還慢吞吞地；但看到男孩的考試成績後，立刻回到自己的座位上。莉莉的反應特別有趣。莉莉本人也是學霸，在學校裡地位崇高。她在北京大學自主招生考試獲得三十分的加分，後來也獲得北大的錄取。想想莉莉的地位，她原本不用在意這名男孩的表現。畢竟，她不認識這位男孩，也因為分屬不同年級，根本沒有直接的競爭關係，更何況這位男同學在十二年級的時候不一定能維持一貫水準。然而，莉莉本能上認為他有可能勝過自己，並封他為學神。雖然她表現出落敗的情緒（嘆氣、搖頭、淡淡一笑），但她同時也表達了更大的欽佩之情。

莉莉的行為和情緒是學生面對高分者的標準反應。說得委婉一點，學生尊敬成績好的人。在鳴佳眼中，考試成績就等於金錢：分數越高，越受尊敬。如此一來，考試成績決定菁英學生在一流中學的價值，就像金錢或財富決定菁英在社會中的淨值一樣。[1]此外，菁英學生欽佩並「想成為」高分者，正如成年人經常表達想成為國內或世界首富一樣。因此，尊敬是一種含蓄的說法，還無法刻畫出高分者崇高的地位。同學對於他們深切的敬意，有如對名人的崇拜，以及同學對於表現出色的人展現出截然不同的對待方式，我想可以用「拜神」這個醒目的形容詞更為恰當。因此，擁有崇高的地位不僅僅是簡單受人歡迎。擁有崇高的地位就是備受尊敬。本質上來說，是被人敬拜。

日常互動：普通友誼和同儕關係

雖然學生展現出的許多行為都跟地位有關，如「拜神」，但他們也營造一種接納所有學生的愉快校園氛圍。每一節下課時，都會聽到同學在教室裡快樂地聊天，吃飯時也充滿笑聲。學生的朋友圈裡有不同地位的人，他們之間沒有空間上的分界，將不同的學生群體分開。但是在美國，學生在教室、餐廳和禮堂通常與地位相同的朋友坐在一起，標示出空間上的分界。[2] 然而，中國的中學生與不同地位的同學一起走路去教室和食堂。至於座位的選擇，在我訪問的學校，老師為學生分配座位，每隔一段時間還會換座位，增進同班同學的友誼。然而即使學生可以決定自己的座位，他們卻不會經常更換。例如，在莉莉的班上，學生在第一節課選擇座位，並固定下來，整個學期都在同一個位置上。國際部的學生在座位分配上也遵循相同規則。Brandon通常坐在教室後面，但他在生物課卻坐在第一排中間。後來我問他有關座位的事，他解釋：「我上課第一天來的早，所以整個學期都坐在教室前面。」然後他抱怨說：「坐在Eland老師（生物老師）的面前壓力太大，我那天不應該那麼早到！」

在禮堂和操場舉行的各年級與全校集會也是一樣，會由學校安排每個班級和年級坐在哪幾排。在我參加的集會中，學生一到就入座，不用考慮誰坐在哪裡。學生不占座位也不換位置，我從未聽到有人抱怨自己坐的位置。進入餐廳裡找桌子吃飯也是如此。三個年級共超過一千名學生，用餐時間剛開始幾分鐘，學生就會湧入食堂吃午餐和晚餐。[3] 由於預料會有很多人，學生們爭先恐後尋找桌子，每天找座位的過程中都不想輸給其他人。他們無法挑選桌子的位置；能找到一個座位就已經是萬幸。一般來說，如果沒有設立空間的分界，學生選擇座位時就不會考慮地位的高低。

學生會說某個地位不同的同學是他們的好友，沒有任何避諱，並與地位較高或較低的人來往。我觀察同學的人際網絡和好友關係的方法是看哪些人在一起吃飯。我觀察到的午餐飯友裡地位有高有低。[4] 首都中學國內部其中一個班級裡有兩個學神：詩盈和大鵬。這兩個人不是非常親密，一起吃午餐的夥伴也不同。大鵬和斯年在一起吃飯，斯年成績一般，後來考上人民大學。詩盈通常和學渣麗華一起吃飯。兩人的地位天差地遠。詩盈是「超級明星」，老師希望她能成為北京高考狀元。相比之下，麗華的成績遠低於清大或北大的最低錄取分數，而且她也未申請這兩所大學。根據我的觀察，詩盈、麗華和其他成績普通和更差的學生會一起吃飯、一起走去上體育課，詩盈的母親會在家長會結束後一起送他們回家。國際部也可以看到類似的朋友圈。Samantha是學神，SAT的考試成績是兩千三百三十分，後來申請到哥倫比亞大學。她與學神Tony、學霸Tracy同班，三個人會在課堂上聊天，並且坐在一塊，可說是彼此眼中的朋友。Tony經常與Tracy和其他人一起吃午餐，但Samantha從未加入。她與Tony和Tracy的關係都不是非常親近。Samantha的好朋友是其他成績比較差的人，她跟這幫人一起吃飯、做功課，還一起走路去上課。

即使是談戀愛也常常跨越不同地位。地位高的學生有時會與地位低的人交往。有些公開的情侶是學神和學霸，如Tony（學神）和Tracy（學霸），或大鵬（學神）和吉娜（學霸）。然而，地位崇高的學生也有同樣比例的人與地位低下的同學交往。校園裡的愛情故事是Claire（學霸）和Bob（學渣），兩人短暫交往約會，直到Bob提出分手傷了Claire的心。[5] 高理（學霸）追求愛亞好幾年，愛亞的成績一般，幾乎接近學渣。Robert（學渣）追求Samantha（學神）有一段時間了。Samantha並未和他交往，但這無關兩人的地位天差地遠，而是因為她當時對談戀愛毫無興趣。Robert後來與Stacey交往，Stacey考試的成績比他還高。

總而言之，學生在校園裡的朋友圈有很高的包容性。雖然地位群體的劃分非常狹隘，但朋友圈卻跨越多個地位群體。無論在什麼時候被看到與不同地位的人在一起，都無關乎校園裡的地位，而且親密關係也不會影響到地位。[6] 學生藉由這種日常的互動方式，營造出熱情、溫馨和友善的校園氛圍。

同儕團結在一起

中國頂尖中學的校園內，同學整體的包容性也反映在學生之間強大的凝聚力。學生一起關心大學成績之餘，也培養出患難與共的情感。然而，大學錄取是一場零和競爭。畢竟，學生之間的排名是你下我上，大家爭奪一流大學有限的名額。一個學生被北大或清大錄取就等於其他學生少了一個機會，而且常春藤盟校同一年也不可能錄取同一所中學好幾個學生。儘管如此，校園裡的氣氛似乎超越了成績的比拚。即使每天都是赤裸裸的競爭，但學生並不認為彼此是競爭對手。相反，他們認為彼此是打同一場仗的戰友，這場戰役就是高考和大學申請。

我有一次拜訪頂峰中學的時候，目睹了學生患難與共的團結意識。二〇一三年，我在某個陽光明媚的日子，默默觀察著學神李飛。午休的鐘聲響起後不久，我就跟著李飛來到學生餐廳，旁邊有五個狼吞虎嚥扒著米飯的男生。男孩張大嘴吃飯，同時聊著模擬考的成績。每個人先分享自己的考試成績，然後互通信息，說還有誰考得更好。我問坐在身旁身材結實的男孩阿苗，「你們常常這樣跟其他班級的同學比較嗎？」那些不經意聽到的男孩馬上放下碗筷，瞪大眼睛看著我，彷彿被我的話嚇傻。阿苗立即解釋：「不是這樣的，事實上，我們不認為這是在跟其他班較勁。」李飛補充：「我們不是那個意思。」其他男孩似乎鬆了一口氣，表示同意。阿苗最後說：「這不是競爭。我們都是朋友。」說清楚之後，男孩又聊回嚴肅的話題，並一起檢討模擬考答錯的題目。

大致來說，我看到學生之間的關係是良好的。李飛和阿苗展現出學生與同儕關係的整體情感。在他們心中，同儕都是「朋友」；他們「並非競爭關係」。北京菁英學生的共同目標都是準備高考。他們時常討論和評論對方的答案。雖然這些討論有時近乎質問，例如要求同儕解釋他或她為什麼犯了某項錯誤，但學生這樣做的目的是出於好意。他們複習考試答案、幫助對方提高分數，有如好朋友之間的義氣。他們請對方解釋錯誤的答案，確定問題出在哪裡，因為他們認為這才是防止重蹈覆轍的關鍵。他們相互扶持，一起通過看似永無止境的考試，因為朋友就該這樣。之所以有這些嚴厲的對話，正是因為學生相互關心。因此，在他們心目中，疾言厲色地討論每個人的表現並非一較高下，而是相互扶持，讓彼此在大學考試中都可以取得佳績。

相互監督

學生們作為一個群體，大家對於何謂合適的行為與彼此間如何互動產生了一定的共識。他們會當場糾正對方在課堂上的行為，例如上課打瞌睡，並藉由同儕壓力徹底改正。來自同儕的監督力量相當強，甚至學生覺得有權干涉對方的個人或家庭決定，例如試圖改變彼此的大學選校。有一天的最後一節課，李飛的班主任吳老師請大家注意一下大學的錄取名額。吳老師憂心忡忡地說：「我們班有五位同學報考清華大學物理系。但是這個系今年在北京只收七個學生。你們（五人）需要再好好想想。」然後她宣布下課，拿起書本，快步走出教室。

一下課，班上學生立即離開自己的座位，團團圍住要讀清大物理系的五位同學。他們聚在五個人附近，七嘴八舌、長篇大論，大力勸說這五個人選其他校系。坐在我前面的是五人之中的阿峰，他也被四個學生包圍了：兩個站在他左邊、一個坐在他的桌子上，還有一個坐在他右邊的椅子上。坐在他右邊的強哥語氣堅定地對阿峰說：「選北大物理系吧！如果你選北大物理，我也一起選物理。」阿峰回答說：「我的加分不能用在北京大學！」阿峰收拾好自己的黑色背包，想離開教室。然而站在他左邊的學生卻不願讓路。強哥大聲叫阿峰坐下來。阿峰緊緊抓住自己的背包，不情願地坐了回去。強哥開始對他說北大物理系有多好，說它的「範圍更廣」，相比之下，清華物理系「太偏門了」。另一個人附和說：「北大大部分教授都受過西方訓練！」表示北大的本科訓練非常優秀。阿峰抗拒地說：「我爸想讓我讀清華。」強哥一手拿著水壺，立即自信地說：「我去說服你爸，讓你改填北大！」阿峰只能冷笑，「你試試看啊。」然後拿起自己的東西，逕自推開門走出教室。強哥並未放棄，在後面喊道：「你想讀物理系？去北大吧！」

臉頰紅潤、扎著短馬尾的女孩糖怡，也在五個人之中。她緊抓著課本站在教室後頭，周圍是一臉焦慮的同學，包括李飛，他站在糖怡和後門之間，用他一百八十公分高的身軀擋住出口。李飛語氣柔中帶硬，要糖怡修改志願，指出她的備案行不通。

「你第二志願是什麼？」李飛柔聲的問。

「我不清楚，是我爸媽決定的。」糖怡皺著眉頭回答。

「不是大學，我是說科系。」李飛說。

「我不知道啦！」她不耐煩地大喊：「都是物理（專業）！」

李飛分析可能的替代選項，其他人也仔細聽。李飛一邊列出可能在她清單上有物理系的大學，以及每一個學校的分數線，並且總結：「你不能把這四所大學放在一起。無論怎麼排，你要是沒上第一志願（清華物理系），那麼也絕對去不了第二和第四志願。」

糖怡的眉頭皺得更深，生氣地回他：「你怎麼知道我上不了第一志願？」

其他人一聽大笑，李飛卻講不出話來。糖怡試著走向後門，但走不過去。她放棄離開，乾脆走向教室中間，後面有學生要她再想一想。強哥走過去，拍了拍李飛的背說：「她沒事啦，她分夠高。你現在應該知道父母對選校有多大的影響力了。」李飛看起來相當沮喪，垂頭喪氣離開教室。我趕緊跟了上去。在我們走出校門的時候，他嘴巴唸唸有詞，李飛說糖怡的志願「犯了大錯」。李飛仍然非常擔心，在腦海中勾勒出她大學錄取的各種可能結果，並分析糖怡在大學裡轉系的機會。

不論是這一個還是其他例子，當同學感覺到有人填錯志願，他們會急於糾正對方。未能進入第一志願真的會威脅到大學的錄取結果，因為菁英學生認為只有第一志願才是**唯一的**選擇，後面四個志願都不是真正想要的備案。如果他們不能進入自己的第一志願，那麼就會陷入最壞的情況，就是考不上大學，這反過來會破壞整個班的大學錄取排名。這些學生的反應無疑是為了幫助自己的同學盡可能錄取好的大學。雖然他們可能是出於好意，但咄咄逼人以及堅持要同學改變志願的做法，顯示他們的擔憂已經不只是同學間的支持。一個更有可能的解釋是，學生聽出吳老師的言下之意，認為班上的同學可能遭遇名落孫山的潛在風險。大家都在同一艘船上，因此同學們認為應該要試著消除這種風險出現的原因。另一方面，阿峰和糖怡堅持自己的志願時，都提到了父母的決定。由於父母在選校上扮演要角，[7] 當同學得知他們的決定是受到父母的影響，本應會因此退縮。然而，事實並非如此，這件事之後，同學們要求老師向五個人施壓，讓他們換掉自己的志願。同學們告訴吳老師，他們未能改變五個同學的想法。第二天，吳老師上完課之後，以嚴肅的口吻向全班同學說：「別忘了，你的大學要自己選，別把一切都交給父母決定。」

這五名學生是否錄取第一志願，其實與其他同學的關係不大。然而，當大家把大學錄取率為百分百視為理所當然，那麼未能被任何學校錄取就是觸犯大忌。因此，學生會使出渾身解數解決這個問題。強哥願意多付出一份心力，改變阿峰的想法。他答應跟阿峰一起換志願（「你選北大物理，我就選物理」），甚至認為自己可以說服阿峰的父母（「我去說服你爸」）。李飛當場分析出糖怡可能的大學選擇組合，並強調她缺乏可行的備案（「也絕對去不了」其他大學」）。整體而言，大家監督同學所付出的努力似乎起到作用。當考試結果公佈，全班每個學生都獲得大學錄取。他們五個人並未全都錄取清華物理系，其中至少有幾位，包括阿峰和糖怡，最後都改變了主意。

保持地位的界線

儘管有著跨越地位的關係和凝聚力，學生互動中仍然在意地位的高低。學生很堅持其他人的行為要與地位相稱。他們無法容忍那些試著跨越到另一個（更高）地位的人，也不允許別人把地位低的學生誤認為地位很高。這些釐清地位邊界的互動是非衝突性的，因此學生一方面堅持同儕之間的區別，還是能夠同時保持和諧的校園氣氛。

其中一個有時想要跨越階級的就是莉莉，她是首都中學的學霸，後來考上北大。莉莉非常非常用功，我很少見她放鬆或休息，她與朋友聊的全是考試的答案。甚至老師都會擔心她「因為高考過於緊張」。在某一次的全天觀察，我與她、婉如和小梅一起吃午餐。莉莉在午餐時驕傲宣佈自己沒寫作業。小梅眉頭一皺，但很快又低下頭，玩著碗裡的食物。婉如馬上用挑戰的語氣說：「哦，是嗎？我整學期都沒有寫物理作業。」小梅盯著婉如難以置信。莉莉猛然把頭轉過去，長馬尾也跟著甩到另一邊，她看起來一臉驚恐，對著婉如大叫，警告婉如把物理老師惹毛了可能會有什麼結果：「你這樣過不了！」

高考的第二天，也是最後一天，莉莉又想要表現出自己的游刃有餘（藉以展現她是學神而不是學霸）。我碰到莉莉和一群同學，她們在考場外圍成一圈，朋友和家人在那送考生進考場。大夥聊天的時候，考生互問是否會在考場看書。莉莉說她不會，因為她打算「在考場晃悠」。幾分鐘後，這一小群人散了。我祝莉莉好運，但她卻挽著我的手臂，帶我一起進入考場。我們剛過安檢，莉莉就直奔一間教室，和幾個學生一起安靜在最後一刻抱佛腳。其他人在考試開始前大約八到十分鐘離開，但莉莉還沒起身。有個男孩不放心，回過頭猶豫地提醒莉莉：「該去考場了。」莉莉點點頭，但還是沒有動作，依然埋首在課本裡。男孩嘆了口氣，再次提醒：「別遲到了！」莉莉點了點頭，沒有看他。莉莉又讀了一會兒，直到考試快開始。當她和朋友們一起排隊進入考試的教室，有些人鬆了口氣說：「呼，你來了！」還有人開玩笑說：「又多背了一道公式，是吧？」莉莉微笑著不發一語。

莉莉是個實實在在的學霸，為了爬上高位，她唯一需要的是表現出一派輕鬆的樣子。

然而，她努力塑造輕鬆的形象卻總是落空。不論這個例子還是其他例子，同學斷然否認她自認為很輕鬆的說法，讓她依然留在學霸的地位。婉如有意挑戰莉莉，說自己才是「真正的」一派輕鬆（整個學期都沒交作業，莉莉是一次）。小梅顯然不同意她（皺眉頭）。考場的其他同學知道她心口不一，並毫不猶豫地指出她一直在讀書（「多背了一道公式」）。不論是哪一種情況，莉莉都是以標準的學霸行為回應（警告婉如、留在教室），進一步確認她的地位。簡而言之，莉莉的同學非常清楚她不是學神。他們拒絕讓她冒充學神，並直接拆了她的台。

就像婉如和小梅在學霸和學神之間劃出界線，學生讓同學各安其位。學神則是退到後頭，旁觀同學為他們劃出清楚的地位界線。然而，在極少數的情況下，學生無意間會把一個人提升到超出他或她的實際地位。此時，學神會馬上採取行動並展現自己的與眾不同。這個例子發生在二〇一三年春天，當時我默默跟在詩盈身旁觀察。那一天正好是牧涵的生日。我們祝她生日快樂，學渣牧涵笑得很燦爛，露出潔白的牙齒。她興奮地對我們說，能收到朋友的生日禮物很幸運。出乎我意料的是，她突然拿自己與同班同學中地位較高、備受景仰的學霸吉娜作比較。「但與吉娜相比，這根本不算什麼。她生日那天幾乎收到全校學生送的禮物。你沒看到，她禮物多到連櫃子都關不上。」牧涵用手畫了半個圓圈表示東西多到炸開。她眼睛睜得大大誇張地說：「禮物簡直是從她的櫃子裡滿出來！她絕對是校園裡最受敬佩的人。」

我點了點頭，心裡記下吉娜受歡迎的程度。注意到我可能記下了這個說法，詩盈不疾不徐地打斷我們的談話：「是啊，可是吉娜也送了很多人生日禮物，我也收到了。大家其實是在回禮。」

牧涵沒有再多說什麼。我試著結合兩個女孩的說法，又問：「但是到禮物從她的櫃子裡滿出來的程度呀？」我的問題暗示，吉娜可能收到回禮，但禮物實在太多，不可能都是在還人情。換句話說，吉娜確實受到同學敬佩，只是沒有像禮物一樣看起來那麼多。

詩盈和牧涵都知道我話中有話。牧涵微微點頭，看了看詩盈。詩盈一如既往，露出甜美的笑容打趣地說：「那你就知道她過去一年裡，送了多少人禮物啦。」牧涵不想再吵下去，轉身離開。

學生經常對那些地位高的人表示欽佩，包括像詩盈這樣的學神，以及地位次一等像吉娜這樣的學霸。有時候詩盈點頭承認吉娜有很高的地位，但在這個例子中，她很快就否定了牧涵的說法。這些反應的差異說明，吉娜受人景仰並不是刺激詩盈看不起吉娜的原因，相反，她不同意的是牧涵把吉娜的地位拉抬到學校最高地位的不當說法（把學霸視為「最受敬佩的人」）。只不過三言兩語，校內地位最高的詩盈就重新塑造了吉娜的形象。吉娜不再是校園裡頭「最受敬佩的學生」，而是一個為交朋友付出很多努力的普通學生。吉娜做為學霸，可以享受同學的景仰。但其他學生不能拉抬她的地位，讓她與學神平起平坐，也不允許她闖入學神的地盤。最後，作為地位最高的學神，詩盈掌握為這場辯論定調的最終話語權。

大多數人可能想像學生們在糾正對方與相互譴責的時候，很容易擦槍走火。然而，實際情況其實都不大緊張，依然圍繞著愉快的團體氛圍。學生以笑聲、笑話和微笑來傳達意見。如果大家都各安其位，這時候都能順暢地溝通意見。有了這些互動，本研究中的菁英學生建立深厚的友誼。他們認為同學是樂於助人、體貼且和藹可親。大多數人認為他們的朋友打從心底相互關心，並真心感謝有這一批相互扶持的同學。

成績好的人享受同儕的崇拜

本研究中的學生一般都很友好、熱情，而且相互支持。然而，由於地位決定了同儕之間的互動模式，並非所有的同儕互動都表現出同樣的親密程度，而且學生之間關係的緊密程度也不盡相同。我的課堂觀察和訪談結果顯示，同學們會尊敬表現出色的學生，並且崇拜他們。對於同儕的關注，成績好的學生經常表現出一種理所當然的態度。這些行為包括經常無視友好的同學、不受同伴的監督，並要求同伴尊敬他們。

眾人焦點：Claire有一整個校園的追隨者

地位高的學生很容易引人注目——他們是同儕間的焦點。學神與學霸本人不用在校園現身，就有很強的存在感。頂著一頭蓬鬆波浪捲髮的女孩Claire，衣著優雅。她的成績極為優異，SAT考試高達兩千三百三十分，據說是全校最高分，這使她在首都中學的高位更形穩固。Claire是眾人眼中的學神。我訪問首都中學國際部時，幾乎每一個學生都說自己與Claire關係不錯。她確實對大多數人都很友好，但自認為是她朋友的學生人數大大超過與她往來的人數。[8]大家對她的大學申請清單瞭若指掌，也焦急地等待她的錄取結果。各大學院校寄送錄取通知書的那段時間，國際部學生都會告訴我Claire是否收到某所大學的回覆。仲春時節，Claire收到許多拒絕通知，一封錄取通知都沒有。她的同學站出來為她辯護，說她到目前為止只收到拒絕通知再正常不過，因為「Claire只申請了最好的大學」，「她拿別人的第一志願當備案」。第二次或第三次聽到這些解釋時，我頓了一下，想知道這是否合理，卻不經意間皺起眉頭。其中一個同學看到我的臉部表情，再加上我一時對此沒有任何回應，那位同學忽然大聲說：「這是真的！Claire的保底學校是衛斯理大學（Wesleyan），那是Monica的第一志願！」這名學生伸出手，指向二十英呎外的一個女孩，我猜應該是Monica。

Claire收到耶魯大學錄取通知那天，學生的焦慮一掃而空，取而代之的是欣慰和開心慶祝。國際部的同學公開表達對Claire的欽佩，彷彿這是所有人的成就。[9]接下來幾週，許多學生見面打招呼都說：「你聽到Claire被耶魯錄取了嗎？」本部的學生聽到這個消息後，也為她獲得耶魯的錄取而歡欣鼓舞。不久之後，學校藉著大肆慶祝Claire的錄取，激發學生奮發向上。首都中學的國際部大樓入口處有一座大型螢幕，向來訪者展示每位學生的名字和錄取結果。最先出現的是Claire的全身照，Claire穿著白色洋裝，背景是一座花園，照片下方有大字體寫著「Yale University」。其他學生的頭像和他們的錄取結果在Claire之後隨機出現。為了宣揚Claire的成就，首都中學要求Claire製作一張真人大小的海報放在校園展示。海報大約在畢業時完成，就擺在會議廳前面，那是校園集會和舉行家長會的地方。隨著一切喧囂和慶祝活動開始，年輕幾屆的學弟妹都知道了Claire的事蹟。學生把Claire錄取耶魯作為國際部的亮點說了好幾年。在Claire畢業一年後，我回到首都中學。下兩屆學生還在講Claire的大學錄取和SAT分數。她的名字引發討論，學生們都說她是「家喻戶曉」的「超級明星」。

學生本可以只關注Claire的錄取結果。然而，他們卻從頭到尾緊盯她的申請進展，心情隨著她大學錄取或拒絕而起伏。他們相信Claire面對拒絕通知仍會獲得成功，當外人質疑她的學業能力，他們會跳出來捍衛她（為她辯護，提供解釋或藉口）。他們還把她的個人成就視為全校的成功，進而大肆慶祝（傳消息、帶著敬佩的語氣）。Claire身為焦點人物，輕易就能引發同學們的集體關注。當首都中學要求畢業班學生提供個人照，Claire想都沒想就交出一張全身照，而不是其他學生所提交的大頭照。Claire並不認為這張海報是無謂的負擔，而是心甘情願承擔這項任務，並找媽媽幫忙。Claire接受並且讓大家一起為她慶祝，成為一名傳奇。

明星待遇：龔君是校園名人

不是每一個高高在上的學生都能在校園與同學打成一片。許多人有意或無意間與其他同學保持有形無形的距離，讓自己顯得與眾不同。龔君就讀於頂峰中學，消瘦身形與白皙的皮膚，偶爾會兼差做模特兒。在龔君十二年級時，一個陽光明媚的春日，我默默跟著龔君觀察了一整天，那時候她在一所藝術大學的入學考名列榜首。當時是體育課，龔君和同學一起在操場運動。我站在一旁的樹蔭底下觀察她。一個頂著平頭的小個子男孩從後面走過來問我為什麼在這裡，我說自己在跟著龔君。

頓時，他的眼睛一亮。「龔君！我們學校的名人。你也知道吧？」男孩流露崇拜的語氣說：「龔君考上了（一流的藝術大學）！在她之前，我們學校上一個考上那所大學的是（一位著名導演）；你聽過他吧？他現在很有名。那是很久以前的事了，從那時候以來，就沒有其他人考上！」

那個男孩繼續興奮地講述襲君的豐功偉業，說話速度越來越快。我微笑著聽他談襲君過去一年的成就。大約十分鐘後，鈴聲響起，襲君走了過來。她帶著淡淡的微笑，看起來很高，身姿挺拔。她微微抬起下巴，算是對我打了招呼。那個男孩嘴裡說著對襲君的景仰，但他一看到她就閉口不言了。當她走近我們時，男孩兩眼閃閃發亮盯著她。

襲君眼神並未與那個男孩接觸。她在離我們至少五英呎的地方停下腳步，輕聲說道：「下課了，我們走吧。」

「哦，我們剛剛還談到你！」我興奮地指著那個男孩。

襲君瞥了他一眼，揚起嘴角。男孩的眼睛睜大。他似乎欲言又止，看起來很緊張，難以置信的樣子。襲君看著我，這次語氣更加堅定，她又說了一遍：「我們走吧。」然後她轉身就走，我趕緊跟上，回頭望了一眼，看到男孩的神情中閃過一絲遺憾。他垂頭喪氣看向襲君的方向。後來我問襲君是否認識這個男孩。「認識，他是另一個班的學生。我其實沒和他說過話。」她聳了聳肩，「別理他。很多人都是這樣。」

襲君和許多其他地位崇高的學生一樣，不但是名人也是獨來獨往的孤狼。身為名人，襲君本可以讓同學為她的成就而慶祝。她出版了兩本散文集，她的電影計畫還獲得了國家級獎項，並在世界排名前五的藝術大學招生考試中名列前茅。襲君的成就引來媒體的關注，媒體甚至在電視上播放一集迷你紀錄片來介紹她。然而，她盡量不與其他同學說到自己的成就，也沒有公開自己和父母一起參加的頒獎儀式。[10]當她穿過走廊，學生紛紛轉頭望著她，但她彷彿沒有注意到旁人的目光，就這樣從他們身邊經過。我很少看到襲君在校園裡和同學一起玩。[11]下課鈴響後，她會盡快回家，避免和同學互動，有如她這一次的反應。那位不知名的男同學對她的成就如數家珍，並與來校的訪客分享自己的崇拜之情。他看到襲君本人相當激動（從瞬間沉默變成眼睛發亮），想要和她講上話（看起來很焦慮）。然而襲君卻沒有理會他。她劃下清楚的社交界線，與他保持距離（相隔五英呎、轉身就走），面無表情（大聲說她要走了、沒有眼神接觸、瞥了一眼、然後視若無睹）。[12]儘管襲君經常不回應，但同學從未放下對她的關注。他們將她與其他人區分開來，並自認是她的粉絲。

不當行為的自由：Luna從不寫作業

雖然大家會監督彼此在課堂上的行為，但成績好的學生就比成績差的學生有更多空間。在一次小組訪談，我問劉攀和皓成這兩個地位一低一高的學生，在他們眼中哪個學生最特別。劉攀馬上提到Luna，一位地位很高的學生。劉攀提高嗓門，用欽佩的語氣列舉Luna的豐功偉業：「這個女孩在十年級考試排名是最前面幾個。從那時起，她的考試成績就一直這樣。Luna老是在睡覺，早上起不來，所以沒吃早飯就趕著去上學。她在課堂上打瞌睡、從不寫作業，一直這樣。但她就是能拿高分！」劉攀的語氣中帶著敬畏，睜大眼睛看著我，興奮地補充：「她轉到國際部，後來申請到耶魯大學！」皓成雖然全程不發一語，但是不斷大力點頭表示同意。

Luna的行為舉止與其他學生截然不同。在我的實地考察中，學生對於課堂教學的專注讓我留下深刻印象，因為我從未看到有人在課堂上睡覺。如果學生上課打瞌睡，附近的同學會立刻搖醒他。學生還批評上學遲到的同學，也就是說，準時上課是我走訪的中學的常規。然而，雖然Luna不是循規蹈矩的學生（「在課堂上打瞌睡」和「從不寫作業」），但她卻未受到其他同學的監督，也沒有人罵她。我們可以把Luna這個例子與之前成績不好且承認從不交作業的婉如做比較。兩人的行為差不多，Luna違規的情況比婉如還嚴重。然而，Luna的同學為她的違規找理由，但婉如的同學不會。即使是Luna出現一些不當的行為，也會因為地位崇高而受人敬佩。劉攀和皓成認為Luna出類拔萃，但莉莉和小梅則認為婉如麻煩大了。這個例子和其他許多例子說明，成績好的學生有相當大的自由，同學不會監督他們，所以他們可以破壞課堂規矩，而其他人則會因這些行為被糾正。

放尊敬點：Julie「相當有名」

由於不斷受到同伴的崇拜，地位崇高的學生往往享受特殊待遇，並認為受到其他學生的關注是理所當然。這種心態在他們意外遭人冷落時最為明顯。Julie個子很高，是個喜愛運動的女孩，就讀於中央中學且自認為是名學神。在一個吹著冷風的春日午後，Julie發簡訊邀請我去她學校附近的一家咖啡館喝咖啡。我們面對面坐著，我聽她抱怨之前發生的一件「令人難以接受」的事。簡單來說，她與一位十一年級的男孩聊天，卻發現對方不認識她。

我很不解，問道：「他又不是你同班同學。為什麼要認識你？」

Julie放下手上的飲料，生氣地瞪著我，提高音量：「你可能不知道，但我在學校相當有名。我的成績相當好。未必是第一，但我一直在前百分之十。我還是女子籃球隊的隊長。怎麼會有人不認識我呢？」我們又聊了一陣子，後來Julie決定：「我得去跟我朋友說，叫她們去告訴那個男生，讓他知道情況。」

由於Julie位居地位體系的頂端，她覺得自己獲得同學的關注是理所當然。最初幾次我們見面，她告訴我她的地位有多高，只花了十天時間準備SAT，也只考了一次SAT，而其他人要苦讀好幾個月，參加好幾次考試。[13] 她還說當大夥都在努力趕申請截止日，她則是繼續練籃球，還有籌辦學校的聖誕晚會。Julie對於自己在地位體系中的位置有非常強烈的自我認同，並期望得到相應的尊敬。雖然大多數學生並不期望其他年級的學生會認識自己，但Julie希望校園裡所有學生都能認識她，聽聞她的成就，並且能夠認出她。對Julie來說，自己就是與眾不同。因此，當Julie覺得那位學生沒有對她表現出應有的關注，Julie的反應就好像這個低年級生剝奪了她的權利。面對他人的冒犯，Julie動員同伴（她的朋友）來糾正冒犯者的行為，並把這個決定視為寬宏大量（「讓他瞭解情況」）。

整體而言，這些宛若天選之人的學生站在等級制度的頂端，他們備受關注，並經常想要掌控別人的目光。學神和學霸在日常互動中舉止從容，享受同伴的尊崇。他們逐漸習慣同學臣服在自己腳下。由於他們處於高位，不用吹灰之力就可以在學校交到朋友，因為同儕都渴望與他們交朋友，他們已經習慣同儕的簇擁。由於上述這些在日常互動中的行為，地位崇高的學生就成了校園裡貨真價實的菁英，享有崇高的地位。成績好的學生懂得在同儕之間突顯自己的與眾不同，在本章後面我將說明，他們之中有許多人在進入大學和職場與同學或同事互動的時候，仍會繼續用這種方式來突顯自己。

成績差的人動輒得咎

學神和學霸不用刻意出風頭就能獲得同儕的關注，而學渣和學弱則無法把自己推到鎂光燈下。Claire 這樣的學神即使在畢業後也令人難忘，但學渣和學弱的才能卻無法得到認可，而且他們很快就遭人遺忘。地位崇高的學生因為他們的成就受到同儕讚揚。相比之下，地位低下的學生經常發現自己因為微不足道的錯誤就成為同儕的笑柄。當他們做了一些值得慶祝的事，同儕反而是冷嘲熱諷。有些學神或學霸會無視其他學生，而學渣和學弱即使向同學示好，其他同學也是視而不見。

很快就被遺忘：Brandon 沒有得到認可

成績不好的人往往被埋沒在人群之中，無視他們在功課以外的才華。Brandon 這位中等身材、話不多的男孩是 Claire 國際部的同學。Brandon 的 SAT 是兩千一百四十分，後來申請上加利福尼亞大學洛杉磯分校（University of California, Los Angeles）。他有運動和音樂方面的天賦。當其他學生留在教室裡讀書，Brandon 和他的朋友經常把休息時間耗在籃球場上。根據我的紀錄，Brandon 經常是得分最高或助攻最多的球員。Brandon 還擅長拉小提琴。有一位美籍老師評論，Brandon是校內最有音樂天賦的學生，並稱讚他的小提琴獨奏。雖然總體考試成績一般，但Brandon在他最喜歡的科目——心理學表現不凡。他的同學認為他是這個學科領域知識最豐富的學生，也會向他請教這一科的作業。在Brandon心理學的進階先修課程（AP）作業截止日的前一天，我默默跟在一旁觀察他。那一天每一節下課，同學都圍著他。Brandon坐在課桌前，愉快地回答同學的提問，彷彿他是這門課的助教。

Brandon交遊廣闊，中學時有很多朋友，但他的同學從未談論過他的音樂天賦。他們不記得他的獨奏，甚至不記得曾經有過一場學校音樂會。他們也不關心他籃球打得好。Brandon獲得加州大學洛杉磯分校錄取，但同學根本就不當一回事。在他畢業後的第二年，我回到首都中學。我問下一屆的幾位學生是否認識Brandon，他們面無表情地看著我，搖搖頭。Brandon沒有傑出的成績，因此地位不高。他的同學不認為他的課外表現是成就，他在畢業後很快就被人遺忘。

Brandon與Claire的經歷形成對比。她因為成績優異而得到同學的欽佩，但Brandon儘管多才多藝（運動和音樂），卻沒有獲得同樣的認可。學校慶祝Claire的學業表現，並要求她宣傳自己的成就；Brandon就沒有這樣的任務。學生們都記得Claire申請大學的細節，還能列出她收到的哪幾所學校的拒絕信；但他們不知道Brandon申請幾所學校，也不知道他除了加州大學洛杉磯分校之外還有收到哪些大學的錄取通知。[14] 由於校內成績平平，Brandon的課外活動沒有得到任何認可。他在人群中變成了一個默默無聞的人，很快就被拋在腦後。

課堂上被羞辱：Sarah的答案錯了

地位低的學生通常不會是同伴關注的焦點。然而當他們成為焦點的時候，多半是淪為同學恥笑的對象。有一次我在首都中學國際部十一年級的物理課觀察Sarah。物理課的老師是張老師，正在檢討考題。她走到教室的右邊檢查學生的答案，接著再回到教室前的講台上，然後問Sarah這位地位低的學生下一個問題的答案是什麼。

Sarah戰戰兢兢地站起來，以微弱的聲音回答。當同學們聽到Sarah答出一個錯得離譜的答案，幾個學生倒吸一口氣。跟我一起坐在教室最後面的Joseph，臉色一變大罵：「你她媽的說啥？」

當我聽到這句髒話，立即看向張老師。顯然，張老師聽到Joseph那句話，因為她瞥了他一眼。Sarah也聽到他的話，頓時沉默。張老師回頭看了看Sarah，讓她繼續說下去。Sarah手足無措，試著解釋自己如何得出這個答案，但這時坐在Sarah左邊隔三個座位的William打斷她，並大聲說出自己的答案，最終由William回答了這個問題。老師要同學們注意到她這邊，詢問依然站著的Sarah，想要確定問題出在哪裡。Sarah似乎很尷尬，她撅著嘴、緊握著筆，滿臉通紅地站著。看到Sarah無法說出一個令人滿意的答案，老師讓她坐下來並繼續講解下一個題目。

在類似的羞辱事件中，始作俑者未必處於高位，但被羞辱的人在學校的地位幾乎都很低。Joseph和William的分數高於平均，但地位並不高。另一方面，根據Sarah的同學和朋友所說，她就是個標準的學弱。Joseph和其他許多男孩有時會用粗話開別人玩笑。然而，當他對Sarah說髒話，可是滿臉認真，Sarah也注意到這一點，並吞下別人的冒犯。William或許想幫忙解圍，但他咄咄逼人的樣子強烈表明並非如此（打斷她的話、大聲說話，並接手回答問題），而且他們讓Sarah覺得尷尬（臉紅）。這兩個人為了挖苦Sarah打破課堂上不能說髒話、在老師叫到時才回答，以及發言前舉手等規矩。在這個過程中，他們不僅把學生的注意力導向Sarah低下的地位，還妨礙張老師努力專心幫Sarah修正答案。

雖然同學的嘲諷通常是針對地位低的學生，但對於任何熟悉地位體系的學生來說，其實並不意外這些地位低的同學會在考試中犯錯。由於地位低來自於考試成績不佳，可以預見地位低的學生每次考試都會答錯一些題目。然而，儘管有這些預期，學生還是拒絕幫成績差的學生脫罪。沒有一個學生為Sarah講話，也沒有人幫忙想藉口，更沒有人原諒她的錯誤答案。同學們彷彿把她當成重刑犯，公開羞辱她，直到她無地自容。

不是領導的料：若倫因服務同學被嘲弄

地位低的學生往往學會低調，避免受到同儕的關注，因為即使是慶祝的場合也可能變成嘲笑大會。在一個陽光明媚的清晨，我和十二年級的學生一起參加首都中學學年結業式的升旗典禮。在簡短的典禮過程中，講台上的老師要求同學為學生會的幹部鼓掌，感謝他們的付出。[15] 一排學生魚貫上台，他們都是學生會幹部。當老師一一唸出他們的名字，每個人都向前一步鞠躬，而台下的學生像機器人一樣鼓掌。然而，當老師叫到「若倫」，學生卻沒有鼓掌。相反地，我能聽見明顯的冷笑、嘲諷，還有誇張的倒抽氣聲。我周圍的學生不以為然地說：「他……是學生會的成員？」看到若倫已經鞠躬並退回隊伍之中，而老師已經開始叫下一個幹部，有一些反應較快的學生才給若倫鼓掌，掌聲稀稀落落。儀式在幾分鐘內就結束了。我和學生們一起慢慢離開操場。儘管大多數人都沒有多說什麼，但有幾個人臉上帶著笑意走回他們的教室。

當若倫回到教室時，大夥已經對這個話題不感興趣。沒有人找若倫聊他在學生會的經歷，也沒有人探究他如何得到這個職位。[16] 當然，也沒有人祝賀他或感謝他一年來在學生會的貢獻。那天稍晚我跟幾個學生談話，我隨口提到這件事，和我談話的學生沒有人知道若倫是學生會的一員。他的朋友們對此一無所知，因為當另一個成績不佳的男孩開玩笑說：「如果他可以在學生會，那我也可以！」大家都在笑。

將若倫當作一個地位體系的異例，可用來說明這個體系的常態為何。他的同儕顯然不認同他是學生會的一員。不覺得他有資格當幹部（冷笑、嘲諷、倒抽氣聲），並以挖苦的方式回應他一整年的服務（「我也可以」）。除了不贊同，若倫的同學們也對他興趣缺缺。雖然他擔任學生會的幹部這件事出人意料，在教室引起轟動，但同學們在幾分鐘內就失去對他的興趣。若倫也無法讓同學注意到他的成就。身為學生會幹部，他要定期開會。然而，若倫的朋友卻還是不知道他是學生會的幹部，可能若倫保密到家，又或者他忘記了提這件事。還有一個可能，就是若倫的朋友壓根沒注意到，當大家出去玩的時候，其實若倫都不在。身為一名學渣，若倫在成就相同的情況下，得到的待遇卻與地位高的同學有著天壤之別。他沒有像其他學生會幹部那樣得到掌聲，反而因為擔任同樣的職務而被人嘲笑。

遭到冷落：避開康偉

雖然學生在校園內一般來說都相當友好，但偶爾也會有學生，通常是處於地位體系底層的學生，是同學避之唯恐不及的對象。皮膚蒼白、瘦小，眼睛又細又長的康偉，是大家眼中「最差的學生」。當我剛來到首都中學，康偉有時會找我聊個兩三句。然而，我與康偉聊天的時間一直不長。我附近的學生會馬上插話並突然結束我們的話題。當我和其他學生更熟稔後，他們會刻意讓我遠離康偉。男生看到他走過來就把我帶走，還在路上警告我：「別理他。」女孩看到康偉從走廊盡頭向我們走過來，就把我拉往另一個方向。其中一個故事就發生在高考的兩個禮拜前，當時我默默跟在莉莉身旁，莉莉、婉如和我在一棟教學樓的入口等著小梅吃午飯。

我站在入口處，面朝著站在外面的莉莉和婉如。我們三個人一邊開玩笑一邊抱怨小梅的遲到，肚子已經很餓。忽然間這兩個女孩停止講話，互看了一眼。我看到她們悄悄轉身往外走，這時有人拍了一下我的背。我回頭看了看，是康偉。

「嗨！好久不見！」他臉上帶著燦爛的笑容，熱情地說。

「對呀！」我回。

莉莉和婉如拉下臉回頭看著我。然後兩人交換了一下眼神。康偉問了我一些問題，像是「你最近好嗎？」和「你的研究還順利嗎？」我用很短的句子回答他，說：「我很好啊！」和「順利啊！」我回答得越多，莉莉和婉如就離得越遠，她們背對著康偉，用眼角的餘光看著我。我想跟著她們走到外面，可是又一邊回答康偉的問題。然而，我和康偉每往前走一步，女孩們就退得更遠一點。

突然，小梅從走廊上衝了過來，叫著：「不好意思，我遲到了！我們走吧！」她用肩膀把我撞向莉莉和婉如身邊，在我和康偉之間隔出一道清楚的距離。莉莉和婉如鬆了一口氣笑了，揮手示意要我加入她們。我向康偉說了聲「再見！」就走了，立即向女孩們跑過去。康偉或許說了再見並目送我們離開，但大家都沒有回頭看他。

在我的實地調查中，我觀察到其他學生多次迴避、閃躲，有時甚至毫不掩飾地表現出對康偉的厭惡。我與康偉的互動不到一分鐘，但這短暫的接觸已經讓我體會到了遭人漠視的感覺。幾個女孩至少暗示我三次別和康偉聊天（走開、交換眼神和把我撞向她們）。相較於康偉的親切，我對他的回應算不上熱情，甚至有些冷漠跟無禮。[17] 儘管如此，光是我回應康偉的問題，就足以讓女孩們不滿（臉色陰沉、窺視、走得更遠）。不論是這件事還是其他各種事件，學生們明確展示，面對地位低下的康偉，最適當的互動就是不要有互動。

我知道遭到其他人冷落的同學僅有兩位，康偉是其中之一，我想學生一定有特殊的理由才這樣做。在後續的訪談中，我問了很多學生對康偉的看法，以及他們為什麼對他那麼兇。學生批評他經常打架或太想追求女孩，或者說他「長的很醜」，臉上掛著「噁心的笑容」。雖然其中一些指控可能所言不假，但其他學生也有類似的行為，卻未遭到冷落。此外，即使學生的批評為真，但考量到這些踰矩的行為，同學對他的責難以及排擠的程度似乎也過於苛刻。

後續訪問地位較高的學生浴朗，終於明白學生所提到關於康偉的行為，其實都不能說明學生對康偉的集體敵意。浴朗說她不清楚康偉做了什麼，但她認為康偉是個「怪人」，而且也減少自己和他的來往。由於無法得知為什麼給他貼上「怪人」的標籤，我最後問，假如康偉的考試分數很高，他是否會受到不同的對待。

「那肯定！」浴朗立即點頭表示同意，以一種理所當然的語氣回答。「我們會對他更加寬容。大家不會那樣（負面地）說他。」

浴朗的回答顯示，康偉最大的「缺點」不是他打架和追女孩子，而是他的成績很差，身處學校底層。由於看到這條可能的線索，我又問了其他幾個人同樣的問題。後來我訪談的學生，答案和浴朗如出一轍，但他們往往拒絕我的假設，堅持認為康偉「不可能」變成一個成績優秀的人。然而，不管康偉在學校的處境能否挽回，如果他的考試成績出色，大家都會原諒他的所作所為。康偉的地位很低，同學對他的監督也就變得非常非常嚴格。學生們仔細檢視他的一舉一動，因此被挑出來責難的問題行為也就越來越多，這反過來使得同學一直以非常強烈的力道監督他。同學監督他的行為，然後引發指責，情況越演越烈，最後甚至是康偉的笑容都有問題(「噁心」)。

我最後一次見到康偉是在畢業那天，當時驕傲的父母們帶著相機湧入校園。准畢業生穿著黑色的畢業袍，興高采烈地合影留念。到處都能聽到快樂的歡呼，空氣中充滿笑聲。在校園的一角，康偉靜靜的擺出姿勢讓母親為他拍了獨照。當我和幾個學生走過，我停了下來向他們說聲恭喜。康偉對我露出他慣有的燦爛笑容。他的母親顯得很驚訝，說：「請問你能不能……？」但是她的話還沒說完，其他已經往前走了幾步的同學就把我叫走了。

整體而言，以上例子顯示，成績差的人和成績好的人與同儕之間有不同的互動模式。學渣和學弱不會受到同學關注，也不會因為個人成就而獲得肯定。當他們發現自己成為目光的焦點，多半是因為考試犯錯等芝麻小事而遭人恥笑。他們沒有機會擔任幹部，即使有機會也會受到同學的挖苦。最糟糕的狀況，是他們想對別人好，結果卻是熱臉貼冷屁股，完全得不到同儕的回應。然而學校裡的互動模式未來會在大學和職場上重現。我在本章後半段將會說明，那些認為自己很普通或是地位低下的學生，還是會崇拜成績好的人。他們學會融入人群，不張揚個人成就。

學生對於同儕差別待遇的認知

學生也意識到同儕之間的互動模式存在系統性差異。例如，家齊解釋決定同學互動方式的關鍵因素是考試成績和地位。用他的話說，「許多成績好的人並不善於交際。如果他們的成績下滑，他們的朋友可能也就不再與他們聊天。如果和他們交談的人越少，聽他們說話的人也就越少。」然而，儘管有些學生對這些互動的習慣頗有微詞，但他們還是遵循了規範。不過那些在中學期間經歷過地位流動的人，卻能夠以一種非常務實的態度看待這種以地位為基礎的互動模式。

同儕歧視：「只要成績好就無所不能嗎？」

成績優異的Tony對這些系統性的差別對待相當有意見。他尤其不贊成指派成績好的人擔任幹部。某一次我進行全天的觀察，那天我跟Tony待在空蕩蕩的學生會辦公室。辦公室裡有一堆書整齊堆放在房間角落的地上。書名就叫《贏在首都中學》（*Winning at Capital*）。封面是一位自信的男孩站在湛藍的天空下。Tony懶洋洋地躺在桌子後面的一張黑色皮椅上，一隻手放在腦後，另一隻手指向那堆書，諷刺地說：「我在裡面也貢獻了一篇。」這些書是首都中學為誇耀優等生的表現而出版的學生傳記。他接著說這本書的編輯屬於他們負責的各種差事之一。Tony翻了個白眼說：「還有很多雜七雜八的任務。」[18]

「哇，你們這麼厲害啊！」我稱讚他。

「不！這是歧視！」Tony搖了搖頭：「你想想看，這根本就是歧視！在（許多）學校，如果你成績好，人們就認為你無所不能。我們在首都中學也有這樣的歧視。」

Tony認為以不同的方式對待地位不同的學生，可說是以成績來歧視人。他觀察學校分配任務的方式，形成了自己的看法。在學校身為地位高的學生，Tony承擔了許多學生會的任務，他對此有不小的怨言。例如，他心不甘情不願地為了一本他不喜歡的書寫了個人傳記；即便他每次都不想出席，他也經常在社會科的讀書會帶學生討論。在我們的談話中，Tony承認自己在學業上表現傑出，但他所承擔的工作都和學業成績無關。他認為學生不應該把這些課外活動都委託給一小群成績優異的同學，而是應該「讓有意願的人來做」。不幸的是，後一種情況幾乎從未發生。學生通常「盲目」支持成績好的學生，認為他們做什麼事都很出色。同時，他們「歧視」成績差的人，認為他們「沒用」、「無能」。

雖然Tony對於以考試成績歧視同學相當不滿，但他還是忽略了自己因崇高的地位所享有的優勢。Tony只看到他勉為其難扛起的責任，而未提到自己受到的關注，而且似乎沒有意識到他免於受到同儕監督的事實。如果與成績不佳、SAT只有一千多分的Kevin相比，Tony明顯獲得許多同學的關注，也擁有行動的自由。這兩個男孩都不太合群，而且都經常從教室裡消失。然而，同學會原諒沒打招呼就逕自離開教室的Tony，卻批評Kevin是一個「從不說話、從不合群，（而且）上課時會從教室消失的人」。此外，Tony和Kevin的外型都不完美。同學批評Kevin「頭髮留得很長，瀏海蓋在眉毛上」，同學對他還有一些負面的評論，例如「想想吧！一個男人，看起來這種樣子！」雖然同學們也開玩笑說Tony的笑容「看起傻傻的」，但他們是要對比Tony「看起來頭腦簡單的外表」卻有「超高的智商」。Tony受到尊敬和欽佩，其他學生都想仿效他；而Kevin卻遭到忽視，也受盡各種耳語。其他學生避開他，更不用說會想跟他一樣了。[19]到後來，甚至也由地位決定誰可以解釋同儕的互動模式。在後來的訪談中，學生承認想要確保我「永遠不會遇到」Kevin。相比之下，Tony可以自由地與研究者一起玩耍，並指責學生的歧視行為。

發光的必要性：德宏的自我省思

雖然有些學生批評差別對待，但也有些學生支持這些系統性的差異，並認為這樣做一定有其合理之處。學霸德宏就屬於後者，他中學生涯的前一年半成績都不好。德宏獲得復旦大學的錄取後，我邀請他到我母校芝加哥大學的北京中心（Beijing Center）喝咖啡。我們坐在白色人造皮椅上，兩人隔著一張白色大理石桌，從一旁的落地窗望出去，可以俯瞰繁忙的街道。在聊天的過程中，他先是鬆了一口氣，慶幸高考終於結束了，然而當我們談到他的中學同學，德宏的心情出現劇烈的變化。

「人都需要在某方面有亮點，而且他們要閃到某種程度才能引起我的注意。」他笑了笑，雙手握著他的白色紙杯。

「你所謂的亮點是什麼？」我問。「考高分還是什麼？」

德宏立刻挺直身子，點了點頭。「那會是一個非常大的亮點。」他一本正經地解釋說：「我是那種很平凡的學生。即使是讀書，我也不能參加奧林匹亞競賽。我不會音樂、藝術這類，（也沒有）體育方面的才能。我只能通過拚命讀書引起別人的注意。我要用功讀書才能讓別人注意到我。如果我的考試成績不好，那我就不是我了。我就會被埋沒在人群中，就像我不存在。」

「不是吧，不會這樣的。」我反對，但德宏打斷我。

「情況就是如此。」他平淡地說：「高考結束已經一個月了。我已經忘了很多不重要的（同學），比如那些不擅長考試的人，那些沒有出色表現的人。如果你不比別人好，被遺忘也就再正常不過。為什麼有人要記得你？沒有任何理由要記住你。」

我坐在白色大理石桌對面，聽到他的話之後無言以對。德宏繼續以自己為例。「我會這樣說：『我的中學同學德宏，成績非常好，上了這所（好）大學，我覺得他很不錯。』」他停了一下，看著我的眼睛。我點點頭回應，認為他說的非常準確。他接著說：「（但我不會這樣說），『我的中學同學德宏，成績一般般，上了這所普通大學。』」我充滿疑惑地看著他。德宏冷笑著說：「我究竟為什麼要這麼說？我為什麼會記得他，是吧？我沒有任何理由記住他。」德宏看起來一副理所當然的樣子，他面無表情地把紙杯放在我們之間的桌子上，懶洋洋地坐回去。

德宏解釋同學關係時異常嚴厲。德宏看清同學關係的現實，可能是因為在學校時曾經歷過地位向上流動的緣故。在他成績不好的那段時間，同學很少注意到他；但在他成為學霸之後，同學們開始關注他，並且在意他的一舉一動。經歷同學的差別對待之後，德宏瞭解地位高的學生會脫穎而出（「亮點」），而同學都是健忘的人，只會記得那些地位高的學生。雖然德宏提到課外活動是個人天賦的一部分，但他的重點並不是說這些特色是學生的「亮點」。在中國的菁英學生地位體系中，德宏和其他學生都很清楚，就算一個人擁有某種天賦，但如果與課業無關，那麼他依然無法在同學面前「閃」亮。[20]反之，他強調取得高分必然能夠吸引同學關注，考高分是必要的條件。正如他所解釋，他願意「拚命讀書」，因為這樣「才能讓別人注意到我」。他的努力得到回報，成功跨越高低地位之間的界限。從無名小卒到受人矚目的轉變經歷讓他知道，考試成績、地位和同學的關注不可分割。他學會接受這樣的事實，也就是同學之間的互動會因成績高低而不同，而且支持這套系統是自然、實際且合乎邏輯（「正常」、「沒有理由記住」）。他選擇務實的道路，宣稱同學系統性的差別對待是難以改變的現實（「再正常不過」）。

中學畢業後：新的朋友，相同的互動方式

如果說在中學交朋友是一件自然而然的事，那麼中學之後，在大學和工作中建立關係則是另一回事。學生不再每天和同一群朋友見面，當然也不會每天在同一個教室裡待上十五個小時。大學的朋友和同事可能與中學同學一樣可靠和相互扶持，但他們不是和菁英學生在同一個環境中培養起來的。在中學畢業六年後，大多數學神和學霸仍然與中學同學保持聯繫，而中學同學也一直關注著學神的發展軌跡。

同學關注大鵬這位學神的發展。他們分享大鵬到高盛銀行（Goldman Sachs）工作的細

節，以及他與中學女友吉娜結婚的各種小八卦，[21] 而且他們無須任何提示就可以合理推斷大鵬的收入。然而不是每一位學神和學霸都有作為崇拜者的同學持續關注著他們。浴朗的中學同學幾乎沒人知道她從清大畢業後到了世界頂尖的大學攻讀博士。另一方面，學渣和學弱與中學的同學也失去聯絡。學渣小龍留在北京上大學，但不再與他的中學朋友聯繫。當標準的學弱Mark在社交媒體上驕傲地說自己終於在英屬哥倫比亞大學（University of British Columbia）的最後一個學期「獲得了A」，給他按讚的朋友很少是他的中學同學。

到了二〇二〇年，二十八個學生中，除了一人之外，其他人都已經大學畢業。我在他們大學畢業之後，幾乎拜訪了他們每一位，[22] 想瞭解他們目前的交友狀態，以及他們是否與青少年時期的朋友保持聯繫。訪問之後我看到有趣的樣態，學生主要和住在附近及同一個族群的人交朋友。國內升學的學生無意中因為住得近而持續往來。他們發現那些「整天讀書」的農村學生很難相處，而那些「懂得生活」的都市小孩比較和得來。來到美國和歐洲的學生說自己處於一個「多元的環境」，然而大多數人還是在華人圈才能找到歸屬。許多離開中國的人拚命想與當地同齡人交朋友，但幾年後卻還是因為有共同的興趣、相似的飲食習慣，以及一起準備考試等原因，漸漸走進華人網絡。[23] 然而，同儕互動的基礎絲毫未變。學生繼續崇拜大學裡成績好的學生。他們彼此關注對方的表現，並讓那些出類拔萃的人享有崇高的地位；成績差的人仍有如隱形人。這些互動模式表明，不論是青少年時期，還是後來的大學時期，或現在進入職場，他們都以同一套地位原則與朋友互動，就像他們從前在中學的樣子。

十二年級時，莉莉和她的朋友去「拜神」。舒華讀大學的時期也對學神有類似的感受。大一時，我去舒華的大學找她。她一邊吃甜點一邊對我說，她非常欽佩自己中學時的學神詩盈，接著感嘆大學裡沒有像「她這樣的人」。「學霸很會讀書，也許還有其他一、兩件在行的事。但像詩盈這樣的學神是樣樣精通。」舒華隨後用左手托著下巴，望向半空中，雙眸如夢似幻地說：「我真的很佩服詩盈，我打從心底崇拜她。」在舒華的大學前三年，我每年都去看望她。她在大三時到一家專賣名貴洋酒的公司實習，但在這個過程中，舒華仍然對大學裡的同儕之間缺乏競爭而感到失望。舒華大四的時候，我發簡訊恭喜她大學畢業。在我們互傳的簡訊中，她說自己的狀況「還不錯」，也一直全心全意在找工作。然後她說，她已經放棄希望學神出現的想法，甚至是「不再談這件事」。然而，她很快又發了一條簡訊：「但如果有學神，我還是會覺得他們很厲害。哈哈！」舒華從大一到大四都很崇拜學神。她很景仰詩盈，希望在大學裡看到更多輕鬆愜意的高材生。她夢幻般的眼神和崇拜的語氣與莉莉如出一轍：兩人都認為學神高人一等，談到學神時，都象徵性地做出低頭「拜神」的動作。

地位高的年輕人會有仰慕者，他們能夠引起同儕的關注，這是其他學生所沒有的。

Tony從康乃爾大學畢業後，進入紐約一家金融公司。Tony搬到皇后區（Queens）幾個月後，他在自己住處頂樓的休息空間辦了一場生日派對。派對結束後的第二天早上，我去拜訪他。他興高采烈地對我說，大約有二十幾個朋友參加生日派對，其中有中學時的朋友，如Stacey和Daniel，此外還有住在附近的大學朋友、以及工作上的同事。Tony說自己是個很棒的主人，聚會開始時就展開「社交」。他先是迎接客人，為他們準備飲料，並介紹他們相互認識。他很高興那晚是賓主盡歡。他笑著說，在派對快結束時，國際友人已經改說西班牙語；許多美國人都因為喝醉進入「自駕模式」；而中國朋友則在玩紙牌。[24]

雖然大多數同學都說會和朋友一起過生日，但與其他學生相比，Tony的生日派對規模要大得多，參加人員的組成也更多元。這些差異可能反映個人的喜好，但唯有地位崇高的年輕人才有辦法在短時間內聚集許多同儕。Tony在中學時是學神，進入大學的表現也相當優異。他在工作中的表現也很好，Tony可以根據自己的興趣，自由選擇要加入哪個團隊。從派對的出席情況來看，顯示Tony能夠輕鬆贏得同儕的關注，畢竟對於許多人來說，來到這裡參加派對並不是那麼方便。Stacey傍晚從波士頓搭火車趕過來，第二天一早就要離開回去開會。派對結束幾天之後，我在波士頓遇到Stacey，她以開玩笑的口吻抱怨說：「我專程為了他去的！我才不會為別人這樣！」Tony的大學朋友也從附近的城市和郊區趕來。雖然他的同事住在紐約，但要參加這場派對，其實也不是其他人想像的那麼容易。生日的前一天，Tony和同事才剛結束兩個禮拜的出差回到家。派對隔天，我來拜訪Tony，他一邊把一籃子的衣服丟進洗衣機，一邊跟我分享這次出差的辛勞，我看到旁邊還有兩籃子的衣服等著要洗。Tony說這次出差「基本上是在（另一個城市）進行為期兩週的密集社交，結束後你只想一個人獨處，躺下來放鬆一下，或者自己做些什麼。」換句話說，這場派對就像Tony呼喚大家來敬拜他這位神，而朋友們則克服重重困難來到他面前。其他學生無法命令朋友這樣做，他們自己也不願意為其他人這麼做，這顯示地位高的人繼續享受特權，在職場上仍然像在中學時一樣受到萬眾矚目。

學生以不同的方式與朋友互動，互動方式反映出他們在每個朋友圈的相對地位。Alex就讀首都中學的時候是個學渣，後來申請上波士頓學院（Boston College）。我在二〇一九年夏末拜訪他，當時他已經在一家跨國電子商務公司工作兩年，擔任軟體工程師。Alex沒有太大的改變。他仍然一頭捲曲的短髮、臉頰上還有幾顆青春痘。下班後，他在公司門口迎接我，一手拿著一台黑色的筆記型電腦，兩隻耳朵戴著耳機，身穿紅色格子襯衫和卡其褲，這樣的穿著讓他融入進出大樓的人流中。他開著紅色的休旅車載我到芬威棒球場（Fenway Park）附近的一家小酒館吃飯。Alex很懷念他的大學生活，跟我提到他的GPA有三點七七。根據他自己的評估，他在中國學生之間「大約是平均水準」、「表現較差的是三點五分」、「表現較好的有三點九分」。然而，按照大學的標準，Alex的成績優異。這所大學的網站上提到，學生只要有三點四的GPA就可以進入院長獎名單。而且，雖然Alex沒有提到，但他已經以優異的成績畢業。

由於在地位體系中的位置是取決於跟誰比較，Alex根據自己的相對表現採取兩套互動模式。Alex對中國的朋友圈沒有什麼可說的。我問Alex他的中國朋友圈有哪些人，他主要是說自己深深敬佩「一個GPA四點零，而且申請上哈佛大學法學院的女生」。後來我們談到大學裡的其他朋友，其中有不少來自肯亞，他笑著說，雖然分散在世界各地，他還是經常與他們聊天。儘管Alex喜歡那些表現比他差的非華人朋友，但還是與他們保持距離。他提到：「這裡每個人都很聰明，全都經歷過篩選。」但他馬上又嘆了一口氣，「總有一些人跟不上。他們做不來這些，但我還是盡力幫助他們。」我問他是否幫助過那些朋友。Alex簡短回答：「我比較是自己管自己的事。」我皺了一下眉毛，想知道這是否違背他所說的與人為善，還有親近同儕。Alex察覺到我的懷疑，迅速補充：「但是如果他們來找我，我可以的話還是會幫忙。」

Alex認為自己的朋友分屬兩個不同群體：中國學生，其中有一半的成績比他好；其他(國際)學生的課業成績普遍比他差。Alex在中國學生群體當中是個普通學生，他以一般大眾的角度來看待這些朋友。他分析了GPA的高低（三點五到三點九），評估自己在這群人之中的相對位置（「大約是平均水準」），並對表現最好的學生（GPA四點零的女孩）表示欽佩。相比之下，Alex提到那些成績差的朋友時，採取由上而下的角度。他的語氣充滿優越感（嘆氣、認為別人「跟不上」、「做不來」）；他還標出地位高低的界線，這是地位高的人的特徵。儘管感覺到朋友需要幫助，但他並未幫忙（「自己管自己的事」），並且視情況回應他們的請求（「我可以的話」）。這些敘述表明，Alex與那些表現不佳的同伴保持著一定的距離，就像龔君在中學對同學的作法。

大致來說，中學時的同學互動與大學與職場上的朋友互動類似。龔君的例子可以清楚呈現類似的關係，她過去是頂峰中學的名人，進入大學和職場仍繼續是名人。我在二〇一九年初的冬季見到龔君，那是她在倫敦政經學院（LSE）的最後一個學期，但她已經修完所有學分，也寫好了論文，只是在等畢業。她原本可以留在倫敦，但龔君決定回中國發展，因為倫敦「太無聊」，那裡的冬天「太冷、太陰暗」。龔君主動提出在北京機場的入境大廳接我。她人準時到達，穿著合身的連帽衫、深色運動褲和一件蓬鬆的黑色羽絨大衣。她開著一輛價值超過十萬美元的黑色吉普車[25]，帶我去一間專門用來舉行婚禮的五星級酒店吃飯。

一路上，龔君跟我說自己從大學畢業的經歷。龔君從大二開始接商業廣告。她找來一些擅長燈光、腳本以及不同專長的同學，組成一支團隊。龔君說：「我成立自己的公司」，賺到的錢「可以用來買自己想要的奢侈品。」我回她說和朋友一起開公司是好事。龔君馬上糾正我：「哦，不，我和他們不是朋友。」她補充說：「他們是同事，但更像是員工。」龔君曾經為了讓公司上軌道休學一段時間，我想她的幾位同事也是如此。大約一年後，全國最成功的廣告製作人之一邀請她到公司當他的學徒。龔君抓住這個機會，並且離開團隊。結果，團隊各分東西，公司也隨之解散。

當她在當學徒的期間「掌握廣告產業的訣竅」，並學會如何「製作她的團隊過去做不出來的優質影片」，她就開始自由接案。龔君到倫敦政經學院讀碩士是為了避開二〇一八年中國的媒體產業寒冬。雖然學生繼續上研究所通常是為了深造，但龔君只是想要「休息一段時間，但不要讓自己的履歷留白」，而倫敦政經學院提供一個「非常簡單」、「大部分都是常識」、「幾乎不需要讀書」的碩士課程，「完全滿足」了她的需求。換句話說，她在倫敦政經學院讀書的唯一目的就是讓自己放鬆幾年。龔君讀碩士時經常一個人出遊。她從歐洲各國寄明信片給我，但我不曾在社交媒體上看過她與同學或朋友的合影。她說自己實在「閒得慌」，所以在求學過程寫了一本小說，並在回到北京後兩個月內出版。當我問到這部小說，她嘴角微微上揚，說：「我寫它是為了迎合市場；我知道它一定會引起大眾的興趣。跟我想的一樣，有家公司買下版權並打算拍成電影。」雖然她已經在北京定居，但龔君與大學同學毫無聯繫，也沒有和他們一起工作。當我們右轉進入一條小巷，她聳聳肩說：「我不知道他們在幹嘛。」然後又漫不經心地補充說：「反正都不重要。」

本研究中，多位在職業生涯保持頂尖的菁英學生都不會去關注成績差的同學。龔君在自己的專業領域異常出色，這也影響了她後來與他人的互動方式。在中學時，Claire是同學的焦點，他們為她講話、支持她；同樣，龔君在大學同學之間是目光焦點，他們追隨她甚至一起離開學校，成為她的「員工」。Julie在中學時覺得自己當然有資格獲得同學的關注；龔君在職場上也覺得自己應該獲得公司的目光（「一定會引起大眾的興趣」、「跟我想的一樣」）。誠然，龔君的自信當然來自於她的專業訓練以及在自己的領域內的傑出表現。雖然工作者對自己的工作成果感到滿意是很平常的事，但龔君對於自己工作成果的高度自信，遠超過其他的專業人士。[26]

雖然許多菁英青年願意與他們的同儕建立友誼，但對於那些追求躍上全球菁英地位的人來說，和同儕處得好並非必要。相反地，他們認為自己與眾不同，要與同儕保持一定的距離。他們不僅在空間上劃清界線（一有風吹草動就切割或不聯繫），而且在情感上也與他人疏遠。龔君對那些眼中不如自己的同學抱持一種矛盾的心情，在二〇一三與二〇一九年都極度相似。她眼中沒有同學，對他們的成就漠不關心（「不是朋友」、他們「不重要」）。襲君不與他人往來以及劃清界線的行為，讓我想起她在中學時與同學的互動模式。這就像她與同事不往來一樣（「我不知道他們在做什麼」），她對自己的中學同學也說過同樣的話：六年前，我和十二年級的襲君在下午一起走出校門。我問她是否知道同學那天晚上有什麼活動，她面無表情地回答說：「我不知道。」

舒華、Tony、Alex和襲君還有許多人都繼續堅持他們在中學時期學來的互動方式。菁英青年習慣以成績與工作表現判斷彼此的地位高低，就如同他們在中學時期一樣。由於這些評價對於交友關係的影響很大，因此學生本能地在往後的日常生活會以同一套規範去接觸、回應以及和同儕互動。因此，青少年時期與朋友的互動方式，也就預示了他們長大後在全世界與人互動的方式。

本章摘要

雖然本研究中的對象同樣是菁英，但他們就讀中學時的同儕關係卻大相逕庭。儘管他們互相支持，但高地位群體的學生不只得到友好的互動，還享有更多的特權。這些高高在上的人是同學關注的焦點，無論他們做什麼，即使他們違反上課的規矩，依然受人景仰。地位低下的學生則沒有享受到這些特權。由於學生們都經歷過差別對待，因此他們都瞭解考試成績和地位必然影響同學怎麼對待你。他們已經養成習慣，偏愛地位高的人、歧視地位低的人，並預期得到同樣的待遇。在這個過程中，學生們相互支持、相互監督，以確保所有人都按照地位行事。

本章的研究結果強調地位如何影響人際關係和互動模式。學生各自具有不同程度的社交能力和合群傾向。然而，個人特質對同儕互動的影響不若地位高低。許多「學神」和「學霸」都很好相處，而有些人則相當疏遠，不願意與其他人往來。同樣，許多學渣和學弱為人親切和誠懇，但其他人則不然。然而，地位高的學生即使表現得非常冷漠且高不可攀，也有崇拜者試著與他們交朋友。相比之下，處於地位體系底層的學生，即使無害且善於交友，大家仍避之唯恐不及，他們的同學不願意與他們有眼神交流，更不用說建立關係。

二〇一九年，這些學生已經到世界各地工作和讀研究所。物換星移，但同學互動的模式仍然延續。由於這些年輕人繼續以他們在中學習慣的方式與其他人往來，可見青少年的同儕團體深深影響著未來菁英之間以及菁英與其他人的互動方式。這些菁英可能自認為處於金字塔頂端，並且據此展現出各種行為。在這樣的脈絡下，年輕菁英預期自己的不當行為能夠得到原諒，並且覺得自己享有各種特權是理所當然。畢竟，他們從年輕的時候就知道學神值得大家崇拜，既然如此，他們也應該可以恣意而為。

第四章　把老師掛黑板上

唐老師怒氣沖沖走進教師辦公室，雙手交叉抱胸走到我面前，說起偉成這個學神的事情。「上週二，偉成想去健身房，但已經過了開放時間。看到健身房或其他地方關門了，通常人就會直接離開，你說是吧？」我點頭。唐老師翻了個白眼，「但偉成沒有。他生氣了。他一腳就踢碎健身房玻璃門。問題來了，他穿著校服，監控的攝影機拍得清清楚楚。健身房聯繫學校，就成了我們的事情。我們跟健身房的說：『唉呀，他是個十二年級的學生，高考壓力太大，拜託你們理解。』」她憤怒地補充：「我第二天看到他，他一點兒就沒有不好意思的樣子！他看起來甚至還有些嘚瑟！顯然，完全沒有人跟他談過這件事！」

三月份一個寒冬的早上九點，我跟首都中學一個三十二名學生的班級一起上毛老師的地理課。學生安靜地蜷縮在他們乳白色的課桌前，準備寫筆記。毛老師快步走進教室。這節課檢討考卷，老師站在黑板旁，講解最近的考題。其中一個問題是關於廈門到深圳的鐵路如何建設。毛老師解釋，這條鐵路最初是沿著海岸線設計，但由於軍事上的考量，不得不往內陸移。

「但它只向內移動了一公里！這個解釋太牽強了！」坐在最前面留著平頭、戴著黑框眼鏡的男孩高理，大聲打斷毛老師的上課。「它應該像其他鐵路一樣移到更遠！」

另一個女孩附和表示同意。當學生反駁毛老師時，教室裡出現騷動。

毛老師試著給出一個更詳盡的解釋。但她還沒來得及開口，坐在教室最後面的另一個男孩大鵬（坐在我前面）抬起頭、看著她，平靜而堅定地說：「讓我來。這我可以稍微講一下。」

毛老師愣了一下，一臉茫然。「好吧！」她說，然後尷尬地放下手中的粉筆。

大鵬從座位上站起來，口中唸唸有詞：「我可以解釋得更清楚。」

大鵬此舉讓坐在他身邊的學生和我都驚呆了。大鵬左邊的女同學從她的桌子抬起頭，誇張吸了一口氣，睜大眼睛，準備看好戲。毛老師臉色鐵青。當大鵬走向黑板，學生們低著下巴靜靜地盯著他。大鵬用老師平常指責學生答案錯誤的態度，迅速把毛老師寫的東西擦掉。然後畫了一張海岸線的地圖，對大家說：「這條鐵路很早就設計好了，但是在它開始建之前，其他交會的鐵路都已經完成。……所以基本上就是這樣。事實上是社會經濟因素造成這條鐵路建設的改變。」毛老師一臉緊繃，打直腰桿，看著大鵬充滿自信走回座位。她面無表情地點點頭，用英語說「Thank You」，然後若無其事繼續上課，彷彿沒事發生。

這是我剛到首都中學的第一天就遇到的插曲，這也讓我以為會在每個班看到這類菁英學生不受束縛的表現。然而，我很快發現，學生打破常規的勁爆情節並不常見，而且只有在成績頂尖的學生身上才看得到。成績最好的學生顯然在學校有更高的地位。在上述事件中，大鵬是為數不多的「學神」之一，他是讓人覺得不需努力就能獲得優異成績的頂尖學生。他是整區模擬考的榜首。在校長的推薦下，獲得北京大學六十分的加分，每年只有少數頂尖中學的一、兩個同學可以獲得加分。[1] 事實上，大鵬的學業成績如此出色，所以他甚至沒用上加分——後來他在北京七萬兩千名考生中，以前五十名的成績考上北大。由於在學校的地位崇高，大鵬表現出一副擁有特權的樣子，而且不尊重老師。他站出來反駁老師的答案（老師告訴全班同學，鐵路搬遷是基於軍事考量，但大鵬說這是出於社會經濟原因），暗示她能力不足。他無視老師明顯生氣的表情（面色凝重、緊張、面無表情），接手上課。最後，他在大家面前以老師對待學生的方式對她，在黑板上擦掉她的答案。

大鵬這類行為在學神之間也不算稀奇。針對大鵬的行為，甚至有一個專門的說法：「把老師掛黑板上」。我第一次看到這句話是在一篇雜誌的文章，這篇文章描述頂峰中學是一所「學生把老師掛黑板上的學校」，可是文章沒有解釋這句話的意思，所以我向關鍵報導人、頂峰中學的首席數學老師胡老師請教。他笑了笑，自豪地說：「這就說明本校的學生非常聰明，他們會在上課時證明你錯了。」他搖搖頭，然後補充：「但那是很久以前的事了。現在我們的學生沒法這樣了，但我希望他們可以繼續這樣做。」胡老師對可能被「掛黑板」的正面反應，說明老師對這種現象有不同的反應。[2] 然而，不管老師的反應為何，有一個流行的用語來描述這種特定的互動方式，顯示大家都知道，成績優異的菁英學生與老師之間存在這種互動模式。

日常互動：普遍尊重和應得的權利

「把老師掛黑板」這類行為並不常見，可是值得關注，因為在中國的課堂上，學生一般都非常尊敬老師。無論成績高低，學生在走廊上遇到老師會停下來和老師打招呼。他們經過老師辦公室一定會保持安靜，以免打擾到裡面的老師。如果他們需要到辦公室找老師，都會輕輕敲門，小心翼翼地走進去，迅速靠近他們要找的老師，並且以非常小的聲音交談。簡而言之，學生的服從才是正常的。學神和學弱都會心甘情願為老師跑腿，比如幫老師拿東西給其他同學或為學校做海報。老師僅僅在教室裡出現就足以引起學生的注意。當老師進入教室，他或她只需要站在教室前面，學生很快就會安靜下來。老師通常以儀式性的問候開啟一堂課，只需簡短幾個字：「上課！」或「班長！」聽到這句話後，班長就會立即命令教室裡的每個學生起立鞠躬，向老師問好，並齊聲念出俗套的問候語：「某某（老師的姓氏）老師好！」

每當看到學生做錯事，老師就會罵人。有一次，我坐在教室等著課堂開始，聶老師朝教室正中央的詩盈走去，她是首都中學的學神。詩盈負責發聶老師這堂課的講義。我聽到聶老師用嚴厲的語氣批評詩盈「不夠細心」。詩盈呆立在原地，一句話也沒吭。聶老師生氣地說：「有人沒拿到講義。沒有講義，他就不能上課，他完全不知道接下來要幹嘛。但妳沒有檢查，你甚至沒有察覺。現在去把講義發給他們。」詩盈乖乖點頭，小聲回答：「好的。」然後，她主動找出沒有講義的人，並微笑地把講義發到每個人手中，包括我。以這個例子為例（和其他許多例子一樣），無論學生的考試成績或他在學校中的地位高低，他們都會乖乖接受老師指正。

整體而言，本研究中的學生都很乖巧。北京的菁英學生幾乎不需要老師的指導，而且能夠舉一反三。即使有例外也能證明規範的存在：在頂峰中學十二年級的班級會議上，有一位老師公開批評了一個女同學，因為她用一條簡訊跟老師請假。這位學生的簡訊寫著：「我身體不舒服，今天不來上課。」會議室裡許多學生聽到這句話都倒抽一口氣或竊笑。這種行為顯然對老師和學生來說都是不尊重且無法接受的。反之，一則恰當的簡訊應該先向老師問好、道歉、解釋情況，然後請求准假或原諒。

老師是升學專家

學生對老師的教導展現相當的尊重，並且完全服從。對準備參加高考的學生來說，前面幾章提到的各種加分考試，都需要老師的推薦。頂尖中學的學生之所以嚴格遵守老師的指示，還有一個原因：老師是模擬考的出題委員。這些學生認為老師是專家，熟知考試內容。此外，學生們都相信自己的老師經常會被找去為高考命題。我第一個在首都中學認識的女孩劉浴朗就是相信這件事的其中一人。

浴朗和教歷史的楊老師關係很好，上了清華大學之後也還和他保持聯繫。浴朗在清華的第一年，我約她一起喝咖啡，席間她問我：「你知道楊老師嗎？」我點了點頭。然後她壓低身子小聲說：「他在夏天不見了。沒有人能夠聯繫到他，沒有人知道他去哪。我試著聯繫過他幾次，但他都沒有回應。」雖然這聽起來像是一個恐怖故事的開始，但浴朗很快澄清說：「我們都認為他被找去出高考。我們相當確定他一定是。」我很驚訝，問她怎麼知道這個消息。「因為他消失的時間完全吻合，從考試前幾週開始找不到人，那時候考試題目要出完然後提交。直到幾週後才聯繫上他，那時候是閱卷的時候。」她接著解釋說，出題委員完全與外界隔絕，也不允許帶手機。我說這可能只是巧合，想要藉此深入探究這件事。浴朗搖了搖頭，耐心地解釋說：「我們的老師輪流出題，大家都知道的。」她伸手拿起飲料、往後一靠說：「當然，十二年級的老師不可能在他們學生參加考試的那年出題。兩年前，鄭老師去出高考題。楊老師今年也有資格。」她靠在椅子上，看著我的眼睛，斬釘截鐵地說：「這是明擺著的事情。」

由於確信老師掌握考試的關鍵資訊，像浴朗這樣的學生會緊盯老師的一舉一動。浴朗的猜測事後證明沒錯，因為首都中學和頂峰中學的老師後來也證實，中學教師確實會被找去出題。此外，這些老師還澄清，只有頂尖中學裡最有經驗的老師才會被徵召成為出題委員。然而，不論學生是否猜對，浴朗的解釋都說明了學生之所以遵從老師的教導，背後有經過深思熟慮、理性計算的理由。雖然也可以從儒家傳統的文化層面來解釋學生何以聽話，但菁英學生的說法為他們何以尊重和服從老師的教導，提供了工具性的理由——畢竟，準備高考最好的方式就是遵循出題者的指示。

申請美國大學的學生也會遵循他們的老師與學術顧問。學校老師為學生寫推薦信，並決定學生的學業成績GPA，這兩者都是申請資料的一部分。除此之外，這些學生相信他們的學術顧問能把他們送進美國的頂尖大學。最受信任的其中一位顧問是Tom，這位美國中年白人曾是美國大學的招生官。二〇一三年申請結果出爐，首都中學創歷史紀錄，一年將八個學生送進賓大。錄取賓大的學生很多，使得首都中學的校友占當年賓大中國新生的百分之十以上。[3] 學生們議論紛紛，說是Tom一手促成這項歷史紀錄，「他一定和那所大學有關係。」當Tom在次年秋天從首都中學跳槽到頂峰中學，二〇一四年那一屆的學生果然都感到很失望。二〇一四年春天，首都中學沒有一個學生申請到賓大，但頂峰中學卻有四個，他們因此更加徹底相信Tom的重要性。

雖然這個故事迅速傳開，許多學生也相信事實就是如此，但那些在二〇一三年申請上賓大的學生和首都中學的其他顧問都說這只是謠言。Selena就是二〇一三年八位進入賓大的學生之一，畢業那年的暑假，Selena在受訪時聽到我提到這個八卦，皺著眉頭表示不贊同。她解釋自己的顧問並非Tom，而是一個中國籍的John。Selena認為John「幫助不大，但他偶爾會對我的小論文給些不錯的建議」。她不記得自己有從哪一位顧問得到特別的幫助，包括Tom。首都中學的其他顧問也駁斥這個故事，說這只是無稽之談。尤其是John，他冷笑著說，學生都「充滿想像力」。他承認Tom已經離開首都中學，但Tom的離開和首都中學第二年申請賓大的錄取率突然下降「只是個巧合，不是因果關係」。他表示自己無從得知賓大為什麼沒錄取任何一個首都中學的畢業生，但這不應該是個問題，他驕傲地說：「儘管我們的學生今年都沒有上賓大，但他們還是申請到許多非常、非常好的大學。」

雖然顧問駁斥了這項八卦，但學生仍然對此深信不疑。二〇一四年春天，我與Tony和他的朋友們在學校附近一家他喜歡的麵館吃午餐。Tony決定接受康乃爾大學的錄取。雖然他對此還算滿意，卻對同學的整體錄取結果不滿，並將此歸咎於Tom的辭職。Tony吃著麵條，提起Tom的傳言和學生申請破紀錄這件事。「Tom把這麼多學生送進（賓大），而其他中學一個都沒上。」他皺著眉頭說：「今年，我們這一屆沒有一個人錄取。一個都沒有！看看頂峰中學，他們有四個人錄取了（賓大）！」其他人點頭表示同意。我說這可能只是一個巧合，或者說，二〇一三年首都中學可能讓太多學生申請上那所大學。Tony對我的說法嗤之以鼻，「不可能！」他的朋友解釋說：「還記得我們學校去年舉辦的（招生）活動嗎？許多招生官都來參觀。Tom讓學生們一對一帶這些招生官參觀校園，每個人都負責接待他們申請學校的招生官。我的朋友也被找去接待招生官。幾個月後，他們就都上了自己想去的學校。」Tony點點頭補充：「今年什麼都沒有。」最後他問了一句：「如果不是因為Tom，那是什麼？魔法嗎？」

雖然Tom在賓大招生過程中所發揮的作用仍有爭議，但研究表明，中學顧問確實能在學生的大學錄取結果扮演要角。如果顧問與大學招生官經營好關係，就能夠使本校學生成為該所大學的生源。[4] Tom很可能刻意讓學生與他們申請的大學招生官建立關係，策略性培養學生與這些大學的關係。雖然不清楚這樣做能夠發揮多少效果，但像Tony如此成績優異的學生，認為獲得這樣的支持是天經地義。當這些學生預期會得到的幫助，結果卻落空了，他們不僅否定其他顧問對錄取結果的解釋（「那是什麼？魔法嗎？」），還認為自己被剝奪了教育機會。相比之下，我沒有看到任何成績差的學生討論Tom的離職。事實上，正如我在本章後面所呈現的，成績差的學生與學術顧問的關係不同，這種差異使他們沒有資格獲得顧問的策略性支持。

老師和學生同舟共濟

除了把老師視為大學備考的專家之外，學生信任老師還因為彼此有共同的利益。學生希望自己的成績越高越好，才能進入最好的大學。老師也希望成績優異的學生越多越好。儘管老師不大提這件事，但眾所周知，如果學生成績好，頂尖的中學會發績效獎金給老師，尤其是當有很多學生進入頂尖大學時。然而，績效獎金也讓學生和家長都清楚，老師必須從幾種策略中選擇一種爭取最大報酬。他們可以幫助成績不佳的學生，藉此提高全班的平均成績。或者，他們可以把重點放在表現一般的學生，提升其中一些人的競爭力，讓他們也可以申請上頂尖大學。無論採用哪種方法，有一點是不變的：必須盡可能讓成績優秀的學生保持高分。[5] 如此一來，老師往往允許成績優秀的學生隨心所欲，尤其是在高考或申請季來臨之際。學生之間對於老師偏愛那些有可能進入頂尖大學的學生心照不宣。[6]

學生知道，這筆把畢業生送進頂尖大學的獎金，對許多老師來說非常重要。當我直接問學生怎麼看老師偏愛優秀學生的作法，學生微笑著說：「教師賺得不多」，「（老師）有孩子要養」，或者「老師也要過日子」。由於這些學生似乎很理解情況，老師也未掩飾自己內心拿獎金的盤算。有一次我在首都中學進行全天的觀察，無意中聽到五、六個女孩在討論錄取機會。中午的時候，舒華和她的朋友正在書桌前聊天，忽然來了另外兩個女孩，快步走進教室直奔舒華。她們剛去教師辦公室，在哪裡和首都中學資優班的班主任聶老師聊了一下。聶老師一直在「算我們班上有多少人會上北大或清華」。其中一個女孩說：「聶老師算出是七個。

就你們知道的那幾個。」其他人點了點頭。沒有人問這七個人的名字，也就說明他們對於被點到的七個人是誰都有共識。那個女孩接著說：「聶老師說她很想要有第八個。但沒有人知道是誰。」幾名女孩似乎一頭霧水，面面相覷，一臉好奇。女孩隨即大聲宣佈：「聶老師提到舒華可能可以（錄取），她問我們對舒華的可能性有什麼看法！」這時，所有女孩都轉向舒華，舒華誇張地搖了搖頭，驚恐地喊道：「不可能！別指望我！這壓力太大了！七個人對她來說應該足夠了！」這群人哄堂大笑。宣佈消息的女孩拍了拍舒華的背，說：「我們告訴她，你可能會上，但不很確定。聶老師似乎有點鬱悶，但至少她可以指望那七個人。」舒華鬆了口氣，放鬆肩膀。這群人裡頭另一個女孩問：「不過，老師到底能拿多少錢？」女孩們聳了聳肩。沒有人知道金額，不過她們都覺得「可能不少」。

雖然與我聊過的老師都未提到明確的金額，也沒有談相關的辦法，但把老師薪水與學生成績掛鉤是政府政策所認可的績效工資。[7] 根據用戶在看准網（kanzhun.com）（相當於美國的 glassdoor.com）匿名輸入的薪資，顯示奧美中學老師領到的績效工資有可能高過他們的全年收入。由於知道老師的利益與學生的利益一致，學生把老師視為合作者，也相信他們會將自己的最大利益放在心上。學生因為意識到有計算績效的默契而感到安心，這促使他們遵從老師在高考上的指導，並依賴老師來做大學申請。此外，在學生眼裡，績效獎金也說明老師為什麼會因為考試成績而對學生產生差別對待。

送禮建立師生關係

學生清楚老師在自己爭取頂尖大學錄取所扮演的角色，因此會藉著送禮表達感激，這是中國商場和政府部門都有的一種交換行為。[8] 老師知道自己會在假期、活動和生日時收到禮物。[9] 他們也知道不用期待會收到哪些東西。例如，賀卡對於建立師生關係的幫助不大。當我跟龍老師說，美國學生有時會寫卡片給老師，他皺著眉頭嚴肅地說：「卡片？那算什麼？」他問：「怎麼有人會要那種東西？」

在我訪問的學校裡，每一個老師都收過學生（和家長）送的禮物。有一次我在頂峰中學進行全天的觀察，遇到了胡老師，他讓我看到原來學生家長送禮是多麼普遍。胡老師在走廊上遇到我，邀請我到他和其他三個老師共用的辦公室。他客氣地問我要不要喝茶。我欣然接受。然而，他接著問：「你想喝哪一種茶？」這就難倒我了。我站在那，不知道怎麼回答，沒想到居然還有得選。他笑著把我帶到辦公室中央的一張桌子前，那裡堆放著各種茶葉。我看著這些昂貴的茶葉下巴都快掉下來，胡老師指著其中幾款，推薦我喝一種特別好的綠茶。我連忙答應，看著他把幾片茶葉放到紙杯。他一邊用熱水沖茶一邊說，大多數茶葉都是辦公室老師收到的禮物。由於同辦公室的老師們會收到「源源不絕」的上等茶葉，也就養成互相分享禮物的習慣。

在我訪問過的學校裡，學生習慣送禮物來建立並維持師生關係。這些禮物視內容和場合傳達不同意思。詩盈這樣的學生認為送禮物是表達感謝的適當方式。例如，她送給每一位老師一盒蘋果當作聖誕禮物。[10] 其他學生送禮的目的性更強，例如意圖引起某些科任老師的注意，想要獲得他的幫助。[11] 雖然老師總是會在假期和特殊場合收到禮物，但值得注意的是，並非所有學生都會送禮物給老師。成績不佳的家齊就不會送禮。當我問他是否有送過任何禮物給老師，他皺著眉頭不解地問：「沒有，為什麼要送？」這個回答表明給老師送禮儘管合乎常理，但對一些學生來說卻顯得荒謬。

老師們對禮物的態度也不盡相同。龍老師對學生精心包裝的生日禮物不怎麼在乎，但胡老師和辦公室的同事卻開心地收下茶葉，充滿著感謝。儘管老師反應不同，但對於菁英學生與家長來說，若是能夠獲得教師的關注和支持，其背後的潛在教育效益價值遠超過送禮的開銷。畢竟，學生認為老師是幫助他們獲得大學錄取甚至是未來前途的關鍵。換句話說，雖然送禮在學生眼中主要是表達尊重的一種方式，但由於投資報酬率很高，也就成為菁英學生加強與老師相互義務的一種方式。

表揚和增強學生的能力

老師通常對學生有很高的期望。首都中學的老師常對學生說他們會「改變世界」——言下之意是他們將成為世界的領袖。我曾聽到有個老師對著滿滿整間教室的學生說：「你們都有當總理的潛力。你們看，連我們的總理都無法回答的問題，你們卻能答得很好。」同樣地，頂峰中學的老師不斷提醒學生，他們比其他學校的學生還優秀。這些老師和學生閒聊時經常提到：「我們是頂峰中學」、「我們顯然比別人更好」或「我們仍然是本區最優秀的學校」。我觀察到這些老師每天不只一次對學生說：「（其他學校的）目標對我們來說太低了，所以我們為你們設定一個更高、對你們更合適的標準。」這些「標準」包括要學生守規矩，例如在操場上好好排隊參加全校集會，或是在走廊上保持安靜。很多時候，考試成績的標準高得令人吃驚，許多科目的老師在考試復習時對學生說：「你的平均分應該是滿分。」

除了老師，校長也帶頭表揚學生的優異表現。我剛到北京就去見首都中學的校長，請他允許我在校內做研究。他聽完我的研究計畫後，便請兩位老師來介紹學校的情況。然後告訴我：「首都中學做得很好，而且越來越好。我們的學生非常優秀，我們沒有什麼不能給別人看的。」老師們點頭表示同意，一位男老師附和道：「當然。」同樣地，當我在另一所中學做前導研究（pilot study）的時候，副校長指著往來的學生自豪地說：「美國和澳大利亞的學校，都說我們學校的學生是天才！」校長也經常聽取學生的意見。頂峰中學的學生說，他們經常看到校長在走廊上巡視，也覺得可以當著校長的面表達自己的想法。首都中學的校長每週和學生開一次會，由七到十名學生自由報名參與，可以直接向校長反應他們關切的事，並就學校或課堂上的規定和設施提出建議。根據訪談結果，參加會議的學生打從內心相信學校領導和行政人員會根據他們的建議做改進。

首都中學和頂峰中學以及其他受訪的頂尖中學的老師和校長，都一而再、再而三對學生說，他們相當獨特，比那些未能通過考試進入頂尖中學的非菁英學生更加優秀。師長每一天都在評論不同的學生群體，讓本校的學生相信自己與那些非菁英學生是截然不同的，並且將這樣的差異視為理所當然。學生和校長直接溝通的做法進一步使學生相信自己的意見很重要，成年人應該要正視。整體而言，學生預期握有權力的領導和成年人每天都會滿足他們的要求，以此為基礎構成的頂尖中學師生互動模式，創造了一種環境，使得教師有意或無意間在學生身上培養出一種強烈的菁英權利意識。

高地位學生應付老師

本研究的師生關係大部分都是相互尊重、有如朋友一般，一起朝著共同目標（成功進入大學）努力。然而，雖然菁英學生一般來說都有種強烈的權利意識，但並不是所有學生都會主張有相同的資格與權利。進一步觀察發現，老師區分成績優異與成績不佳的學生，並且偏愛表現好的學生，因此學生主張權利的聲量大小反映在他們的考試成績與學校地位。成績好的學神和學霸在與老師互動時，經常表現出一種理所當然的高姿態，不同於一般常見的尊重和合作的學生態度。這些行為包括拒絕做到教師的要求、討價還價，並預計老師隨時隨地都要提供協助。

即使老師說「不行」：龔君想要拍攝課堂情況

師生之間的衝突總是會涉及一名校內的資優生。身材苗條、一頭長髮，並且站在頂峰中學金字塔頂端的龔君就曾和自己的班主任發生過爭執。她為了申請藝術大學，打算在教室裡拍攝一段影片。龔君和班主任劉老師的關係並不好。龔君說：「我和他的關係不是很好……我們經常有爭執，我會說他的壞話，他也講我壞話。」

劉老師證實他的感覺跟襲君一樣。在另一次單獨的訪談中，劉老師說自己和襲君的關係充滿了衝突與緊張，對於襲君要在課堂上拍攝日常互動，當作申請資料的作品，劉老師持保留態度。襲君很訝異竟然會遇到不願意上鏡頭並且反對她拍攝的老師。劉老師回憶：「我提醒她，拍片是好事，但拍攝前最好先和老師溝通。也許她和一些老師談過。有些老師不（希望）她這樣做。可是只要是她想做的事，誰也攔不住她。即使老師禁止也沒用，她還是會去做。為此我和她發生（激烈的爭吵），我吼了她。我真的吼了她。」說到這，劉老師停了一下，看著我的眼睛，確定我清楚事件的嚴重性。然後他淡淡一笑結束這段故事，往後靠在椅子上，嘆了口氣說：「不過那也沒用，沒用。」

幾天後，在一個炎熱的夏日午後，我與襲君走在校園裡，觀察到她在未徵求任何人的同意下，拿出相機開始拍攝同學和校園。我想知道她怎麼看待徵求對方同意這件事。我隨口問了一句她是否在老師面前做過同樣的事。她回答說：「有的。大多數老師都沒問題。但葉老師（歷史老師）！他這人！他毫無理由的就不同意我這樣做！劉老師為此還把我叫去罵一頓。有一次，我只要打開攝影機，葉老師就閉著嘴站在那不講課。但那又怎樣？反正我就是要拍，他們的反對根本毫無道理。」

顯然，劉老師沒辦法讓襲君的所作所為像符合老師期待的乖乖牌。雖然劉老師可以聯繫家長、公開罵她，或做其他懲罰，但他選擇了私下批評龔君，並且因為這樣做毫無效果，後來又把她的行為解釋為一意孤行。龔君可能確實是任性，但她原本可以解釋她的想法，或是說明拍攝有助於她練習電影技法，進而能幫助到她的大學申請。但相反的，她對劉老師的訓斥不以為然，認為與自己意見不合的老師簡直是不可理喻。儘管課程氣氛緊張，教學中斷（老師「站在那不講課」），但課堂上的其他學生並未捲入明星學生和一臉憤怒的老師之間的衝突。在這起事件中，本應尊重老師的學生龔君反而擾亂了課堂秩序，甚至迫使老師採取無言的抗議。

討價還價：Tony想退出研究計畫

雖然學神和學霸可以直接拒絕老師的要求，但他們通常會跟老師討價還價。首都中學的學神Tony（後來獲得康乃爾大學錄取）就對參加學校的計畫充滿怨言。這項計畫把優秀學生與全北京的老師配對，安排學生接受指導，希望提升學生對研究的興趣。經過老師的精心挑選，Tony加入一個生物實驗室。但是，他後來想中途退出，因為「這實在太浪費時間」，而且對大學申請毫無幫助。他因為生物老師「求我留下來」勉強完成這項計畫，但是隨後又發現自己必須在學期末準備計畫發表。Tony睜大眼睛，堅決地對我說：「去死吧，什麼發表！

這真是浪費時間。」我問他是否與老師商量過。他皺著眉頭回答：「我打電話說，我寧可死也不去。我為了給方老師（他的老師）面子，已經按照你們的意思做了。」

當天上午，Tony每節下課都與方老師聯繫，告訴他自己想要退出這個計畫。中午，方老師來學生自習室找他。方老師馬上在Tony對面坐下來，輕聲說：「我昨晚和（計畫主持人）談過，他們很擔心。如果你去，我會很感激。你不需要準備任何東西。你已經有之前報告的投影片了，對吧？」Tony點頭，但還是不發一語。「那就把你的投影片放出來唸就好。唸完之後你可以馬上離開。如果讓你為這個浪費時間，那就是我的錯。我保證這是最後一次了。」Tony仍然閉口。方老師快步離開教室，只看到黑色風衣的一角在他背後飄動。

方老師一離開視線，Tony就用頭撞了撞椅背。他模仿方老師輕聲細語的樣子，用高亢的音調說：「這是最後一次。我保證這是最後一次。」然後他大吼：「他講最後一次已經講了三次了！」當我說方老師看起來很誠懇時，Tony瞪了我一眼。「這些老師知道如何偽裝（真實感受）！他這全是裝的！（老師）虛情假意，就是讓學生按照他們的意思去做！」

Tony那一天剩下的時間都用來寫一份不想參加計畫發表的理由。下午上完課之後，Tony與其他學生和另一位有經驗的老師討論他遇到的這個問題。他最終的結論就是「裝死！無論如何都不去（參加發表）」。Tony連續抱怨了八個小時，終於在一個嘈雜的走廊上攔住方老師後，迎來勝利的時刻。聽完Tony的訴求後，方老師氣呼呼地說：「如果你執意不去，我也沒辦法。」我看到方老師氣沖沖地離開，這時Tony大大鬆了一口氣。「現在一切都沒事了。」他說。最後Tony終於放鬆下來，開懷大笑，看起來非常驕傲。

雖然Tony最初參與了這項討厭的任務，但他三番兩次與方老師討價還價，建立越來越詳細的論述，聽取其他人的建議，並且與老師談判。面對方老師的堅持，Tony的回應翻轉了師生互動的標準方式。不是老師指導學生該怎麼做，而是Tony給了老師一套未明說的指示，指示老師完成他退出計畫之後要跑的程序。一是方老師要承擔Tony決定退出計畫的後果，包括向大學老師和實驗室夥伴、研究團隊，以及學校高層人員道歉。此外，方老師還要處理因Tony放棄計畫而多出來的文書作業。Tony鬆了一口氣之後綻放的笑容與自豪的神情標誌這段故事的結束，他贏得個人勝利：儘管遇到阻力，他還是把自己的意志強加給了老師。

予取予求：Tracy需要幫助，現在就要！

學神和學霸也覺得自己應該可以隨時對老師提出需要協助的要求。性格外向的學霸Tracy後來上了約翰霍普金斯大學，她說自己和老師關係良好，特別是學校的顧問John。在申請截止日期前幾個小時，Tracy異常焦慮。正如她所描述的那樣，「我的ED（早期決定申請）

是約翰霍普金斯大學，需要繳交主要的申請資料。截止日的前一晚，我向一位與我很要好的老師求助，我基本上修改了大約六成，也就是幾乎整篇小論文了。John非常生氣，因為我原本告訴他我打算使用舊版小論文。然後，到了晚上，就是截止的前一個晚上，大概晚上十點多，我打電話給John。John又編輯了我的文章，他都氣死了。他用電子郵件把文章回傳給我，信件內寫道：『我認為這一版已經非常完美。如果你再改，我就殺了你！』之類的話。」她接著又笑著說：「他真正的意思是別再改了！」

John也是Selena的顧問，他在每個年級大約指導二十名學生。他固定上班，平時就寢的時間大約是Tracy打電話來的那個時間。但是，John並沒有要Tracy繳交他們之前討論的舊版本，而是熬夜修改Tracy的新文章。由於有John的幫助，Tracy得以在當晚十一點系統關閉前繳交自己的申請資料。Tracy的請求（十點以後）和上傳申請資料的時間說明，John一接到她的電話後就立即著手修改論文。雖然大多數學生會認為在深夜打老師的手機要求即時救援是不禮貌的行為，但Tracy卻不覺得這樣做有何不妥。對Tracy來說，John的時間和協助都是供她差遣。她在其他訪談中也曾描述，自己經常約John討論，估計她與John「在申請季節每個月大約碰面三到四次」。Tracy與顧問見面的頻率和時間都比那些成績一般或成績低下的學生要高出許多，後面這一種學生往往很難得到顧問的關注，其中大多數人必須提前數週安排預約。最後，Tracy完全不理會顧問的惱怒。她知道John對於自己在最後一刻要去編輯他認為不必要修改的論文感到很不高興（他「氣死了」和要「殺了你」），但無論如何Tracy還是得到他的幫助，也對於他的煩躁不以為然。

不論是這一個還是其他例子，老師表現得像一名全力支持和包容性強的大人，服從那些優秀學生的要求。學神和學霸與老師互動時充滿信心，即使老師不同意，他們依然相當任性。他們不顧老師的反對和推諉，仍對老師提出要求。然而正是因為老師經常偏袒成績好的學生，並且在課堂上對他們讓步，因此成績好的學生也就養成期待自己的願望都應該要得到滿足。這些學生成為同儕中脫穎而出的菁英，並且認為老師對自己的協助是理所當然。正如我在本章後文所呈現的，學生知道成績好的人會得到校方的青睞，而他們進入職場後也會繼續抱持這種態度。

成績不好的學生遵循老師指示

雖然地位崇高的學生有發言權，但地位低下的學生，即學渣和學弱，平常與老師的互動就沒有資格講太多話。大鵬這樣的學神最誇張的時候甚至可以在課堂上羞辱老師，但學渣和學弱往往會發現自己是老師帶頭恥笑的對象。學神和學霸期待老師能即刻救援，但其他人卻要想盡辦法才能安排跟老師見上一面。最後，學神可以任性，但是學渣和學弱如果也有樣學樣，就必須承擔行為不當所帶來的後果。

公開羞辱是家常便飯

對於那些答不出問題、成績不佳的學生來說，「把老師掛黑板」是難以想像的事。如果在課堂上無法回答出正確的答案，後果很嚴重，可能會是一場公開羞辱。高考前一個月，在李飛的課上，我目睹了老師和成績差的學生之間常見的互動方式。我早早來到頂峰中學，坐到教室最後面的位置。上課時間未到，但生物老師高老師（女）板著臉快步走進教室。上課鈴聲在七點五十五分響起，她一言不發，掃視整間教室，學生都安靜了下來。這節課要複習上一節課的小考，高老師每一道題都叫學生回答。她叫了坐在教室右邊的小梁回答第一個問題。小梁站起來，低著頭喃喃地說：「我答錯了。我選A。」

高老師瞪了他一下。「為什麼？你還記得我上課說過人體細胞嗎？我們還用了一個例子。例子裡是什麼在動？」

「蛋白質。」這名學生一臉羞愧，頭壓得更低。

「真的懂了嗎！」看到小梁一直低著頭沒講話，高老師繼續說：「如果你選了A，覺得A是對的，那你有沒有看看B、C和D？」小梁用小到幾乎聽不見的聲音回答。高老師看了看手中的文件，叫了坐在教室中間另一個女學生，小梁連忙坐下。這位女孩也回答說她答錯了。

高老師皺著眉頭向全班說：「第一題全班只有三個人答錯，我就不一一點名了。第二和第三題大家都對，所以我們跳過這兩題。」當高老師把注意力轉向其他學生，並同時提醒其他人不要犯同樣的錯，小梁靜靜坐在座位上，眼神不敢看高老師，也沒有看其他被叫到的學生。小梁坐下後有超過十五分鐘一動也不動，這時考試復習也快結束了。

小梁絕不是唯一被老師羞辱的學生。我在訪問的每一個班級都觀察到類似的互動。在十二年級的課堂上，考卷檢討占了一半的時間。檢討考卷時，老師經常以公審的方式檢討考卷。雖然學神和學霸能夠馬上講出正確答案，但有些同學卻難以承受眾人的目光。不論是這起事件或是其他許多的事件，都會看到像是高老師這樣的老師把檢討考卷變成羞辱大會，他們近乎刁難學生，並要求他們為自己的錯誤提供詳細的理由（「為什麼？」和「我上次的舉例是什麼？」）當我統計田野筆記中的類似事件，發現在課堂上平均每一小時就有一次寫錯答案的學生被挑出來公開羞辱。雖然每一次事件的過程都很短，大約一分鐘，但考量到日常講話的節奏，還有在眾目睽睽之下，這一分鐘簡直像一世紀那麼久。[12]

這種互動模式在日常的校園生活中相當常見，顯示老師對於學生地位的確認與維持，具有相當的重要性。老師一再羞辱成績差的學生，如同在上課時宣判學生的地位，因為此舉，老師也等於隨時在提供學生考試成績相關的訊息。老師公開小梁和另一名學生是「僅有的三位」（總共大約三十名學生）答錯題目之中的兩名學生，所以他們就是班上排名的最後百分之十。此外，老師還對遭受羞辱的學生落井下石。以小梁為例，高老師最後說小梁：「你真的懂了嗎！」也就是說他無知。這種互動會對遭受羞辱的學生產生劇烈的打擊。在整個互動過程中，小梁和另一位學生感到無地自容。事情結束後，小梁失神、沮喪、一動也不動，說明成績差的學生依然認真看待考試這些事，但也確實感受到自己在同儕之間孤立無援。

需要幫助：Alex的大學申請

首都中學每個班主任大約要帶三十名學生，每位顧問在每個年級大約有二十五名學生要諮詢。顧問為每位學生服務的時間有限。表現不佳的學生通常不大有機會找到老師，而且需要等更久才能獲得老師的關注。[13] 例如SAT考兩千一百五十分的普通學生Alex，他常常聯絡不到自己的顧問Tom。[14] 我和Tom第一次見面時，他就抱怨許多學生「只想申請排名在前面的學校」，而不考慮自己的興趣和大學的特色是否相符。然而，Alex卻有不同的看法。

Tom對他說：「不要申請任何一所常春藤盟校。」理由是「他們錄取門檻太高」和「你很難被錄取」。儘管有Tom的警告，Alex還是決定申請三所常春藤大學，因為那是他的夢想。當Alex告訴Tom自己的決定，Tom建議他去找另一位顧問諮詢。

Alex回憶，「（Tom）跟我說：『好吧，我幫不了你。你可以去找Andrew（另一位顧問）幫你看這三所大學的小論文[15]。』」我們在學生休息室談到這件事的時候，看得出來他對那次會面有點生氣。我後來知道，Alex確實按照Tom的建議，去找Andrew幫忙看看這三份申請文件。可是Tom仍然是Alex的顧問，負責Alex其他的申請。後來Tom承認自己把Alex的大學申請轉給同事負責，他說：「我看了他許多份（申請資料），其他同事也讀了一些。」

在Alex遞交大約二十份大學申請資料的一個月後，我和他兩人相約一起吃午餐。他大聲抱怨自己無法獲得Tom的關注。「主要問題是我找不到Tom。」他氣沖沖地說。「有一次我跟他約了時間，下午四點要和他見面討論。我去他的辦公室找人，等了他半個小時。我留了一張紙條，然後離開。他給我發了一封郵件，問我為什麼在五點鐘沒來。我告訴他討論時間是下午四點。他要我去看我們的信。」Alex深吸了一口氣，說：「嗯……果然是四點。所以我們得重新約時間。我不是很愛抱怨，但Tom實在太不靠譜。比如，我請他看我的小論文，他老是說自己很忙。沒人知道他在忙些什麼，但我老是被迫把見面時間改到下個禮拜。你想，這是申請季。隨著死線（申請截止日）到來，你得有時間修改文章。（而且）我都會提前兩、三天把要討論的東西發給Tom，這樣他就有時間在我們見面之前看一下。」

學生通常會在徵求顧問的意見後，重新撰寫申請的小論文，他們會修改論文讓論文更加完善。每次修改都曠日費時，往往要好幾個禮拜。以Tracy為例，她在申請季期間修改多達五次，直到滿意為止。隨著申請截止日期逼近，Alex的焦慮可想而知。他說自己很尊重顧問，儘管如此用心，卻沒有得到及時的幫助。Alex想要申請夢想中的學校，也得不到鼓勵，反而還遭到勸阻別去嘗試。當他決定去碰碰運氣，卻發現自己被交給另一位他不熟悉的顧問。由於申請資料未能獲得及時的修改意見，他覺得自己提交了一份不夠好的小論文，這會影響他的錄取機率。他後來去了自己沒那麼想去、甚至忘了自己曾經申請過的波士頓學院（Boston College）。

Tom不願意幫忙Alex似乎有點奇怪，因為我觀察到Tom在許多學生眼中都是一個細心的顧問。Tom的日程滿滿，好幾次我臨時進入顧問辦公室，都看到他與學生在討論。例如在我觀察Robert的時候，看到這位十一年級的學生展現出驚人的潛力，他想要透過準備GRE來衝刺SAT，Tom和他安排了四次會面討論，一一檢視他的大學申請表，並給他出作業，藉此推進他們的討論。其他成績優異的人也說，Tom是個細心的顧問，只要有需要就會跟他們安排討論。他和Alex的關係之所以如此，或許有諸多原因。有一種可能是Alex承認自己做了Tom討厭的事（學生申請大學只看學校排名）。然而，還有另一個可能，就是據說Tom是最高薪的顧問，他選擇投資在那些有機會進入名校的學生，因此對於像Alex這類表現普通的學生，投入的關注也就不會那麼多了。由於老師的注意力和時間有限，而且他們的收入在很大程度上取決於學生錄取大學的結果，因此可以理解他們有可能會選擇多關心那些更有機會進入頂尖名校的學生。[16]

失寵：浩佐越界了

不是每一個成績不好的學生都害怕與老師衝突。有些人想要藉不聽老師的話展現自己的特權。然而，老師並未向這些人屈服，而是公開羞辱不守規矩的人。學渣或學弱想用不聽話來表現自己也擁有特權的例子活生生出現在夏日清晨的頂峰中學。老師集合十二年級的學生到操場上做十五分鐘的健身操。大家排成一排，跟著音樂數著八拍做運動。浩佐，一位戴著黑框眼鏡的瘦弱男孩，在後面走來走去，沒有跟著一起做操。我走向他，問他為什麼在最後面。他帶著自信的微笑回答說：「因為我很特別，我愛怎樣就怎樣。」

過了一會兒，有個老師走過來，問他為什麼不一起做操。浩佐說，他想怎麼樣就怎麼樣。

然而，這位老師繼續追問。最後，浩佐生氣地說：「因為我身體不舒服！」「你哪裡不舒服？」老師問。浩佐搖了搖頭不回答。老師堅持要他入列，跟其他人一起做操。浩佐看起來很生氣，但還是往同學靠了幾步。沒多久，另一位老師走過來，吩咐浩佐一起做操。在這兩位老師的要求和注視下，他才重新回到隊伍，心不甘情不願地加入同學，漫不經心地甩動手腳。

運動結束後，我和頂峰中學的學神李飛一起走回教室，路上我提起這件事。「哦，他啊。」李飛還滿頭大汗、拿起水壺喝了一口水，聳了聳肩：「他沒事。他是從（另一所中學）來的轉學生，可能還不習慣我們的學校。」李飛把剩下的水喝光，又補充說：「整體來說，我們學校的學生比其他學校的學生表現要高些。」李飛回到自己的座位上，結束了我跟他的對話。

頂峰中學和其他頂尖中學都會收轉學生，這些學生在他們原本的學校都成績頂尖。這些轉學生通常認為，假如能夠獲得其他頂尖中學的資源和教師，成績可以變得更好。另一方面，收轉學生的中學也預期能藉此提高全校高考和SAT的平均分數，大學錄取結果也更好。然而，我遇到的五名轉學生中，有四名（包括浩佐）適應不良，表現下滑。浩佐很可能是因為在原本的學校成績優異，所以可以隨心所欲。然而，轉學之後他的成績就不再如此亮眼，也就無法享受他所習慣的特權。他想要實現自己應有的權利卻失敗，老師也藉由拒絕他的小小請求（不一起做操），牢牢的將他按在新學校的地位階序。

重要的是，這件事並沒有因為浩佐後來勉強加入同學就告一段落。一個星期後，老師再次公開羞辱浩佐。有一天午飯後不久，我跟著學生到學校禮堂參加他們的年級集會，十二年級的班主任，一位身材稍微豐腴、嘴唇很薄的中年女性，指名道姓地批評幾個學生不守規矩，引起所有同學的注意。她接下來又對著麥克風大聲說：「上週三下午第三節課，我看到有位四班的同學走出校門。我問她要去哪裡。她說她要（回家）。這是體育課，體育課是正課。你為什麼不上課？但她竟然還敢理直氣壯！」她睜大眼睛瞪著學生。「甚至在做團體運動時，叫你們蹲下，其中還有幾個人仍然站在原地東張西望！如果你們連這點簡單的事情都做不好，我不相信你們將來能為社會做什麼！」學生被她的怒火嚇得啞口無言。儘管浩佐不在被點名的學生名單內，但所有人都知道這位班主任說的就是他。

顯然，老師指的是上週做體操時發生的事情，浩佐是當時整個年級唯一公然拒絕參加的人。在這個例子中，浩佐最後還是加入其他人的行列，這說明他高估了自己，沒料到像他這樣的普通學生，完全沒辦法在這所學校耍特權。浩佐後來改口說他「身體不舒服」，這或許是事實，但老師認為這是藉口，並拒絕包容此事。頂峰中學像李飛這樣的學神理解浩佐在學校適應不良，但根本就不同情他想展演的特權（「他沒事」）。此外，老師認為浩佐不守規矩的事件相當嚴重，甚至因此認為浩佐未來不會有出息。成績不佳的學生想要行使他們沒有資格享有的權利，後果不僅是教師的回絕，還包括公開的羞辱。

簡而言之，成績差和成績好的人得到截然不同的待遇。學渣和學弱不能隨心所欲，也不能跟老師討價還價，獲得一點小恩小惠。他們很難在需要時得到幫助。這些學生無法強迫老師屈服在他們的任性之下，而是要順從教師，避免與老師發生衝突。如果他們不這樣做，下場就是在課堂上或集會時遭到公開羞辱。他們在學校掌握的處事方式，後來也複製在職場上。正如我在本章後半段的分析，那些自認是「一般員工」（ordinary worker）的年輕人，耐心等待老闆的關注並且從不反抗。

理解師生互動

我並不是唯一觀察到成績好和成績差的學生與老師互動模式存在系統差異的人。學生自己也承認有此現象。然而，學生對於師生互動的理解，會因他們在學校的表現和地位而有所差別。準備申請美國和考中國大學的學神和學霸，如Ashley、Tracy、李飛和鳴佳都說老師對學生一視同仁，「老師們特別關注（成績差的學生）考試失敗，是因為他們想努力幫他們考得更好。」成績好的學生認為公開羞辱事件是「出自善意」，儘管受辱的學生「有時並不領情」。然而，學渣和學弱並不同意這種說法。他們不僅體會到差別待遇並且小心翼翼避免違反規則，而且還盡量避免不要談到不同的師生互動模式。成績差的學生很少鼓起勇氣向老師表達自己的觀點，我在中學十五個月的田野訪談中，只碰到過一次。[17]

公然的偏袒：「如果我這麼做，學校會怎麼處理？」

這一起罕見的事件，發生在首都中學，我進行全天觀察的那一日。那天中午我碰到龍老師，他邀請我一起到學校食堂吃午飯，食堂裡擠滿數百名鬧哄哄的學生，金屬湯匙和筷子碰撞發出聲響，柱子上的電視播放著流行歌曲。我們在學渣家齊身邊找到一張空桌。龍老師坐到家齊旁邊，我坐在他對面。家齊一看到我們，連忙吞了幾口飯，隔著桌子湊到我面前，壓低聲音問：「你知道浴朗那件事嗎？」浴朗是家齊那個年級的頂尖學生，其他同學經常聊到她出色的表現。

「發生了什麼事？」我和龍老師幾乎聽不到他講什麼，兩人湊過去聽。家齊說：「浴朗與教歷史的羅老師在課堂上吵架。你也瞭解羅老師，那個人喜歡表達自己的意見。但浴朗不同意他對一些歷史事件的解讀。於是浴朗把書本摔在書桌上，然後摔門而出！」

我大吃一驚。「後來怎麼了？」

「沒事！」家齊翻了個白眼，繼續說：「學校讓她在隔天就立馬轉到另一個班。就像什麼事都沒發生。」

我轉向龍老師問：「真的嗎？你知道嗎？」

龍老師不急不徐地回答：「對，我有聽說，但這沒什麼。」

聽到龍老師的話，家齊立即插嘴：「對她來說可能是小事，但如果是像我們這樣的學生，我們就沒法那麼做！」他依然生氣地說：「你想。如果是我這麼做，學校會怎麼處理？他們會因為我不尊敬老師懲罰我。我不可能只是轉到另一個班。他們肯定會打電話給我父母，讓他們來學校談談我的（問題）行為。然後誰知道會發生什麼事！？但學校沒有處罰她！他們甚至連打電話給她的父母都沒有！她就這樣轉去別班了！」

龍老師未答話。他看向一旁，似乎不想理會家齊的怒氣。我問龍老師：「好像每位學生都有自己的看法喔？」

龍老師看著我，彷彿我說了什麼蠢話，他忍不住笑著說：「哦，但這個情況不一樣。劉浴朗同學是不可能讓步的！」家齊大力點頭表示同意。龍老師不想再討論這個問題，便轉移了話題。

一年後，我有機會在清華校園的咖啡館與浴朗喝茶，我們聊到這件事。浴朗當時已經就讀清華數學系，她對這件事有不同的解釋。據她說，當時她坐在第一排，舉手表達意見，完完全全是正常的課堂行為。事件結束後，她留在教室，下課後才立即離開。後來她因為上課時間衝突而轉到另一個歷史課，再也沒有和羅老師講過話。

雖然謠言比實情誇張許多，但家齊的憤怒——特別是他把自己當假設作為反例——顯示學渣和學弱都非常敏銳地意識到老師的偏袒行為，以及優秀學生享有的特權。即便浴朗是一名學神，她傳言中的表現頗為罕見也非常不尊重老師。儘管如此，龍老師依然將這種行為歸結為個人的固執（「她不可能讓步」）。此外，龍老師認為此事不值得一提（「沒什麼」），也證實了家齊的看法。這種冷淡的反應表明教師只想要平息表現不佳的學生的憤怒，不願意改變學渣看不過去的事。他們這樣做也默認學生對於差別待遇的說法。

意料之外的幫助：德宏的感激之情

老師不見得只偏愛成績好的學生。有些老師也會對一般和成績較差的學生伸出援手。然而，這些情況極為罕見，受到幫助的學生也不會認為這是理所當然。某個寒日，十一年級學生德宏突然傳簡訊給我，約我第二天在學校碰面。他一看到我，立即把我帶到一間空蕩蕩的學生自習室。他對我盤點自己在學校的表現。他說自己非常努力，卻從未拿到好成績。然後，他用了三十分鐘說他打算如何在這一年提升考試成績。我一邊聽一邊想著為什麼他要找我聊天，德宏透露因為有一位老師的幫助，激發他想要爭取高分。

「我很需要三好學生，才能拿到高考的加分。」他說。「這可能是我唯一能得到的加分。我勉強符合申請條件，但我需要一位老師的推薦。我不知道誰會幫我。我不夠頂尖，只是個普通學生。我勉強達到（這次申請）分數線。幾天前，我和吳老師談起這件事。她說會研究一下相關規定，但我不確定她是不是真的會去做。我不知道要怎麼說。」他低下了頭，把上半身貼在桌上。這位體格壯碩的男孩幾乎都快落淚。「但三天後她通知我，她處理好了，所以我可以申請了，因為她已經釐清所有問題。我真的非常感謝她。真的，我從沒想過她會為了我這麼做。」德宏鬆了一口氣，癱坐在椅子上。

這件事意義重大，一向裝酷的男孩德宏談起這件事時情緒相當激動。雖然德宏最終未能得到加分，但他仍然感謝老師對他的幫助，並激發他在中學最後一年用功讀書。第二年，德宏的考試成績明顯提高，他考上復旦大學，這是在他十一年級的時候沒人能預料到的結果。

德宏認為他從此學到很多。吳老師的幫忙讓他學會認真對待學校裡的每件事，並盡可能幫助別人。然而，德宏這件事仍然是個例外，反倒證明了規則的存在。他認為這次經歷**非比尋常**而對老師充滿感激。他那些實際上獲得加分、表現出色的同學，卻認為加分就是成績好的人應有的權利。事實上，本研究獲得加分的學神和學霸中，沒有任何人提到老師的推薦是獲得三好學生的必要條件。

教師對學生特權的反應

那些把頂尖學生當作菁英之最的老師並非刻意如此，他們也不認為自己在打壓成績不好的學生。事實上，老師們並不喜歡成績優秀的學生與老師互動的方式。然而，無論老師實際感受如何，都會以學習成績為由，容忍並支持成績優異的學生。對於那些表現差的學生來說，情況就截然不同了，他們也想要展現特權，但一如預期，結果他們會走向失敗。老師冷眼旁觀他們的失敗，甚至眼睜睜看著他們沒有大學可讀。

抱怨學神

大多數時候，老師遇到成績優異的學生要特權，都會感到惱怒。雖然老師會放任他們這種認為自己的一切都是理所當然的態度，但老師也會為此而抱怨。其中一個例子是學神詩盈與她四十來歲的班主任聶老師之間的關係。當我第一次來到這個班，聶老師清楚且明確地告訴我，她非常喜歡詩盈，說詩盈是一個非常好的學生，值得信任並且很好溝通。據我觀察，詩盈與她的老師關係良好。然而，高考之後聶老師徹頭徹尾改變了她對詩盈的看法，因為詩盈自此失去聯絡。詩盈被清華大華錄取後的那年暑假，我訪問了聶老師。聶老師說：「我必須說我對詩盈非常失望。高考結束後，她從來沒有來找過老師，也沒有表達出任何感謝之意。其他我沒想到的學生都來了。但詩盈沒有，甚至在錄取結果出來這麼久之後也沒有來過。我對她挺失望的。」

在中國，準大學生收到大學錄取通知之後，通常會返校拜訪他們的中學老師。在行禮如儀的拜訪中，學生會向老師報告他們的高考表現，並向老師說明自己打算去哪裡。重要的是，高考表現出色的學生會感謝老師三年來幫他們準備考試。大家期待學神詩盈拜訪她的老師並表達謝意。然而，她既沒有去拜訪，也未去感謝她的班主任，整個夏天無消無息。我後來問詩盈她是否有打算在上大學前去首都中學看老師，她回答說，她不打算這麼做，但「有機會的話」她可能會去。

在訪談時，聶老師認為學校全力栽培詩盈，給她許多當幹部的機會還有各種支持。然而，詩盈作為一個學神，極有可能認為自己考高分是個人成就。她將考試成功視為理所當然的態度，不應簡單地理解為缺乏感激之情，而應理解為她強烈認定這一切都是自己應得的。

除了對學神認為自己的一切都是理所當然的態度感到惱火和失望之外，老師雖然包容學神，但也經常抱怨學神。浴朗奧林匹亞數學競賽的指導老師孫老師就是如此。我曾要求浴朗推薦一位她最親近的老師，並邀請他或她受訪。她發簡訊告訴我，孫老師有空並同意受訪。當我與孫老師見面時，他一見面就問我為什麼要訪問他。我向他表示感謝：「我問浴朗誰是她最要好的老師。她讓我來找你。」孫先生立即否認：「哈，我不是她最要好的老師。她和（另一位老師）更親。她會要求我來，是因為她知道可以給我添麻煩。」然後他說，因為他是浴朗的奧數指導老師，浴朗「清楚」他會答應她的各種要求，包括同意接受一位他從未見過的研究者訪談。在接下來的訪談中，孫老師列舉出浴朗各種我行我素的行為。然而，講了一些壞話之後，他總是馬上強調浴朗是一位很有可能贏得奧數的頂尖選手。

孫先生之所以包容浴朗，似乎是因為期待她贏得奧數（她後來沒有得獎），我問孫老師對浴朗很早就遭到淘汰有何感想。孫先生嘆了口氣，「當她聽說奧數金牌不能保送清華之後，她就失去動力。她把奧數競賽當工具，我認為這完全不可取。她把奧數看作是達到目的的手段，所以當奧數無法帶給她想要的好處時，她整個人失去動力。她不再努力，也就失敗了。」雖然對浴朗感到失望，但孫老師還是幫她爭取其他的加分機會，為她報名參加北大和清華舉辦的冬令營。像浴朗這樣行為的學生說明了一件事，老師容忍學神和學霸這種我行我素的態度，是因為他們優異的表現。無論老師個人的感覺如何，他們還是忍氣吞聲，幫助這些學生追求他們理想的學校。

任學弱失敗

同樣地，當學弱和學渣表現出一副理所當然的樣子，老師也會感到不高興。然而，他們的反應卻截然不同：他們讓那些成績差的學生失敗。建民是頂峰中學所謂的學弱。他很用功、很有幹勁，但成績卻不理想，後來高考的成績也很差。我和建民在大學錄取公佈的第二天見了一面，當時他難過地對我說，自己沒有被任何一所大學錄取，前途茫然。我很震驚，因為這在他就讀的頂尖中學可說是前所未聞。建民將此結果歸咎於高考成績意外的低，他的分數比他估算還低四十分。但是班主任胡老師卻有不同的看法，事實上他早料到這個結果。我是在和建民見面的幾天後才遇到胡老師。當我提到建民的成績意料之外的糟，而且沒有被任何大學錄取，胡老師很快糾正了我。

「不，這樣講其實不準確。」胡老師說：「建民太高估自己了。他老是認為自己的實力不只有這樣。你的分數可能會估錯二十分左右，這種錯估也是有的。但是四十（分）就太扯了。建民有次模擬考試表現不錯。他可能考高了二十分或三十分。但那也只是所有模擬考試的其中一次。他沒有考慮到自己每一次考試中的表現，而是把這些分數當作例外，只看到自己考得特好的那一次。」

我進一步追問，建民怎麼到了十二年級還一直誤解自己的能力？胡先生搖了搖頭、聳聳肩。然後重複了之前說過的話。「正如我所說，他一直高估自己的實力。」

在我訪問過的每一所中學，學生申請大學前必須諮詢班主任如何選校。首都中學的老師有每一位學生申請系統的帳號密碼，可以檢查學生的決定。頂峰中學的老師收集每位學生申請的大學志願，約談那些申請志願看起來過於大膽的學生。例如，另一位班主任吳老師曾經在課堂告訴同學，每所大學錄取的北京人數有固定名額，以此要求不同的學生選擇其他大學。建民的同學說，胡老師曾與一些人討論過他們的選校，也非常關心自己的學生。胡老師曾經夢到有一所大學降低最低錄取分數線，讓自己只差最低錄取分數兩分的學生獲得錄取，而不是屈就於第二志願。聊天過程中，胡老師用拳頭捶著自己的胸口說：「我醒了，就覺得唉呀，好難過啊，這居然只是一場夢。」

從以上互動來看，胡老師並未和建民討論他的選校，是極不尋常的事。頂峰中學的升學率百分之百，而胡老師班級裡都是精挑細選的資優生。這樣一個預期有過半的學生可以進入北大或清華的班級，卻有一位學生完全落榜，這絕對是讓人難以想像的事。胡老師發現建民的大學選校不切實際，他原本可以戳破建民對考試成績不切實際的想法或提出其他的大學建議。但他卻選擇放手不管，把建民的下場歸咎於學生的個人責任。其中一個可能解釋是老師和學生之間根本就合不來。然而，建民是我剛到頂峰中學時，胡老師介紹給我的六名學生之一，表示他們當時的關係一定不錯。另一個可能的解釋是胡老師曾與建民溝通過他高估自己的考試成績，但建民充耳不聞（「只看到自己考得特好的那一次」）。也就是說，建民表現一副理所當然的態度，導致嚴重的後果。胡老師放任建民提交一份不切實際的志願序，導致他未能被任何大學錄取。老師的姿態（搖頭、聳肩）進一步說明他毫不同情建民，也暗示考差的學生只能怪自己。簡單來說，建民表現出那種天經地義的態度後，老師就由他去，眼睜睜看著他名落孫山。

不只是中學：工作成就是新的考試分數

對本研究那些剛進入職場的菁英學生來說，中學似乎已經成為過去。他們收起了制服，穿上正式套裝。他們現在已不用再鞠躬，而是用握手和自信的笑容迎向不同的大人物。高考和SAT考試已是遙遠的記憶；有些人甚至不記得自己考了幾分。截至二〇一九年，大多數學神已經踏上躋身全球菁英行列的工作跑道，其中大多數人在美國和英國等國家的收入都位居前百分之五至百分之二十的水準。然而，許多表現不佳的學生，人生卻是完全不同——有些人延畢或者經歷漫長的求職過程（學生截至二〇一九年的出路見表A1）。並非所有的學神收入都高於成績比較差的同學，高原中學的學神凱豐成為研究人員，他的收入和當時首都中學的學渣、後來擔任工程師的Alex差不多。華亭是頂峰中學的學霸，高考表現失利後，發現自己快變成一名學弱，於是她用功讀書轉學到英國牛津，現在收入排在英國的前百分之五。然而，從校園轉換到職場的過程中還存在一些差異。本研究中的學神通常是無縫過渡到職場，並在畢業前就得到工作機會。學渣和學弱通常沒有這種機會，其中許多人決定晚一點工作，直到他們從一所頂尖大學取得碩士學位。

當我在學生畢業兩年後陸續訪談這群人，我很想知道已經進入職場的學生是如何適應校園以外的生活。當然，最重要的改變之一是他們不再比較考試成績。但是，雖然重心發生改變，這些已經畢業的學生仍然靠著他們記憶中與中學老師的互動方式，理解自己與主管的關係。這些年輕的專業人士認為，個人表現直接影響上司是否喜歡他們。儘管表現好壞的標準因工作類型而異，但那些成功的人同樣在上司面前認為自己應該擁有某種特權，而那些感覺自己表現不好的人則不敢違抗上司。換句話說，這些已經畢業的學生，現在已是收入金字塔的頂端，他們依舊贊同自中學以來特權與表現掛勾的社會地位模式。

回想一下大鵬是如何「把老師掛黑板上」，他公然批評老師，並主導課堂進行。[18] 我和向祖聊天時也聽到類似的情況，向祖是名學工程的博士生，同時也在一家美國汽車和能源公司兼職擔任顧問。二〇一八年，我和他在北京一家生意興隆的港式點心餐廳吃飯時，向祖嚴厲批評自己的美國東家。我引用他的話來說，這家公司「完全不負責任」，因為它在銷售產品時對客戶隱瞞了關鍵資訊，而且是「不懷好意」，因為它在發展中國家生產破壞環境的產品，延續全球社會的不平等。我驚呆了，仔細聽他講了十五分鐘對公司高層的看法，包括他對公司的建議。向祖得出的結論是：他可以做得比他的老闆更好，也已經有一個腹案。具體來說，他打算靠著在學校和職場上獲得的技能和知識，開創自己的事業，最終佔領國際市場。當然，向祖的老闆是否會同意他的建議，以及他是否能成功「拿下公司」還有待觀察。雖然向祖的計畫尚未實現，但十二年級學生大鵬和剛從大學畢業的向祖都表現出類似的行為：他們都公開批評權力在他們之上的上司，並且覺得自己有資格「把上司掛在黑板上」。

其他在工作中表現沒那麼優秀的人，不會也不敢在職場上表現出一副天經地義的樣子。曾經對顧問不屑一顧的優秀學生Selena，進入賓州大學之後不再出類拔萃，因此非常努力用功。她後來進入紐約的金融業，意識到自己就是個「普通」上班族。儘管Selena對上司不滿，她還是忍住不滿的情緒並且服從上司的指示。我是在一個週六的下午見到Selena，她在我倆約碰面的那天不斷推遲見面時間，直到我快離開紐約前才見到面。隨後她說要送我去車站，我們只得外帶咖啡邊走邊聊。在我拿著咖啡走往車站的路上，Selena對我說和大多畢業於「頂尖大學」的同事一起工作實在備感壓力。當我提醒她也來自頂尖大學，她搖了搖頭，說自己無法與那些有實習經驗和上過相關課程的同事相比。相較之下，Selena意識到自己的不足，因此經常取消週末與朋友的約會，只要有一絲絲擔心自己的老闆「可能會看到（她）的工作」，就會留在家裡守在筆記型電腦前。當我們在繁忙的街道上穿過擁擠的人群，她嘆了口氣勉強笑了笑說：「可能有些事要我做，或者我那部分工作有些後續需要跟進。」Selena看到同事卓越的表現，感受到壓力，覺得自己必須隨時待命，聽從上司突如其來的指示。她就像許多表現一般般的上班族一樣，習慣聽從上司的指示。

有個例子可以非常清楚的顯示師生互動如何反應在員工與上司間的關係上，那就是Tracy這位一點也不擔心打擾顧問而尋求緊急幫助的學生，如何與上司建立關係。我在一個陽光普照的下午與Tracy在北京見面。她從約翰霍普金斯大學畢業，剛在香港一間著名的投資銀行完成實習，並且即將在同一家公司成為正式的交易員。我約她在人來人往的購物區見面，這裡曾經是歷史悠久的胡同，到處可見北京的小糕點、老布鞋和當地的土產。Tracy那天戴著一副時髦的太陽眼鏡，穿著緊身的黑色上衣，以及前頭有一個大蝴蝶結的灰色短褲；她的身上斜背著名牌包包，腳上穿著鉚釘灰色平底鞋，Tracy的穿搭簡直是直接複製了美國最新的時尚部落格。這讓她在人群中以及充滿中國古風的建築中特別顯眼。當我們在商店街散步時，Tracy進入一家茶葉店，決定買個禮物送給她的主管。最後花了大約一百美金買了各種口味的花草茶。

當我們等著店員把禮物分裝成三個大紙袋時，Tracy以她慣有的講話方式快速向我解釋，送禮是培養與主管關係的一環。她會在回國休假前寫感謝卡給每一個主管。「我知道，當我不在時，主管會講我的好話。他們認為我很討人喜歡而且很有禮貌。」她接著淡淡地說：「你也知道，讓你的主管喜歡你很重要。他們要是喜歡你，就會給你比較好的案子。你必須讓他們開心。」我問她「更好的案子」是什麼意思。她馬上回答說：「就是能賺更多錢的案子！如果老闆喜歡你，他們就會給你那些更好賺的案子。」走出商店回到炎炎夏日的街道上，她看著我，充滿自信地笑著。「我的上司，每一個人都很喜歡我。我就說，他們怎麼可能不喜歡我呢？我這麼好的員工！」

這就像本研究中許多剛剛進入職場的菁英學生一樣，Tracy明白在職業發展過程中往上爬需要與主管打交道。年輕人就像他們在中學時期一樣，繼續用禮物來建立人脈。Tracy在二〇一八年精心挑選了一些禮輕情意重的禮物，就像二〇一三年詩盈送的聖誕蘋果一樣。在十二年級時，Tony和其他學生認為顧問對他們的大學落點會有幫助；同樣地，Tracy毫不避諱地說，如果與主管建立好的關係，就會帶來更好的機會和更高的收入。由於起薪對未來的收入至關重要，重視與主管維持良好關係的菁英，在他們的職涯發展過程，將能享受到長遠的好處。[19]

雖然這些已成為優秀員工的學生試著與他們的主管建立良好關係，但同樣重要且值得注意的是，他們同時還會覺得自己有一些應得的權利，並期望能獲得別人的偏袒。他們聲稱自己表現出色（「這麼好」），認為主管「喜歡」他們是理所當然，並要求把更多的案子（「更好的案子」）分配給他們。Tracy口中與主管的關係，讓我想起她在中學時與老師建立的關係。正如Tracy覺得自己理當得到上司的偏愛（「我的上司，每一個人都很喜歡我。我就說，他們怎麼可能不喜歡我呢？我這麼好的員工！」）她以前也曾說自己的老師喜愛她。事實上，她曾經用過幾乎一模一樣的話，描述她和老師的關係。在我們五年前的訪談中，十二年級的學生Tracy在一張黑色的辦公椅上轉來轉去，愉快地告訴我：「老師都很喜歡我。他們怎麼可能不喜歡我呢？我這麼好的學生！」

向祖、Selena和Tracy只是以前眾多學生裡的其中三個，他們與主管互動時遵循了他們在中學時學到的互動準則。他們清楚知道工作表現對職業發展和收入至關重要，年輕的菁英專業人士願意專注於工作表現，並據此與主管互動。這種方法使個人的工作表現與考試成績稍微可以相比，而部屬與主管的關係或多或少可以理解為師生關係。老師與菁英學生的互動成為這些學生未來在世界各地與主管互動的參照模式。

本章摘要

這些出身富裕家庭的中國學生在中學的經歷並未完全相同。每一位學生都尊重老師，但學神和學霸有時得到允許能夠享有特權，學渣和學弱則沒有。老師維持成績好壞的學生之間的界線，並持續鞏固這條界線。這樣做會讓學生明白，他們在學校的表現會深深影響他們與校方——老師——之間的關係。優秀的學生可以把自己的意志強加給老師，但成績差的學生則必須遵守老師的指示。老師不喜歡粗魯和挑釁的行為，但如果是成績優秀的學生，老師還是會允許這些行為。如此一來，老師也就在學霸身上灌輸了一種自身的一切都是理所當然的強烈感受，並（無意中）向學業平庸的學生身上，強調他們的地位低下。然而，上述模式並不排除老師有可能給成績差的學生意想不到的幫助，許多時候，這些出乎意料的幫助會大大激勵表現不佳的學生，幫助他們追求更好的大學。

本章藉著關注中學時的師生互動，指出學生時期的師生互動具有長遠的意義，會影響學生未來進入職場成為員工時，與老闆互動的方式。在許多方面，中國菁英學生與他們的老闆和主管的互動方式，似乎與師生之間的互動類似。考試成績影響師生互動的方式，也說明工作表現在全球新興菁英眼中可能具備的意義。對於這些剛嶄露頭角的全球菁英來說，在職場上培養與主管的關係，往往需要在尊重與要求自身應得的權利之間找到平衡。雖然掌握這些技能需要時間，但這些年輕人並非毫無準備就進入職場。事實上，他們藉著在中學時與握有權力的人互動，學會並實踐了這些技能。因此，老師在塑造未來全球菁英的過程中扮演重要的角色。

第五章 培養新世代菁英

吳先生舒適地坐在他寬敞辦公室的棕色皮椅上，逐項列出他和妻子在高考當天為女兒襲君所做的事情。「我們會確定日期、什麼時間考什麼科目、考試期間可能會發生的事情，以及在哪裡吃午飯。大概是這些事。」吳先生停頓一下，確認我在聽。「北京很大，你也知道。我們還得在附近給她找家酒店（旅館），讓她在上午和下午考試之間的三小時的空檔有地方可以休息。這些都是我們可以做的事，所以我們盡量儘快把這些事情都辦好，除這個之外，其他的我們也幫不上什麼忙。」看到我吃驚的樣子，吳先生向後靠在椅背上，開玩笑地說：「中國的父母都是這樣的。我們都像保姆。」

在四月份的一個晚上，Julie發簡訊給我，約我方便的時候儘快見一面。來自菁英家庭的

Julie是中央中學表現優異的好學生，父親是商學院教授，母親在Julie十二年級時辭職返家，為了好好照顧Julie。要說這一家人的富裕程度，Julie每個月的餐費和手機零用錢相當於一個中國工人的月薪（當時約兩千多人民幣）。由於學生很少那麼急著找我，我很好奇，也就答應在隔天晚上見面吃飯。我們在她家和中央中學之間的一家麥當勞碰面。兩個人面對面坐著吃漢堡和薯條，Julie急忙告訴我家裡發生的一件事——她的父母拒絕讓她買一個特別的杯子帶到學校。中國的中學，包括中央中學，都有飲水機，學校鼓勵學生自己帶水壺或水杯，不提供紙杯。當時距離畢業尚有兩個月，Julie不小心打破自己的杯子。「我需要一個新的杯子。」她說。「所以我找了一個自己喜歡的。」Julie強調她花了一整個下午在網路上尋找替代品，最後在亞馬遜網站找到一個完美的杯子。Julie描述那只杯子時雙眼發亮，「那是一隻橘色的杯子，不是那種很醜的，是一個好看的。我的意思是，這個杯子看起來就是我的！就像它上面刻了我的名字！」

我點了點頭，問了一下價格。她說大概在三十五到四十五元人民幣（六至九塊錢美金）之間。剛好那個禮拜稍早，我在沃爾瑪花了一、兩塊美金買了一個杯子。她聳聳肩：「也沒那麼貴。一個杯子能有多貴？我需要個杯子，而且這一個很適合我。我跟爸媽說，讓他們買給我。我就讓我媽把信用卡拿來。但她竟然不願意！他們不讓我買！」Julie把雙肘撐在桌上，身體向前傾。她提高音量說：「他們讓我從家裡帶一個杯子去學校！」

「那你為什麼不這樣做？」我問道。

Julie猛吸了一口氣，生氣地瞪著我。她簡直不敢相信我居然不懂她為什麼生氣，她幾乎是用吼的：「你沒聽到我剛才說的嗎？」她用拳頭敲打桌子，「我告訴過你！那是個好的杯子！它不像我家裡的那些不好的，就都是老舊、白色的那種，你知道嗎？我讓他們給我買，但他們不肯！我媽媽不肯，我只好耐著性子跟她說，但她還是不肯，她叫我去問我爸。我問了，但他也不同意！」

「你為什麼不自己買呢？」我建議。

Julie皺著眉頭，生氣地說：「我的零用錢是用在吃飯和手機上。這是我和我爸講好的。這是原則問題！」

Julie坐回椅子上。她仍然很難過，她補充說，這件家庭風波發生在半夜，最後她在爸媽面前憤怒地含淚摔上自己的房門，然後在房間給我發了簡訊。

幾個月後，我在訪問Julie的母親金太太時提到這件事。「喔，我不知道她還打給你訴苦。」金夫人笑著說。她對那晚的描述與Julie所說大致相同。然而，這位母親的看法與女兒有些不同。

「我們覺得那個杯子有點貴。」金夫人解釋說：「我說家裡有很多新杯子，都是從來沒用過的，她完全可以用那些杯子。Julie說：『你竟然要我用那些杯子！』但是，實際上，那些杯子完全可以用。想想看，我和她爸都在用，她為什麼不能？……（Julie）感到很委屈。她真的很生氣，她立刻轉身跑回自己的房間。」金夫人嘆了口氣，繼續說：「我不知道Julie是否還在為這件事生我的氣。說實話，我挺害怕這個孩子。」這個插曲以Julie最終入手她想要的杯子劃下句點──那天稍晚，她的媽媽把她的信用卡從門縫塞給她。

中國獨生子女一代通常被認為是「小皇帝」，是被寵壞的孩子，大人願意讓步滿足他們的願望。[1] 然而，並不是所有的菁英獨生子在家裡都享有理所當然的權利。雖然有些人成為小皇帝，有的人在高考臨近時並未享有皇室待遇，而且因為肩負家人的期望而壓力倍增。[2] 因此，菁英學生能否享有小皇帝般的權利，並不僅僅是由於他們獨生子女的身分或家庭的財富，更重要的是來自於他們在學校的出色表現。Julie不是一般學生，而是中央中學的學神，那裡每年有百分之九十的學生獲得美國排名前五十的大學錄取。[3] 憑藉她高高在上的地位，Julie對自己的父母行使她認為理所當然的權利，而且心安理得地要求父母提供資源任她享受。當父母拒絕讓她追求與眾不同（例如喝水的杯子），Julie的憤怒（摔門）表明她認為這是她應有的權利，以及覺得自己應該得到更好的待遇。Julie堅決要展現自己的與眾不同，要求父母滿足她的願望，哪怕是為了一個杯子，Julie都表現得像個標準的小皇帝。

打造拚大學的環境

本研究中的菁英父母有許多共同點。首先，他們都是有影響力、握有豐富資源的人。他們關心、愛護自己的孩子，不論他或她在學校的地位或考試成績如何，都以培養自己的獨生子女為榮。他們對自己的孩子寄予厚望，認為幫助孩子全心投入大學申請至關重要。家長把獨生子女的大學準備工作視為重大的家庭計畫，希望孩子發揮最大的能力。學生也親眼見到自己的父母利用財富和人脈為他們帶來優勢。根據學生的說法，父母為了讓子女獲得大學錄取，介入影響的例子包括「購買少數民族身分」（高考加五分）、「拜託校長寫推薦信」（即使校長根本不認識這個孩子），以及「將孩子的文章集結成專書出版，並請校長寫序言」。當然，家長的影響力也有極限。有一次，我和幾位家長在一家高檔餐廳共進晚餐。一位與高地中學關係匪淺的父親坐在我的左邊（他的孩子並非本研究的研究對象）。這位父親告訴我：「九十年代的時候，清華大學的錄取名額很好買到。但現在政府抓的緊了，現在已經不可能了。」他感嘆時代變化，語氣中帶著些許遺憾和抱怨：「我現在都沒法為自己的孩子做這些事了。」

儘管菁英父母在子女的大學競爭上無法隨心所欲，但他們還是想辦法打造一個可以讓小孩全心投入爭取大學錄取的環境來幫助子女。然而，創造一個拚大學的環境不僅僅涉及到照顧，更往往代表著巨大的犧牲。[4] 許多父母改變他們在家裡的作息，盡量減少對考生的干擾。他們改變自己的工作時間和居住地，以便照顧孩子的需要。[5] 父母也提供自己的小孩獨一無二的情感支持。[6] 雖然這些做法看似極端，但中國菁英階級的父母認為必須如此，沒有任何商榷的餘地。對父母來說，想辦法讓他們的獨生子女考上最好的大學是重中之重。然而，父母各式各樣的努力，以及無微不至的支持卻造成未預料的後果，也就是意外培養出菁英孩子身上那種把一切視為理所當然的態度。

遷就：家長的靜音模式

許多家長盡力在家裡為申請大學的子女營造一個理想的環境。在十二年級期間，父母免去孩子做家事的責任。大多數菁英學生不會幫忙做家務，但也有少數學生表示在十年級或十一年級時會為了多點零用錢而洗碗或收拾餐桌。然而，即使是這些學生，到了十二年級也不再做這些事。家長不僅鼓勵孩子在家改變行為，專心準備大學，而且家長甚至也會調整自己的行為，希望能夠提升孩子的課業表現。在我進入家庭觀察的時候，孩子在家學習時，父母會想辦法讓家裡毫無雜音，保持公寓絕對寧靜。我曾經到首都中學的學神李飛家中拜訪，一共去他和他父母同住的公寓三次，都是在週日的下午。

整個下午李飛都是關在由飯廳改造的書房裡。他通常坐在窗邊的一張木桌、背對著門。我則坐在門右邊的餐桌旁。這幾個下午李飛通常都在用功準備考試，沒有什麼值得記錄，因為我在那裡的三到五個小時之間，李飛根本沒有起身，也沒有發出任何聲音。偶爾，他的父親會偷偷溜進來看一下兒子（甚至是我）在做什麼。有一個典型的情況發生在我訪問的第二個週日下午五點鐘左右。李飛和我正在各自的座位安靜看書。門吱呀一聲打開。我往左看了看，看到李先生正小心翼翼地往房間裡頭張望。李先生對我笑了笑，把他的食指放在嘴唇上表示不用講話。然後他慢慢打開門，這樣門就不會再吱吱作響。他悄悄走了幾步進入房間，從房間的抽屜拿了些東西。當他退出房間經過我身旁，他瞄了一眼我筆記型電腦的螢幕。看到我的 Word 文檔和統計軟體視窗，輕輕點了點頭，彷彿表示贊同。然後他一聲不響地悄悄閃身。李飛並未回頭，似乎也未注意到父親曾經進來房間。

在我走訪的每一個家庭，當父母靠近或進入孩子的房間，講話都很小聲，走路躡手躡腳。我在李飛家有時會在下午聽到鍋碗瓢盆的響聲，直到聽見李飛的母親講電話的聲音，我才意識到是她在書房旁的廚房做飯。即使如此，她說話的聲音還是很小，我幾乎聽不到。經過一個下午的家庭觀察，我問李飛他父母在家都在做什麼。他說父母「通常在他們的房裡看電視」。我對他說我一直以為他們在午睡，因為實在太安靜了。李飛聳了聳肩解釋：「他們把電視調成靜音。」父母刻意避免干擾用功的孩子，希望孩子不理會他們，而孩子也確實這樣做。當李飛的父親走進房間，完全看不出來李飛是否有注意到父親進房間了。他並未轉頭或偷看父親，只是專注於寫考卷。即使李飛的父親和其他家長可能因為我的到訪而誇大家庭氣氛，但這些行為也代表了本研究菁英家庭的理想環境。

調整工作作息：減少工時或不上班

除了家庭保持靜音之外，父母還經常改變他們的上下班或工作安排，以便照顧家中十二年級的孩子。雖然菁英學生可能對父母心存感激，但他們並未明確承認這些變化是父母的努力。相反地，這些學生認為這是日常生活中微不足道的瑣事。在我剛進入首都中學，我就注意到許多十一年級的學生留在學校吃晚飯和晚自習，但有幾個學生沒有。我對此差異感到好奇，就問了一個主要的受訪者德宏，在我一天的觀察結束後他去了哪裡。

五點半鐘聲響起代表一天的課程結束。學生們收拾好書本，有一些人迅速離開教室，有一些人則留下來聊天。德宏也在其中，他迅速收拾好自己的東西，絲毫沒有要留下來的意思。我趕緊走近他身旁問他放學之後的計畫。

「哦，我不知道。」他沒有看我，邊說邊收拾黑色背包，他解釋：「我在家吃晚飯，因為我爸會做飯給我吃。他上班的地方就在附近，所以他每天晚上回家做飯。」

「這聽起來不錯！」我問：「你爸一直都為全家做飯嗎？」德宏搖搖頭，說：「不是，是今年才開始。他說在家裡吃比較健康。」

德宏的父親從十一年級開始就每天早早回家為他煮飯，至少在高考前一直如此。高考那天早上，我陪著德宏的母親在考場外，中午就和這家人一起回家。我們一到家，德宏的媽媽就為他準備好房間，讓他小睡二十五分鐘；他父親在半小時內迅速做了三道菜，同時飯也煮好了。德宏以為父親決定每天晚上做飯與他的高考無關。他認為父親決定回家做飯的第一個原因是家離公司很近，然後是父親在意家人的健康。然而，當我在高考結束幾週之後訪問德宏時，他說爸爸不再為家人做晚飯。事實上，他的父親不再回家吃飯，而是留在辦公室加班到深夜。

有明確的跡象顯示，父母是刻意調整他們的上下班時間來配合家裡孩子的高考準備，因為這些改變都與孩子的申請時程一致。本部的學生家長在中學畢業前減少工作，畢業後因為高考結束而恢復正常。同樣，國際部的家長減少工作量直到十二年級的下學期才恢復，因為那時大學錄取結果已經出爐。我在Selena十二年級初遇見了她，當時她正忙著準備申請資料。Selena說，從上個學期開始，她每天都和爸媽一起吃飯。然而，當她的SAT考了讓人滿意的兩千兩百分之後，Selena的父親又開始有「很多工作」。後來Selena在春天收到賓大的錄取通知，幾週後我再次訪問她，她說爸爸已經完全沒有再跟她們一起吃晚餐。

有些菁英父親在孩子上學的衝刺時期減少工作，有些菁英母親會暫時離職返家，以便照顧十二年級的孩子。Julie的母親就是一個例子。在我和Julie最初的幾次談話中，我詢問Julie她父母的職業。她說父親在頂尖大學當教授，接著用一種平淡的語氣繼續說：「我媽媽是家庭主婦。她之前有在上班，但今年她離職了，回家照顧我。她自己想要這樣做。」Julie翹起腿看著我，等我問下一個問題。

Julie明白媽媽辭職主要是為了支援她的考試。然而，她還是把媽媽辭職返家的決定說成是媽媽的個人選擇（「她自己想要這樣做」）。Julie的母親在Julie中學畢業那年就回去上班了，Julie認為這也是母親自己的決定，和她申請大學的時間無關。雖然青少年對父母上班的作息還有上不上班的解釋可能都是真的，但是這些父母只在孩子十二年級的時候這麼做（或者只有當他們認為孩子需要照顧的時候），這說明這些決定是父母為了支持自己的孩子所做的努力。

改變生活安排：父親搬出去、祖父母搬進來

本研究裡的中國家長為了配合孩子考大學的期程，還有另一種方法，就是改變大家庭的生活安排。許多家庭在學校附近租了一間公寓，減少十二年級學生的通勤時間。這種情況非常普遍，老師經常協助有興趣的家長尋找招租的房子，並在家長會上宣佈可搬入的日期。家長不僅要決定居住地點，還要決定有誰要住一起。莉莉的父親就是一個例子。五月一個炎熱的夏日午後，莉莉和我一起從教室走到食堂。她的奶奶做了晚餐，爺爺每天晚上騎著腳踏車送家裡做的晚餐到學校給她。當我在校門口看到她的祖父時，我開玩笑地問莉莉，如果她的祖父母每天為她準備晚餐和送飯，那她的父母要負責做什麼。她調皮笑著說，爺爺奶奶搬進來是因為她媽媽有時加班到很晚，而且家人都「認為我應該吃得好，保持身體健康」。此外，她的父親搬出去，為祖父母騰出空間。她明確表示，這只是暫時的安排，等她畢業後父親就會搬回家，而她的祖父母會回到他們原本居住的地方。我問她父親為什麼要搬走，莉莉說：「嗯，我的爺爺奶奶比較清楚怎麼照顧我。」她繼續解釋：「我爸爸沒什麼用，他幫不上忙。我的祖父母搬進來，他搬出去，這樣他就不會打擾我的學習了。」

雖然莉莉的父親可能無助於她準備大學，但並沒有跡象顯示他會妨礙莉莉讀書。然而，

父親什麼都不做是不夠的。當父親沒有任何貢獻，他的主要貢獻就是搬出去，為有能力幫忙的祖父母騰出空間。三代同堂的生活狀況確實是暫時的。我在莉莉考上北京大學後做了後續訪談，得知那時她的父親已經搬回家，祖父母也回到另一個省的老家。

即使沒有其他大人來幫忙照顧孩子，有些家庭同樣認為「幫不上忙」的父親必須搬走，以免影響小孩讀書。詩盈家就是父親暫時搬出去的家庭之一。有一天我和詩盈一起走路回家，那是我第一天進行密集觀察。放學的時候已經是晚上十點，夜色一片漆黑，我們經過幾輛亮著燈的汽車和一些等待孩子的家長，然後看到有一個人牽著兩條狗迎向我們。當他們一看到我們，其中一隻狗就瘋狂向我們衝過來。那條狗停在詩盈面前，而我嚇得不敢動。「哦，那是我媽媽！」詩盈一邊說一邊牽起那隻看起來過重的約克夏身上的狗鍊。我向劉太太打招呼，她可能也向我微笑（我看不清楚她的臉）。劉太太用愉快的語氣告訴我，她的先生已經搬到另一間公寓。她說：「大陸有很多男人工作到深夜，所以他們可能在公司附近住幾天。這樣也比較方便。」劉太太接著問我累不累，而詩盈則牽著她的狗在前面奔跑。詩盈在路口等著我們，但幾秒鐘後又向我們走來。劉太太突然提高音量對詩盈喊：「你爸爸今天不回家了！」詩盈回了一聲：「哦！」語氣中聽不出任何驚訝，就是簡單地表達知道了，她走回我們身邊，把一個白色的午餐袋遞給她母親，讓母親幫她提。

雖然我猜詩盈的爸爸可能是為了配合我那幾天要住在詩盈家裡而不回家，但劉太太的解釋和詩盈的反應說明，爸爸晚上不回家是稀鬆平常的事。我們抵達她們寬敞的三室公寓後，詩盈拿起手機打電話給爸爸。在二十秒的電話交談中，她沒有什麼特別的情緒，只是說：「嘿，爸……對，我到家了。很好，還行吧。」我和詩盈與她媽媽一起住了四天，期間父親都沒有回家，詩盈晚上回家後，詩盈的父親也沒有打電話回家。後來，我在校園遇到詩盈的母親來參加家長會，而她的父親也沒有陪同母親參加這些活動。詩盈的表姐在詩盈高考期間住在她們家，一起支援和陪伴詩盈。高考的第一天，我和詩盈、詩盈的媽媽以及表姐一起吃了一頓輕鬆的晚餐，但父親又再度缺席了。然而，詩盈和莉莉的父親不在家並不代表他們平常也不在。相反的，這些例子指出父母為了支持孩子考大學而搬出去是常態。就像莉莉的父親在高考後就搬回家一樣，詩盈的父親也很快就搬回家。詩盈上大學時，父母搬到北京的另一套公寓，後來退休後又搬到了他們在另一個省的公寓。

溺愛：任意取用的資源和無條件的支持

本研究中的菁英父母擁有充足的資源。許多父母不論子女成績好壞，都還是允許他們接觸各式各樣的東西，也讓他們可以自由購買任何自己喜歡的東西。成績頂尖的 Selena 和成績不太好的博唯都經常炫耀自己收藏的多款設計師運動鞋，每雙估計都要一百多美元。學神詩盈不用報備就可以任意使用母親的信用卡在網上購物。[7] Claire說國際部有一位成績較差的同學知道父母會買單，就恣意請其他同學吃了一頓要價不菲的晚餐。這些學生並未事先徵求父母的同意。事實上，他們根本就沒辦法理解為什麼要事先詢問。畢竟，對於北京的菁英家庭來說，孩子用現金或父母的信用卡購物都不成問題。

然而，父母也會花不少錢購買原本不允許購買的東西，表達對子女的情感支持。例如，向祖的父母花錢讓他加入昂貴的私人健身房會員，希望這樣能夠讓他好好準備高考。值得注意的是，這件事發聲在他剛升上十二年級的時候，而不是在他中學的前幾年。浴朗的母親並未同意她之前想要養狗的要求，但她在奧林匹亞競賽上意外失利沒過幾天，她媽媽就給她買了一隻馬爾濟斯幼犬來安慰她。家長還承諾在孩子完成大學申請之後，會精心安排慶祝活動。Alex在大學申請截止日期後的兩個月內，就去滑了三次雪。Robert在獲得喬治華盛頓大學錄取後，分別與朋友和親戚一起去了泰國和臺灣旅行。Julie說她在新加坡考完SAT後大肆購物慶祝，買到一種她得發簡訊給父母，讓他們不要理會手機上收到異常海外購物的警告訊息的程度。

重要的是，本研究的父母知道要成為他們十二年級孩子的精神支柱。Claire的母親說自己主要的功能是在大學申請期間支持Claire。這位母親在受訪時表示：「我聽說（孩子）在申請季都要承受巨大的心理壓力。我就好好觀察她。」我請她詳細說明何謂觀察。她解釋：「如果（Claire）心情不好，我會讓她放鬆一下，做一些幫助她放鬆的事，或者和她聊天。有時發生在特別不好的時間，像是在她晚上學習的時候。我就會默默坐在她身後陪著她。有時候，當她抱怨一些大小事，我就告訴自己一定要耐心的聽她說。」

Claire的母親會耐心聽她傾訴，幫助Claire減輕焦慮、安慰她，成為Claire準備大學申請時的支柱。母親的這段話顯示，這些決定是為了支持Claire的大學申請（「告訴自己」、「要耐心」）。母親說Claire的情緒波動有時發生在「不好的時間」，意思是如果Claire現在不是讀十二年級，她很可能不會這樣做。這個例子和其他例子說明，雖然父母一般都會關心和幫助自己的子女，但當子女準備大學申請時，他們會更加付出情感上的支持。

詩盈的母親和Claire的父母相似。十二年級的春季，詩盈竟然未能通過清華大學的自主加分。她媽媽看到詩盈的沮喪，就刻意淡化這次考試失利的影響。自主加分結果公佈幾天後的一個下午，我和劉太太一起去參加家長會。我在路上問她詩盈還好嗎？劉太太聳了聳肩、笑了笑，用一種過分開朗的語氣回答說：「我跟她說，沒事。我們還有其他加分選項。反正我們也不需要這個分數。真的，沒事的。」

詩盈很快從挫敗中振作起來，但自主加分卻成為一道禁忌話題。她從未談及此事，在我之後的訪談中，家人也避免提到這段經歷。雖然母親聲稱這次失敗還可以控制，藉此安撫詩盈，但正如我在下一章所呈現，劉太太在詩盈這次考試失敗後，更加介入詩盈的考試，這表示她並未小看這次失敗。這些例子都顯示出父母對孩子的情感支持，是父母在家中非常努力向孩子展現出的一面。

除了傾聽和口頭鼓勵之外，父母也避免與十二年級的孩子爭吵。這一點在孩子的行為造成家長不悅的時候特別明顯。有一次，我在奧美中學的前門就看到家長與孩子這類型的互動。家長為了盡力幫助孩子，讓他們專心準備大學升學，會在放學後去接孩子，並在每天回家的路上幫孩子拿書包。這些家長焦急地等待子女時，經常在校門口違規停車，造成交通堵塞。有個叫做小平的學生，他的父母和其他家長一樣把車子停在路邊。他父親就站在駕駛座的車門外，一隻手搭在閃閃發亮的黑色奧迪（Audi）上。嬌小的母親從前排座位下車，打開後座的門等著小平。她站在車子幾步距離外，伸長脖子盯著從校門口走出來的學生。她很快就看到人高馬大的小平，急忙走向他。小平面無表情的將他的書包、午餐袋和兩袋裝滿試卷和書籍的紙袋塞到媽媽手上，媽媽趕緊接過這些東西。小平走在媽媽的前面，沒有放慢速度、逕自走向汽車，板著臉砰地關上車門。爸爸看到這一幕，一臉惱火，走到後座門外。他伸手去拉車門，似乎想跟兒子講話，但媽媽做了個手勢阻止了爸爸。她要他打開後車箱，然後把那四袋看起來很重的袋子放進去。這對夫婦上車後就開車離開了。

父母不一定會贊同孩子的行為。小平表現出理所當然的樣子：他對父母很無禮，彷彿把母親當成拿東西的傭人。父親見到他這副模樣，準備罵人（看起來很惱火、向他走過去）。然而，母親心甘情願，不讓父親罵孩子（做了個手勢阻止他）。雖然父母可以擺出大人的架勢糾正孩子，但大多數人並未這樣做。相反地，父母忍氣吞聲，讓孩子在大庭廣眾之下對他們無禮。

簡而言之，中國的菁英家長通常要處理許多日常瑣事，盡心盡力幫他們的孩子準備大學升學。扶養一個十二年級的孩子可說是煞費苦心，要滿足小孩的購買慾，還要退出職場，甚至是搬家。本研究中的家長大可完全放任孩子去參加考試，但他們把十二年級視為特別的一年，這段期間孩子的壓力飆升，他們的未來有如一場賭注。雖然這兩者確實都是真的，但父母對孩子的願望百依百順卻造成意想不到的後果。在這些日常的親子互動中，菁英學生開始預期父母為自己做出犧牲。他們學會從工具性的角度判斷父母的支持，並評斷父母「有沒有用」。他們可以對父母不禮貌，期望父母讓他們為所欲為。父母這樣做是要打造一個以考大學為重的理想環境，卻讓孩子對他們的父母產生了一種強烈的菁英特權意識。

高地位的學生應付父母

我所認識的菁英學生一般都是在溫暖、充滿愛和支持的家庭中成長。父母盡全力照顧孩子；孩子努力學習，肩負家庭的期望。儘管如此，親子之間的互動還是會因為子女的考試分數而有系統性的差異。父母寵愛學神與學霸等成績優異的孩子，允許他們表現出極為無禮的態度，超出一般菁英應得的權利。這些行為包括對父母大發雷霆、把父母的訓斥當耳邊風，並要求父母滿足他們的願望。

忍受孩子的憤怒：華亭怪罪媽媽

家庭把重心放在考大學，使得孩子認為他們享有特權是理所當然。孩子認為父母包辦好一切是天經地義的。在本研究中，就有許多成績優異的學生理所當然認為他們在父母面前擁有特權。頂峰中學活躍、表現傑出的學生華亭，告訴我一件她在中學畢業時，對父母感到憤怒的事。在華亭收到高考分數的幾天後，我在頂峰中學附近一間人來人往的冰淇淋店和她碰面。華亭告訴我，她的高考成績是六百七十六分，只低於她第一志願的最低錄取分數線三分（或差一道選擇題）。華亭談到自己過去幾天為了大學錄取的事痛苦萬分。她認為自己的第二志願（位於華中地區的一所科技大學）配不上她，因此家人決定立即申請香港的大學。

華亭說完自己的決定之後話鋒一轉，提到她這幾天與媽媽的關係特別緊張。她喝了一口飲料抱怨：「（我）媽媽是個白癡。我想自己在十二年級不應該不開心……但我在家裡更不開心，天天面對一個白癡媽媽。」她嘆了口氣，又說：「（她）真是個白癡。」

我問她為什麼。華亭把湯匙插在霜淇淋裡，打直身子，顯然是準備講一個很長的故事。「除了當會計之外，我媽媽什麼都不會。」華亭皺著眉頭說：「我打算自己申請（香港的）大學。她連問都沒問就為我申請了商學院。她只跟我說，商學院的錄取分數線肯定會比較低，所以我會被錄取。我（對她）說：『你瘋了嗎？』」華亭提高音量，繼續生氣地說：「有一天，我在外面忙了一天之後回到家。我在六點鐘小睡了一會兒。當我八點醒來，我媽媽進來告訴我：『我幫你申請好了！』」華亭靠在椅背上，神情疲憊，她說：「我累死了，懶得和一個白癡講這個問題，而她，就這樣幫我交了申請表。」

華亭指責媽媽搞亂她的大學申請，降低她進入香港第一志願的機會。然而華亭從未告訴媽媽，如果要申請這所位於香港的目標大學的商學院，自己的高考成績還不夠高。華亭也沒有告訴媽媽，她打算先申請分數較低的工程學院，然後再雙主修商學院。儘管她並未向母親提供這些關鍵資訊，但華亭仍堅持媽媽應該對這項錯誤負起全責。

「（我的申請）被搞砸了。」華亭疲憊地說：「我昨天哭了，哭得很厲害。而我媽媽當時站在一旁發抖。她在哭，我也在哭。我姐姐說她笨。[8]她就走掉了。每當這些事情發生……我覺得我的爸媽除了會賺錢之外，簡直一無是處。」

後來聊天的時候，華亭提到自己在中學「最大的錯誤」就是讓媽媽幫她申請香港的大學。華亭怎麼看她媽媽並不是什麼秘密，因為媽媽也這樣看待自己。我和華亭吃完冰淇淋之後，過了十天，我訪問她的母親薛太太。薛太太在辦公室門口一看到我，馬上警告我可能會覺得這次訪問沒有什麼用處，因為她「是個失敗的家長」。訪談的時候，我請薛太太談談她是如何接手處理華亭香港各大學的申請名單。薛太太為自己的行為辯護，但也自動將一切過錯攬在自己身上。

「（華亭）一直想讀商科，」薛太太回答，然後急忙解釋：「她總是對我說：『我不知道大學想要讀什麼，但我對商科有興趣。其他什麼都不重要，（我）對其他科系都不感興趣。』所以，我們就是這樣處理她的申請，我們就是只看她喜歡的。」這位母親隨後解釋，她有設法要彌補。她打電話到香港的大學，但已經無法撤回申請，所以不能修正錯誤了。

我接著問她為什麼要接手處理華亭的申請。薛太太回憶起這件事時突然有些口吃。「當我們聊到申請時，她一直說：『聊些別的吧。不要再煩我了。』……所以當她怪我，我就，我就告訴她，這就是父母、這就是父母應該做的，是父母應該做的。身為父母，我，我在見面的那一刻我就告訴過你，我是一個失敗的家長。為什麼？因為我把她的大學申請志願序搞砸了。」薛太太嘆了口氣，說：「她怪我也是沒錯。我很笨，就像她對你說的，我很笨。」

在這個例子中，華亭的母親試圖幫忙，但女兒卻因為母親的參與而崩潰。華亭是來自富裕家庭的獨生女。更重要的是，她是頂峰中學資優班裡的高材生。華亭覺得自己有資格從父母那裡獲得更好的待遇，尤其是從她的母親那裡。她的父母屈服於她的要求，沒有「煩她」或「打擾」她。必須注意的是，面對華亭的憤怒，母親表現出害怕女兒的樣子（顫抖、站在一邊、哭泣和走開）。華亭後來上了香港中文大學。但是，由於對學校的排名不甚滿意，她第二年就轉到英國牛津大學。在我們的簡訊交流中，華亭說父母對她的成就感到非常開心。當我問到多出來的開銷怎麼辦（估計每年五萬六千美元），她回答說英國的高等教育費用「不是太高」。她後來撇開這個話題，說她的父母從來沒有提過這筆費用有什麼好擔心的，學校的聲望才是最重要的事。

訓人失敗：李飛一直掛網

本研究中的菁英父母試圖向他們的孩子灌輸紀律觀念，尤其是學業方面的紀律。其中一個例子是管制小孩上網，許多家長認為上網會分散孩子的學習注意力。然而，孩子是否接受管教，就要看他的考試成績。頂峰中學的學生李飛，由於在奧林匹亞物理競賽取得佳績，因此獲得保送清華大學的資格。我對他們家一共進行了三次家庭觀察。在最後一次家庭觀察的時候，李飛伸了個懶腰，告訴我他需要幫鄰居解一道試題，這時是下午四點三十六分。李飛打開桌上型電腦，戴上黃色耳機，拿起他的數學試卷，把考卷舉到從窗戶照射進來的陽光下。幾秒鐘後，他的朋友也上線了。當兩人討論問題時，李飛打開網頁看新聞，看了一下微信朋友圈，並用手機發訊息。幾分鐘後，李飛的父親（李先生）一聲不響地走進房間。

李先生挺直腰桿站在李飛身後，停了幾秒鐘看李飛在做什麼，然後悄悄地走了出去。接下來的一個半小時，李先生又進來看了李飛六次。李飛可以從眼角看到父親進來，但他並未關閉電腦視窗。到六點半的時候，李飛還在和他的朋友聊天、發訊息與瀏覽網站。李先生走了進來，顯然很火大。他朝李飛走了幾步，怒氣沖沖地說：「夠了！你還沒說夠嗎？（你）說個沒完！我覺得你只是在聊天！」李飛立即把頭轉向他的父親，眉毛緊鎖、皺著鼻子、齜牙咧嘴，露出非常討厭的表情。李先生站在那裡怒瞪著李飛，但李飛背對著父親繼續聊。幾秒鐘後，李先生走開了。

李飛的父親對李飛很不滿。父親認為他上網是在偷懶，應該要專心讀書才對。然而，儘管父親很生氣，李飛依然我行我素，直到晚餐時間才結束他們的聊天。當我和這家人一起在餐桌享用李太太做的家常菜，父親想要再度訓斥李飛浪費時間上網。可是他的父親才剛說了句：「你在上網……」，李飛立刻翻白眼，繼續大口吃著碗裡的飯。看到李飛的反應，父親低頭看著桌上的菜，不再說下去。這段插曲以父母向孩子低頭迴避而結束。父母的訓斥變成一句成績優異的孩子根本不予理會的抱怨。

順從孩子的要求：Tracy晚餐想吃烤鴨

地位高的學生們覺得可以自由地貫徹他們遭父母拒絕的要求。學霸Tracy堅持父母要立即滿足她對餐點的選擇。在一個炎熱的夏天，我和Tracy以及她的同學Tony一起吃午飯。我們決定去校外用餐，但卻難以決定要吃哪一間餐廳。當我們站在校門外，Tony說出了大約五家價格適中的餐廳，有中餐館、韓國菜或速食店（類似美國的Chipotle、Subway和Panda Express）。Tony想要做出選擇，喃喃地說：「嗯，讓我看看，（我）想吃哪一個？」但在Tony決定前，Tracy突然拍了拍我們的手臂，問道：「嘿！我們去大董吃烤鴨吧？」Tony和我遲疑地對看一眼。她建議的餐廳不是特別遠，但我們可能時間不夠。除此之外，學生通常不在大董吃飯，這是一家高檔餐廳，價格比Tony建議的餐廳高出十倍左右。Tony向我眨了眨眼，暗示我拒絕Tracy的建議。

我遲疑地說：「嗯，我覺得這可能不是個好主意。」Tony立即點了點頭。

「為什麼不？」Tracy皺著眉頭，提高了聲音。「我想吃烤鴨！」

「你確定嗎？」Tony膽怯地問道。

「嗯，對！」Tracy堅定地回答。她接著說：「我真的好想吃烤鴨！我們去吃吧！」這是她第三次說要吃烤鴨。

「嗯，這個嘛……」Tony看了看Tracy，然後轉頭看了我一眼。

我感覺到Tony想讓我插話。我知道這個費用對兩個學生來說都不是問題，於是我慌忙找了個藉口說這對我們三個人來說份量太多。然而，Tracy聽到我的理由卻皺了眉頭。「你在說什麼？」她喊道：「我們有三個人，吃一隻烤鴨剛剛好。」她看著我，彷彿我在胡說八道。

「好吧……嗯……」Tony避開Tracy的目光，尷尬地又問一次：「你確定嗎？」

看到我們兩個人都不想去大董，Tracy撇著嘴對我們翻了一個白眼。她二話不說，拿出手機打電話給她媽媽。她用簡短的句子提出要求：「喂，媽？我想吃烤鴨。我們今晚可以吃嗎？……為什麼不行！？（提高音量）好！你安排一下吧。就這樣。嗯！」掛斷電話之後，Tracy開心地對我們笑了笑，宣佈今天晚上她要和父母一起吃烤鴨。接著同意中午去Tony建議的其中一間餐廳吃飯就好了。

Tracy與正在上班的媽媽一次簡短的電話中，堅持要母親立即滿足她想吃烤鴨的願望。雖然母親一開始拒絕了（「為什麼不行？」），但Tracy要求母親做出必要的安排，並以句末語氣詞（「嗯」）做結，這通常是命令句結尾發出的鼻音。Tracy在這件事透過兩種方式行使了她的特權。首先，她把昂貴的餐廳當成適合吃午餐的地方，以此證明自己理所當然可以自由享受奢侈的消費。其次，她不管父母的行程安排，要求父母帶她去吃自己想吃的烤鴨。正如Tracy所料，她的父母讓步了，晚上要帶她出去吃飯。

總而言之，菁英父母縱容學神和學霸。這些成績優秀的小孩，要他們的父母順從他們心血來潮的各種要求，並期望父母就算生氣或不同意，也可以完全服從。由於菁英家長經常妥協，所以孩子也就學會在與父母打交道時不做任何讓步。學霸的家長把他們的孩子視為人中龍鳳，放任他們在家表現出一切都理所當然的樣子。正如我在本章後半段所要呈現的，學神和學霸瞭解到在考試獲得高分，可以使得不受允許的行為獲得正當性，因此在中學畢業多年後，他們仍然用類似的方式對待父母。

低地位的學生聽父母的話

菁英青少年是否對父母無禮，以及是否經常向父母提出任性的要求，視考試成績而異。成績好的學生強迫父母屈服於他們的要求，而成績差的人則向父母的壓力低頭。Julie和華亭這樣的學神和學霸可以任性，逼迫自己的父母（尤其是母親）屈服，但學渣和學弱則會隱忍不發。學神和學霸可以強迫父母改變心意，比如選擇自己喜歡的餐廳；而學渣和學弱則是在課業上都難以獲得他們需要的支持。最後，學神和學霸受到父母的訓斥，卻不當一回事，繼續作自己決定做的事，但學渣和學弱則極力避免惹惱他們的父母，而且努力貫徹父母的決定。

父母的當眾羞辱：婉如受到身體羞辱

成績好的人可以稱自己的父母為「白癡」，父母也同意自己是笨蛋；但成績差的同學則是反過來承受這類言語的羞辱。婉如就是一個活生生的例子，她在首都中學的地位很低。我在中學的最後一個月遇到婉如的時候，她幾乎每天都和莉莉在一起。婉如身材略顯豐腴，紮著短馬尾，性格開朗，講起話來帶有黑色幽默。莉莉對我說，婉如曾經是個健美的體操選手，想要靠著體操成績得到加分。婉如從不談論過去發生的事情，但據她的朋友說，她在十一年級時髖部受了重傷。然而婉如的成績一直很差，因為她大部分時間都在練體操。可是現在已經不能再繼續訓練了，那麼也就無法靠著體操獲得亟需的加分，如此一來，婉如在學校的低地位更加篤定，無法翻身。

畢業那天，婉如的母親鄧太太來到校園，興高彩烈地在體育館為婉如和朋友們拍照。典禮結束後，我穿梭在體育館裡，一一恭喜那些我認識的學生，並與他們合影。當我遇到婉如，她喊了一聲：「啊！」馬上跑向我這邊，抓住我的胳膊，把我拉向她媽媽，一位穿著銀黑色洋裝、頭髮燙得整整齊齊的中年婦女。婉如請她媽媽幫我們拍一張照片。我們靜靜站著，婉如站在我右邊露出爛燦的笑容。當我們擺好姿勢，她媽媽卻放下相機大聲說：「婉如往後站！你的臉太大了！」聽到她媽媽的話，婉如低下頭，退了一小步，臉色凝重。我拍了拍婉如的肩膀，說她今天看起來很好。婉如搖搖頭，低聲回答：「不，我的臉太大了。」婉如面無表情，再次後退，鄧太太大聲說好，一隻手拿著相機，同時揮動另一隻手，要婉如繼續後退，然後又說一次：「唉，對，你太胖了！」這時幾個女孩走過來，站在鄧女士身邊等著和婉如合影。聽到婉如母親這麼說，女孩們尷尬地看著婉如和她母親，然而婉如的媽媽還是不停地要她「退後一點，讓妳的臉看起來小一點」，大家聽了面面相覷。婉如又往後退了一點，但她媽媽卻還要她往後退。最後，婉如放棄了，她整個人移到我的左邊，用我的身體擋住她一半身體。婉如看著鏡頭勉強擠出笑容。當我們拍完合照，其他女孩已經離開了。婉如快速的跑到體育館的另一側，和她的母親一起消失在人群中。

跟美國相較，在中國對別人的身材品頭論足可能見怪不怪，但本研究裡的中國菁英父母通常是私下評論子女的身材。例如，詩盈的母親也曾經這樣說過詩盈。然而，詩盈的媽媽是在家裡對女兒說，目的是希望她不要太過在意自己不好的身材，她對學神詩盈說：「胖一點沒關係，只要維持腦力就行。」相較於詩盈的媽媽，婉如媽媽的行為並不尋常。在整個調查訪談過程中，我沒有看過其他菁英家長會在公共場合羞辱自己的孩子，更不會用大音量或大動作引起他人的注意。當其他學生聽到婉如母親對她說的話，他們也覺得很不自在（尷尬的眼神、面面相覷）。

成績差的婉如和她母親之間的親子互動，相較於成績優異者和他們父母之間的互動，形成鮮明的對比。不同於華亭的母親，婉如的母親一點也不害怕自己的女兒。鄧太太肆無忌憚地在公開場合羞辱自己女兒的身材，並多次要求女兒拍照的時候站後面一些。儘管這些行為顯然讓婉如不高興（板著臉、勉強擠出笑容），但這位母親卻不以為意。另一方面，像李飛這樣的學神和學霸可以打斷並反駁父母對他的批評，婉如的回應卻截然不同。婉如對於那些羞辱自己的言語毫無異議，也同意母親的觀點（「我的臉太大了」、多次後退）。婉如後來上了一所符合她父母期望、位於中國東北的省立大學。

必須聽父母的話：家齊的手機被沒收

成績差的學生面對父母時，不像成績好的人那樣享有理所當然的權利。學渣家齊非常在意自己的東西，尤其是他的手機。學生在校不能用手機，首都中學的老師若發現，就會沒收學生的手機七十二小時。家齊的導師龍老師將沒收的手機全放進他上鎖的抽屜裡。有一天，龍老師拉開抽屜，給我看放在裡面的手機，約有六支。他略帶幽默地說，每學期他都因為一堆無人認領的手機而心煩，因為有的學生會在三天期滿前忘記自己手機被沒收，當然也沒有人會為了這件事與老師爭吵。家齊除外。有一次家齊在上課時使用手機被發現，我看到他花了很多時間央求龍老師不要沒收他的手機。

然而，家齊還是未能守住自己的寶貝手機。大約在十二年級快結束的時候，也就是考試前幾個月，家齊的媽媽拿走了他的智慧型手機，因為她認為手機會讓家齊無法專心準備考試。有一天下午，當我正在觀察另一個同學，剛好在走廊上碰到家齊。他一看到我，就笑瞇瞇走過來與我打招呼。我開玩笑地問他是不是課業忙到沒有空回我微信。家齊的臉瞬間垮了下來。

「我沒辦法回，因為我根本沒看到！」他在走廊上幾乎是絕望的大叫。「我媽沒收我的手機，還給我一個破銅爛鐵！」他生氣地把一隻手伸進口袋，想要掏出一個東西，可能是他現在的手機。但他掏到一半，決定直接用講的。「就是那種舊手機，你把它摔在地上也不會壞的那種，你知道吧？那種你只能用來打電話和發簡訊，但其他什麼都不能做的手機。」

「你媽媽為什麼要拿走？」我問道。

「因為她認為手機讓我分心！」家齊皺起眉頭。「在她看來，我考試成績不好，是因為我花了太多時間用手機（上網）。」家齊的苦笑表達出他的不以為然，接著說：「如果我真因為上網而分心，那她拿走手機又能幹啥？我們的教室裡就有電腦。」他垂下肩膀，顯得相當沮喪。「但她就是不聽。她把我手機拿走了，不肯還我。」

直到六月八日高考的最後一天，在這之前家齊都沒能上網。高考最後一天，我與家齊和他的父母一起搭車前往一家俄國餐館吃晚餐，作為慶祝。前往餐廳的路上，我看到家齊拿著一支看起來與他的年齡差不多、外觀堅固的銀色諾基亞手機，他正用這支電話與他的親戚聯繫。這款手機不能上網、沒有相機，也沒有彩色螢幕。正如家齊所說，它只能用來打電話和發送簡訊。我們到達餐廳後，等了三十分鐘，在這段時間，家齊向他母親討他的智慧型手機，他母親也馬上從皮包裡拿出手機遞給他。家齊開始與他的朋友聊天，安排暑期計畫，臉上笑瞇瞇的。

儘管家齊對母親的做法十分抗拒，他還是不得不把自己心愛的手機交給家長。然而並非只有家齊的媽媽認為網路會分散孩子備考的注意力，許多菁英父母也不同意孩子使用網路。但父母控制成績差的孩子使用網路的嚴厲程度，對於那些優秀子女的家長來說，絕對難以想像。家齊和李飛都長時間上網，他們的父母也都想要訓斥他們。然而，成績優異的李飛對父親的訓斥充耳不聞，甚至父親在餐桌上都無法把話說完。相比之下，成績較差的家齊也被母親訓斥，但這位母親不但成功展現出家長的權威（「她就是不聽」），而且還沒收了家齊的手機、限制他上網時間。李飛這種成績好的學生根本不用擔心父親會沒收他們的電腦或手機，而像家齊這樣成績不佳的人，卻很擔心父母會不會認為某個他們心愛的東西讓他們分心，並且只能無奈地接受父母允許他們使用的東西。

執行父母的決定：Brandon自己申請大學

成績好的人期待父母滿足他們的要求，而成績差的人知道自己的父母不會提供他們一切所想要的。Brandon獲得加州大學洛杉磯分校的錄取幾週後，我邀請他進行了一次後續訪談。我們約在他家附近一座有成千上萬朵的櫻花盛開的觀光公園。在喧鬧的遊客之間，我們已經繞著這座三百多英畝的公園走了兩個小時，我找了一張沒人坐的石凳坐下來休息。Brandon也跟我一起坐下來，這個運動健將並未露出疲態。我們在長椅上的訪談時間很短。Brandon似乎已經把申請的事拋在腦後，開始期待前往美國，開啟下一個階段。他講的話都很簡短，用最少的字來回答每個問題，直到我問到他的父母是否在申請過程中幫助他。

Brandon停頓一下，吸了一口氣，緩緩地告訴我，父母提供的精神支持「非常有用」，讓我「維持高昂的士氣」。然而，他覺得父母的支持並不夠。Brandon認為申請是一個過程，而這過程中「你要自己做每一件事情，（但）你還是會需要別人的幫助。除非你有一個（大學申請）代辦，否則有很多你根本不知道的東西。你就是得找人問。」

在中國，聘請留學代辦協助完成各種申請手續，是常見的做法。[9] 我問Brandon為什麼不這樣做。Brandon垂著頭，雙手握拳。他壓抑著怒火說：「因為我爸不讓。他們認為大學申請（對我來說）是個訓練機會。」

五天後，Brandon所說的事獲得他父親吳先生的證實。中年的吳先生是清華大學的校友，他脾氣溫和。我們在一家咖啡廳談話，當天幾乎沒有其他客人，我還沒探詢這件事，吳先生就娓娓道出聘請代辦的問題。吳先生強烈反對其他菁英家庭聘請那種「以一千元人民幣替申請人寫小論文」的代辦。他認為獨立是一種美德，因此堅持要Brandon靠自己的力量完成申請。Brandon向父親抗議，而且非常生氣，他（好幾次）大喊：「我（和我的同學）一樣忙！」以及「為什麼我不能像別人一樣找代辦來處理這些雜事？我也有很多事要做！」然而，儘管父子因為這件事發生衝突，吳先生仍然堅持立場。

吳先生還透露，Brandon作為第一次申請的人時犯了一個錯誤，就是在申請材料上把名字和姓氏顛倒了。由於首都中學是按照正確的順序上傳學校端負責的申請文件，沒有任何一所大學收到Brandon的完整申請資料。Brandon在接近申請截止日期前才發現這個錯誤，陷入了恐慌。吳先生回憶，Brandon當時「整個慌了」、「不知道怎麼辦」。眼看Brandon的焦慮和苦惱在接下來幾天越來越嚴重，父親終於出面，叫Brandon寫電子郵件向各大學道歉，好解決這件事情。結束訪談前，我問吳先生對Brandon的大學準備過程是否有所遺憾。他眨了幾次眼，猶豫地說：「我當時也許應該要找代辦。」他認為不值得為此讓家庭陷入衝突和焦慮。然而，看到Brandon「調適得很好」（例如學會如何填表格），吳先生依然認為自己最初的決定是對的。

比起Tracy和其他能夠當面挑戰父母決定的優等生，Brandon的經歷顯然大不相同。吃飯和花錢找留學代辦都反映了學生對自身需求的認知，而聘請代辦一事，會直接影響大學申請結果。但是，不論是買一個杯子或改變個人行程帶他們去高級餐廳，父母會屈服於成績好的小孩所提出的願望；成績差的孩子卻無法從父母那得到相同的待遇，只能乖乖聽父母的話（「調適得很好」）。這些學生得不到他們覺得必要的資源和幫助，即使要求的是與學業相關的資源也拿不到，甚至為此經常跟家長衝突、爭吵。吳先生的出發點是好的，他決定讓Brandon藉著自己完成申請，學會獨立，以確定未來Brandon不會再犯同樣的失誤。[10]接下來幾年，Brandon自己申請研究所和實習，也確實沒有再犯同樣的錯。[11]然而，跟那些家長花錢聘請代辦協助申請大學的同學相比，Brandon認為自己處於嚴重劣勢。儘管兒子非常憤怒，屢次為此抗議，父親還是堅持己見。

綜上所述，這些例子表明，考試成績強烈影響青少年和家長之間的互動模式。學渣和學弱不會說他們父母的壞話，而是被管得死死的。這些學生不能強迫父母滿足他們的願望。相反的，他們順從並盡力做到父母的要求。即便他們向父母提出請求，也經常得不到他們所需的資源或協助。這些在青春期養成的性格會表現在後來的青年時期。雖然隨著孩子年齡增長，父母的影響力逐漸減弱，但成績好的孩子買東西照樣不用看父母臉色，依然視一切為理所當得的。[12]成績不佳的人無奈地遵從父母劃定的界線，聽從父母的決定。

家長對親子互動的看法

雖然在我的觀察和訪談中，親子之間的互動會因為孩子考試成績好壞而有不同，但父母和孩子都不承認有所差異。家長會與學校其他的家長建立網絡，交流考試分數和大學的訊息，[13]但都避免去評論彼此的家庭生活。[14]當家長們被問及他們對家中親子互動的看法，大多數都表示希望自己能為孩子多做點事。這些父母否認在孩子申請大學或準備考試方面發揮了任何重要的作用，並把大學的錄取結果視為子女純粹的個人成就。另一方面，少數家長認為自己是引導孩子沿著特定方向和道路前進的無形之手。他們表示如果孩子走在「正確的道路」上，就能獲得比較大的自由，但如果他們偏離正軌，情況就不是如此。

學生也不承認親子互動中的差異。身為獨生子女，他們沒有兄弟姐妹去比較父母對小孩的相處模式，而同學與父母的互動也不是平常聊天的話題。反之，青少年順著父母的說法，學會把大學錄取結果視為個人成就。許多人踏上父母認可的道路，往往未能意識到父母在幕後的引導。因此，本研究中的菁英青少年肩負著家人高度期望的同時，也成為習慣有父母堅定支持的天之驕子。

父母不夠努力：Claire的母親「什麼都沒做」

菁英父母想要減輕孩子在十二年級的學業負擔。但是，因為他們是啦啦隊而不是上場的戰士，所以大多數父母覺得自己的努力不足。[15] Claire的母親陳太太就是其中一位。陳太太是一位軍醫，我去她的辦公室與她見面，那時Claire已經高中畢業了。陳太太先讓我在柔軟的皮沙發坐下，接著迅速走出辦公室，給她的助理團隊一些指示，然後回來和我一起坐在沙發上短暫休息一下。我在訪談中問她在過去一年中如何支持Claire。陳太太不好意思地說她實際上並未給小孩什麼支持。反之，她對於自己在大學申請過程中一點忙都幫不上感到苦惱。

「我真的沒有為（Claire）做什麼。事情全是她自己做的。」這位媽媽看著我的眼睛，想要確定我知道她這句話相當認真。她接著說：「在這件事上，我很沮喪。申請的最後階段真的很艱難。如果我當時多幫她一點，如果我早點發揮作用、早點幫助她，而不是像個局外人一樣……因為很多時候我只是出張嘴，沒有為她做什麼。這是事實。」

陳太太表示自己沒有為Claire做任何事，然而她又列出自己為了幫助女兒申請大學所做的各種事。「Claire與她的學校顧問討論了大學選校後，她會跟我說，我就會上網搜尋相關資訊，Claire也會分析自己的選校給我聽。我支持她的選擇，然後我們決定出一份申請清單。這就是我扮演的角色。」

雖然聽起來好像陳太太負責把關，但這位媽媽還是說自己在這個過程中毫無作為。陳太太繼續詳細說明她在這個過程中的角色：「我什麼都沒做，真的。如果Claire需要什麼，她知道我就在這裡。我為她包辦所有雜事，像是她到香港去考SAT、請家教、安排行程之類的。她沒有時間做的事情就由我來處理，像是蒐集些資訊，或者當她寫申請的小論文，我們會一起討論，我會建議她寫什麼。我想全部就這些了。基本上所有事情都是她自己做的。」

諷刺的是，雖然陳太太聲稱自己「什麼都沒做」，但實際上她給Claire很多支持。陳太太蒐集大學資訊、給建議、討論小論文，送Claire去外地考SAT，並尋找家教。即便如此，這位母親還是認為自己做的都是微不足道的小事，覺得自己應該做得更多（感到不安、「如果我早一點發揮作用」）。許多家長像Claire的母親一樣，對大學申請感到焦慮。由於無法分擔孩子們的壓力，他們責怪自己沒有竭力幫忙。這些父母最後常說，他們「做得很糟糕」或「什麼都沒做」，而他們的孩子「一切都是自己來」。然而，這些說法與事實相去甚遠，因為這些父母說他們「提供（孩子）需要的」，例如「每天早上在孩子的自行車上裝好上課所需的課本」、「蒐集大學相關資訊」，或者「在家裡做考試複習」。

父母之所以否認自己的付出，至少有三個原因。其一是父母做了太多的事，所以根本記不得。例如，華亭的母親說自己感覺好像「一天到晚都在為她做各種事」。但由於她「不記得自己在過去一年裡到底做了什麼」，這位母親最後的結論是自己「沒有為（華亭）做什麼事」。另一個原因是孩子拒絕父母的幫助。例如，Julie的母親找來一位留學代辦要幫助Julie。但是Julie見了對方兩次之後，就解雇這位留學代辦，理由是對方不稱職，「英語太差」，而且會「搞砸我的申請」。第三，家長認為任何與大學錄取沒有直接關係的事情都是「外在的」，因此是沒有幫助的行為，陳太太的敘述說明了這一點。不管是什麼原因，這些父母都認為自己的貢獻不足，並且否定自己的貢獻。

除了少數例外，學生也否認父母在大學申請中的作用。[16] 在我訪問陳太太的幾個月前，我曾問過Claire，她的父母在申請大學過程中是否有幫助她。當時，Claire剛收到耶魯大學的錄取通知。她回答說，除了「付很多中學學費」之外，她的父母在這個過程中的幫助有限。當我進一步追問，她釋懷地笑著說：「我的父母肯定也想幫忙。我爸爸肯定是盡可能想提供我更多的訊息，比如他去問把孩子送出國的同事，如果這也算是幫忙的話。但這並不是很有用。基本上，他們幾乎沒有幫上忙。」Claire把她的長髮撥到一旁，解釋：「申請畢竟是個人的事。你的父母不能幫你做任何事情；這主要是靠你自己。」

Claire並非不懂感激。恰恰相反，她是少數提到父母有幫忙（如學費和情感支持）的人之一。但儘管如此，Claire還是認為自己爸媽的幫助微乎其微。對於爸爸透過親友關係蒐集資訊的努力，Claire不屑一顧（「如果這也算的話」、「不是很有用」）。她簡單用一句「父母不能幫你做任何事情」，抹煞母親所做的一切，將母親承擔的無數工作說成無關緊要。Claire對父母幫助的理解，也反映她母親對自身付出的認知，所以父母究竟為她做了什麼，她都視而不見，並聲稱申請大學的戰功都是自己努力而來。

未說出的指示：Robert「完全按照父親的要求」來做

不是每一個菁英父母都認為自己毫無貢獻。有些父母為了確保孩子遵循他們設定的「正確道路」，會策略性地把每個決定轉化成孩子的自主選擇，好讓孩子順從。Robert的父親有別於一般父母，他直接告訴我自己身為家長的引導是如何發揮作用。郭先生四十多歲，溫文儒雅，講話輕聲細語。Robert的老師說郭先生是一位「老是被Robert利用的好好先生」。郭先生與其他許多家長一樣，可說是一九八〇年代的學霸，當年他在人口大省四十多萬名高考考生之中，成績排在前五十名。郭先生的PR值是九十九點九九，但作為一名學渣的父親，郭先生承認Robert「很難」像他一樣，在考試方面有傑出的成績。

郭先生很早就決定要將孩子送出國留學，他認為這是把孩子塑造成一名有創意的學生和全球公民的必經之路。當他表達對考試篩選的質疑，還有接受海外教育的重要性之後，我問他：「你們家是什麼時候決定將Robert送去留學？」郭先生注意到我的用語「你們家」，馬上糾正我。他語氣溫和但堅定地說：「是Robert自己選擇到美國讀大學的。我沒有強迫他，也沒有要求他這樣做。」

事後來看，留學的決定顯然是Robert個人的選擇，但這與郭先生的巧妙引導脫不了干係。郭先生繼續解釋：「我們還是有引導他。起初，我們對於要不要出國不置可否，一句話都沒說。他在八年級參加美國遊學團，遊學團將孩子從東部帶到了西岸，他們在十五天內參觀了好幾所大學。那一次他對美國留下很好的印象，這就是他開始想去美國讀大學的原因。」這位父親最後自豪地說：「儘管表面上看起來不是我的決定，但這正是我想要的結果。」

「如果Robert在旅行後決定參加高考，你會怎麼做？」我問。

郭先生不加思索地回答：「如果他選擇考高考，我可能會更多的去引導他。」他說話的時候微微點頭，散發出堅定與自信。

在這個例子中，郭先生提前計畫並刻意引導Robert做出符合自己想法的選擇。他希望Robert出國留學，因此在他八年級時就送Robert參加了一場介紹學生認識美國大學的暑期遊學團。在我們聊天時，郭先生還透露，他希望Robert把這些早就安排好的選擇視為青少年的獨立決定，因此，當Robert第一次提到想申請美國的大學，他故意不同意（「表面上看起來不是我的決定」）。如果Robert未遵循他內心未明說的指示，這位父親就會採取更多策略實現自己的目標（「會更多的去引導他」）。郭先生的策略按計畫進行。他很高興Robert從八年級的暑假開始就「一心一意想去美國」，而且從未改變心意。

重要的是，郭先生的回答也解釋了為什麼父母會依據孩子的考試成績而發展出不同的親子互動模式。只要孩子遵循父母為他們決定的生涯規劃，他們就會獲得相當大的自由，可以做自己想做的事。由於這些父母都上過大學，因此本研究裡的菁英父母，教育程度排在全國的前百分之二到百分之一之間。許多人甚至在他們所屬省份的高考名列前茅，PR值達到九十九點九九。這些家長希望他們的孩子能夠考上更好的大學，或者至少要能和他們一樣好。這些期望也就意味著，學神和學霸因為成績優異，已滿足了父母的期望，所以在家裡享有相當大的自由，父母也會容忍他們視一切都理所當然的態度。然而，學渣和學弱成績不好，因此不能享有自由。相反地，父母會給孩子更多「引導」，重新引導孩子，希望他們有更好的表現。

Robert按照父親的安排去做。他說出國留學完全是「自己的選擇」，他的父母也同意他的決定。他申請美國的大學，在父親找來的留學代辦的幫助下，申請了父親眼中的好大學。一直到中學畢業時，Robert仍未意識到父母的影響，這是因為父親巧妙的引導，如此讓他產生的印象。Robert從沒意識到父親的灌輸讓他有出國留學以及成為世界公民的想法；他從未想過自己有可能受到父母強烈的影響。

中學畢業之後：長大成為自主的青年人

二〇一九年，這些青少年進入青年階段，他們中學畢業幾年，就等於離家幾年。他們不再天天與父母同吃同住，而是在週末或暑假才回去探望父母。雖然他們過去經常與父母面對面聊天，但現在更多是透過網路聯繫。家庭生活的安排不再配合他們的作息。有一些孩子發現自己的臥室變成儲藏室；有一些孩子因為父母出租公寓或搬走而失去了他們的房間。本研究的二十八名學生之中，有二十五人因求學或工作而離開中國。能說一口流利英語的少數菁英父母會到世界各地探望自己的孩子，但大多數父母不會這樣，而是等著他們的孩子回家探望他們。本研究的父母是遊走在國內就業市場的專家，但對異國他鄉的學校和工作瞭解有限。他們一通電話，就能在中國的大公司和國有企業安排工作，可是一旦涉及美國、英國、新加坡、法國或日本等國家的工作，他們可以動用的關係不多，也不見得管用。

父母的影響力受限，意味著父母將會更遠離孩子的生活，在親子互動中真正放手。來自中國的菁英在追求全球菁英地位的過程中，也因此獲得自主性。這些年輕人認為地位競爭主要憑藉個人的能力，他們也因自己不再依靠父母而感到自豪。首都中學的學霸Selena說，她從大學開始就「試著遠離父母的勢力」，拒絕接受父母安排的工作。她在美國求職時費了一番工夫，最後在紐約市得到了一份工作。華亭在移居英國後也同樣拒絕接受父母的幫助。她畢業之後留在倫敦，在一家美國科技和社交媒體公司的英國分公司任職。本研究裡的大多數學生都和Selena與華亭一樣認為自己不需要父母的幫助。

然而，儘管看似獨立，但這些年輕菁英的親子互動模式與我在中學時觀察到的如出一轍。學神和學霸繼續召喚父母給予大力支持，在這樣的關係中，依然擺出一副理所當然的樣子。學渣和學弱則不認為父母的資源可以呼之即來。換句話說，表現好的人仍然認為他們有權要求父母提供支持，但表現差的人則是擔心父母拒絕他們的請求。

如同二〇一三年中學時期，學神Julie後來的六年間依然對自己的母親相當沒有禮貌，也覺得父母的犧牲奉獻是天經地義。二〇一四年，Julie從布林莫爾學院（Bryn Mawr College）回國過暑假，那年夏天我再次訪問了她。我們在百貨公司的美食廣場碰面，她說媽媽在她前往美國後不久就重返職場。Julie的身體相當不好，大學第二年為了養病休學了一個學期。17 那段時間她回到家裡，而母親也再次辭職返家。根據我們手機簡訊的交流，Julie說母親辭職的部分原因是為了照顧她，但主要還是因為「她不喜歡那份工作」。二〇一九年，Julie大學畢業一年之後，我在北京再次訪問了Julie，我們在一個狂風大作的日子相約在星巴克聊天。我一抵達就看到Julie，她那天的妝容是哥德風格，一個人坐在吧檯前使用筆記型電腦，閱讀神經科學的文章。當我還在整理被風吹亂的頭髮時，Julie告訴我，她覺得自己還是學神，只不過花了更多時間申請研究所。她打了個哆嗦：「我都快變成學霸了！」Julie想過攻讀神經科學的博士，但不想進入學術界，她說：「學術太簡單了，毫無挑戰性。」比起學術研究，她想要創業。Julie用夢幻、輕柔的語氣告訴我：「我想靠自己的雙手創造出一些東西。」作為一名學術界的學者，我反擊Julie，回問她：「那你要不要試試編織好了？」Julie一聽大笑，笑到坐的椅子都歪了。她一邊強忍笑意，一手輕輕拍了拍我的肩膀：「你這個人真是有毒！」

然而，當我問到她的父母，輕鬆的聊天變得嚴肅。「四月初我和我媽吵了一架。」她簡短地說。「我不能告訴你吵什麼，太複雜了。但我完全不能接受。我就是不能接受。」我點點頭，注意到兩個人吵架已經是一個半月前的事情。

「我很愛我媽。我說真的，我真的很愛她。」Julie一臉真誠地看著我的眼睛說：「但我不能接受她的所作所為。我到現在還在生她的氣。我媽媽道歉了，但我還沒準備好原諒她。」她的手在我面前轉圈。「我對她說，從現在開始，不要為我做任何事，不要為我做飯，什麼事都別做了。」Julie停頓一下，吸了一口氣，說：「我甚至用自己的存款（來養活自己）！」她看著我，想要確認我是否知道她對這件事是認真的，Julie得意地笑，眼睛幾乎瞇成一條線：「從那以後，我就再也沒有向她要過錢。我一直用她以前給我的零用錢。」

我提醒她：「但那些錢還不是你媽給你的。」

「不，這不一樣。這是原則問題！」Julie語氣堅定地說：「我不吃她做的飯，直到昨晚。」但是，她馬上又補了一句免責聲明：「但我今天不回家吃晚飯。我媽必須要知道她把我給惹毛了。在她明白之前，我不會和她說話、不和她吃飯，不會拿她給的零用錢，即使我們住在一塊，我也當作她不存在。她需要學到教訓。」

Julie與媽媽的關係絲毫沒有改變。她仍然把母親的辭職說成是個人選擇（「她不喜歡那份工作」）。但是，母親只有在Julie需要特別照顧時（先是大學申請那年，然後是生病休學期間），才會成為全職的家庭主婦，這表示媽媽這樣做是為了照顧她女兒。Julie在與母親的互動中依然強勢。正如六年前媽媽表示害怕Julie並向Julie的意願低頭一樣，她這次也再度向女兒道歉。在這個例子裡，父母並未指導孩子表現出適當的行為，而是女兒指使媽媽（「她需要學到教訓」），並且不讓媽媽進行任何她視為重要的母職（煮飯、一起吃飯、給零用錢，或為孩子做任何事情），藉此懲罰媽媽。

成績差的小孩與父母的互動模式則截然不同。回想Robert的父親是如何巧妙地引導兒子選擇他心目中的道路。家齊也描述了類似的情況，差別在於他的父母毫不掩飾他們的意圖。二〇一四年，就在高考前兩個月，家齊的父母告訴他，因為他的考試成績根本進不了中國的頂尖大學，他們決定把他送到法國。母親回憶說家齊「都哭了，但他很快就接受」父母的決定。

家齊上大學後，仍繼續遵從父母的命令，同樣聽話。家齊就像Brandon，未能得到他需要的幫助，因此進入大學後被迫獨立。二〇一五年，我在首都中學一間沒人使用的自習室和家齊見面，當時他已經讀了一年的貢比涅技術大學（Université de Technologie de Compiègne）。家齊穿著中學的外套來到學校，以免校門口的警衛囉唆。他蓄著短鬍，也長高了幾公分，但仍保留著肉肉的臉頰。我們一坐下來，他馬上就告訴我，由於成績不好，他收到了退學通知。我聽了他的事情後很震驚。家齊說自己立即打越洋電話給父母，請求他們和他的指導老師談談，但遭到父母拒絕。

「他們掛我電話。」家齊垂頭喪氣，低聲說：「他們說，他們無能為力。我媽說她已經盡力把我送到法國。她告訴我，我現在在法國，我只能靠自己了，我得處理所有的事情。」家齊把他的手放在我們之間的桌子上。他吸了一口氣，接著說：「我當時就像這樣：『哦，我的天，我應該怎麼辦？』我被嚇壞了。我的意思是，這很嚴重啊！如果我被退學，我該怎麼辦？我就沒有學士學位了。沒有那個學位我該怎麼辦？我人生就完了！」

「那時候發生什麼事？你還在學校嗎？」我急忙問。

「我打電話給自己的指導老師。」家齊平靜地回答。「起初他說他也沒辦法。但我一直跟他說，說到我都快哭了，我求他給再給我一次機會。（經過）我兩個小時的苦苦哀求，他說：『好吧，好吧。我會和（校方）談談這個問題。你不能再被當了，絕對不能！』當然，我發誓說自己肯定好好學習。我就是這樣留下來的。」

家齊的父母在親子互動中一直是高高在上。他們可以主宰家齊的人生，也可以輕易決定撒手不管。在十二年級時，家齊和他的母親都承認，送他去法國留學的家庭會議並不是討論，而是宣佈，他最終也只能接受這項安排。進入大學後，父母拒絕提供協助，家齊同樣只能接受父母的決定。他並未和他們爭吵，也沒有耗時間去討價還價（「他們掛我電話」）。他並未要求母親按照他的想法去做（與他的指導老師談談），而是乖乖地自己獨力爭取機會完成學業。家齊的母親或許暗中涉入協商，但沒有告訴他。她也可能是為了培養家齊的責任感，不惜冒著他被退學的風險，堅決放手不管。然而，無論母親是否介入，家齊在大學時，還是像在中學一樣聽從父母的命令。

總而言之，像Julie和家齊這樣的年輕菁英，由於有豐富的家庭資源可以使用，通常都有機會追求自己的夢想。中國的菁英父母確實願意為自己的孩子提供資源，但是父母願意付出的程度，在子女的中學階段和進入大學的青年時期，是沒有太大差異的。成績好的人在地位競爭中成功的機會大，因為他們似乎有著用不完的家庭資源和父母支持。成績差的人在全球競爭中成功機會相對較小，他們只能默認父母無法提供必要協助的事實，接受父母放手是要培養他們獨立的說法。不過有時候，孩子成績差的父母所投注的心力，也有機會讓孩子的未來轉向正面積極。儘管家齊走了一段比較迂迴的道路，但他又回到菁英階級複製的競賽中。二〇一九年，是我最後一次在北京訪問家齊，他已經成為一個有高度學習企圖的用功學生。他在北京帶我去吃晚餐，並且得意地宣布，自己將成為第一位從這個學校獲得學位的中國學生。此外，由於看清自己的畢業證書不夠頂尖，使他無法爭取最棒的高薪工作，他把競爭目標從收入轉向聲望。家齊拚命追求產業內最有聲望的工作，打算成為賓士車廠（Mercedes）的工程師，加入全世界前兩大賽車製造廠。「賓士！」他在人來人往的餐廳興奮喊著：「世界上最好的賽車！沒什麼比在那裡工作更棒的了！」

本章摘要

由於掌握無限的資源以及富爸媽恆久的支持，菁英學生在追求自己的目標和實現自己的抱負方面，享有明顯的優勢。然而，雖然他們的父母願意犧牲自己，成就上大學的孩子，但父母對待子女的方式卻取決於他們的考試成績。當孩子有望進入世界各地的頂尖大學，父母通常會克制自己，避免激怒他們。另一方面，成績差的孩子，他們的父母緊迫盯人，拒絕讓子女在家裡予取予求。因為對成績優異的子女讓步，他們的父母把孩子寵成所謂的小皇帝，學者和媒體把這些人描繪成認為凡事都理所當然、被寵壞的青少年，經常不尊重他們的父母。相較之下，成績差的孩子則沒有類似行為。

父母作為形塑小孩日常經驗的關鍵人物，他們向自己的孩子傳達了考試分數在學校以外的日常生活中具有的價值。由於考試分數和學校地位在青少年的世界中不可切割，也就難以區分依據考試成績而形成的親子互動模式，以及根據地位高低所得到的待遇。事實上，家長把差別待遇從學校延伸到家裡，從不同方面維持菁英青年參與的地位競爭：孩子因此認識到地位的重要性，驗證學生的地位體系，並表明成人世界對校內地位競爭規則的認可。由於親子關係經常是延續學生地位競爭的結果，所以家長也成為支持學生地位體系的關鍵角色，而不僅僅是提供資源以及參與學校事務。爭奪全球菁英地位的年輕人視父母的犧牲奉獻為理所當然，也使他們可以無後顧之憂的放膽與世界各地的菁英競爭。因此，角逐全球菁英地位的競賽不僅涉及這一代面向全球的年輕人，也涉及他們的菁英家長。

第六章 化險為夷

我到首都中學的第一天，十一年級的班主任龍老師在會議室迎接我，他四十多歲、教數學，是一位溫文儒雅的老師。龍老師介紹了四個學生讓我認識，他說我可以從這裡開始。我問他是否也可以幫我介紹幾位家長。

龍先生愣了一下，問道：「家長和學生的表現有什麼關係？」一年半之後，我與龍老師見面，要向他告別。我們在第一次見面的會議室附近找了一間自習室聊。他提到了我之前的請求，「你是對的。父母確實有所影響，與父母溝通良好的學生，在高考表現得通常更好。」

如果把菁英的階級複製視為一場競爭，可以預期菁英小孩會是贏家。他們讀的是一流的中學，跟著最優秀的老師學習、擁有豐富的家庭資源。重要的是，他們知道如何玩這場遊戲。他們非常熟悉比賽規則，知道自己握有的條件，有專家的協助，還能獲得關鍵成年人的支持。更重要的，提供他們幫助的大人是特定方面的專業人士，而且本身也是贏家。因為手上有所有的籌碼，他們可說是立於不敗之地。本研究中的菁英父母也知道這一點。不過這些家長覺得還沒有必要動用到家裡每一分資源或家庭的各種資本。家長的努力主要集中在家裡，他們會盡力讓孩子在家感到幸福。不論是提供一個讓孩子可以專注準備大學的環境，還是為壓力過大的孩子提供情感支持，家長的支持主要在學校以外。他們認為在校園裡的所有備考工作都是老師的責任。凡是與大學申請直接相關的工作，如準備考試和準備完美的申請資料，都應該由學校老師和顧問負責。

雖然大多數老師樂於接受不與家長交流的慣例，甚至堅持避免與家長交流，但有些美國顧問強烈希望與家長見面。Chris、Tom和首都中學的其他顧問估計，「只有不到三分之一的學生能夠自己決定申請哪些學校和科系。」由於家長在學生的大學申請選擇過程扮演要角，顧問認為與家長的會議非常重要，而且絕對必要。然而，很少有家長回應這項要求。就算他們同意見面，家長與顧問的會面也往往不如預期。Chris說到他與家長的互動時，嘆了一口氣：「我們很少與家長見面。一旦我們碰面，家長也不說話。大多數的時間是我們和學生交談。」首都中學另一位美國顧問Tom則因為語言和文化障礙而難以與家長溝通。更糟糕的是，他發現翻譯者（學生）有時「故意翻錯我們跟家長說的話」，以便「讓家長站在他們那邊」。

從菁英父母的角度來看，一般情況下，他們沒有必要干預學校。然而，階級複製未必能夠按計畫進行。技巧最好的競爭者有時也會發現自己可能落敗，就好比菁英父母發現他們的小孩正面臨失敗的風險。準備高考和申請大學的過程未必一帆風順，並非每一步都能讓整個家庭朝著最終目標前進。正是在危機時刻，本研究的家長會亮出他們的王牌。為了挽救局面，他們會跨進大家認為屬於教師的領域。具體來說，他們會在此時實施候補方案，也就是他們老早就制定好的應變計畫。

在歷時十五個月的田野訪談中，除了家長會之外，我一共只看到兩次家長拜訪學校。其中一次發生在首都中學，當時我在家齊身旁進行觀察，學生們剛剛上完最後一堂課。走廊上充滿交談的聲音，學生們三三兩兩聚在一起，氣氛相當輕鬆。突然，兩位神情焦急的家長急匆匆地穿過走廊。當他們經過走廊，學生瞬間安靜下來。學生們都看著這對父母，注視著這對夫婦前往的方向，顯得非常擔心。沒有人說話，直到這對父母進入電梯離開眾人的視線後，才有人開口。

「發生什麼事？」我問家齊。

他似乎不想理會我的問題，壓低音量回答：「是家長。八成有人出事了。」

「你怎麼知道？」我追問。

家齊翻了個白眼，好像我問了個蠢問題。「你聽著……」他耐著性子解釋：「你想，家長怎麼會出現在這裡？一定是出事了，而且可能是件大事。現在的問題是：那是誰的爸媽。」家齊想要去聽其他同學怎麼討論這件事，但很快就轉移了注意力。

在這起事件中，學生的反應（靜下來看著家長）顯示家長到學校的情況相當罕見。學生的說法進一步表示，除非絕對必要，例如發生「大事」，否則家長很少來到學校。父母私下到訪的頻率很低，一方面可見在頂尖中學很少有學生惹事生非。另一方面，菁英父母能夠及早處理危機，不會等到事情無可挽回被傳喚到學校才解決問題，而是會在此之前就扭轉局面。龍老師的新發現支持第二種可能性，也就是良好的親子溝通會帶來好處。[1] 對於菁英父母來說，子女的大學落點會大大影響未來地位的高低。他們絕不會讓自己的孩子在爭奪菁英地位的競賽中落後，因此會在事態惡化之前迅速反應，採取行動。由於家長很少主動聯繫老師，因此家長們能否發覺到失敗的可能性，很大程度上取決於親子溝通是否順暢。

在事情惡化前就扭轉局面，如果有這種辦法，無疑是一種菁英優勢。只有知道內情，並且能夠採取行動讓孩子重回正軌的家長，才有辦法扭轉局勢。[2] 正如我在本章要說明的，在許多（但並非全部）情況下，家長的行動都發揮了作用，幫助孩子在搶奪頂尖大學入學名額的過程中佔據優勢。處於落敗局面的孩子依然要繼續比賽，而有冠軍相的孩子則是在每一輪的競爭中表現得更加出色。在關鍵時刻如果有父母的加持，就能讓這些青少年一步一步邁向勝利，贏得大獎（亦即未來全球菁英地位）。

父母的應變計畫

菁英父母明白，教育程度越高，階級複製就越容易。本研究中的家庭也不例外。上大學的想法對父母來說牢不可破，所以問他們是否願意讓孩子放棄讀大學，就像問大象是否會飛一樣不可思議。許多人一想到自己的獨生子女可能無法進入任何大學就感到不寒而慄。對於他們來說，真正的問題是：孩子究竟要上哪所學校。然而若要進入中國和國外的頂尖大學，必須經過激烈的競爭，家長認為這是一段充滿不確定性的過程。本部的家長都知道，如果某次考試成績未達分數線，孩子進入中國頂尖大學的夢想可能就會破滅，進而影響子女未來的地位。國際部的家長也預料到，在申請美國大學過程中如果出了任何差錯，都可能讓孩子的人生脫軌，從此墜入深淵。因此，無論孩子的考試成績如何，這些菁英家長都會為孩子的大學入學準備做好應變措施。

高考成績不理想？立即出國或重考

高考落榜，這是頂尖中學本部大多數學生從來沒想過的事。每當我假設性的問他們如果他們未能進入任何大學，他們該怎麼辦或有什麼感受，十二年級的學生總是對這個問題瞠目結舌。頂峰中學的學神李飛自信滿滿。當我問他如果沒考上中國的任何一所大學時，他要怎麼辦，李飛立即回答：「唯一的出路就是留級（十二年級）。在中國，學生沒別的選擇。」然後，李飛把這個假設改成比較有可能出現的情況。「更有可能的是，假設我沒能進清華或北大，那我會去讀第二志願的大學。有兩、三所非常好的大學可以讓學生把它們排在第二志願。我可以去那些學校。」李飛接著重新討論了我的問題：「但你的意思是如果我沒有被任何大學錄取。那我需要停一下，思考自己的人生。首先，我會告訴自己這不是世界末日，然後搞清楚問題出在哪，以及我的選擇有哪些。老實說，我從來沒有想過這個問題。」說完，他想要補充幾句，但講得文法跟語意都不明，讓人聽不懂：「這個腦殘知道這是什麼問題。不是，這個。」

「沒有考上任何大學」這個假設讓李飛非常震驚，甚至語無倫次。李飛之所以會認為這是不可能的事（「從未想過」）是想當然爾，他畢竟是個學神。然而，即使是學渣或學弱也覺得這種可能性微乎其微。對於頂尖中學的北京菁英們來說，問題是他們未來要進入**哪一所**大學，而不是他們**能不能上**大學。

儘管頂尖中學本部的學生認為除了通過高考之外別無選擇，但家長還是在孩子不知情的情況下安排了出路。還記得第五章，家齊突然被告知，由於考試成績不佳，所以要搬到法國。還有華亭考不上清華大學之後就接到轉學的指示。如果李飛考不好，類似的事也會發生在他身上。李飛高考過後幾天，我去拜訪李飛家，訪問李飛的母親李太太。我問李太太，假如李飛沒通過奧林匹亞考試，也沒有在高考中取得好成績，她會怎麼辦、或有怎樣的想法？李太太彷彿對此問題早有準備：「如果他沒有通過奧林匹亞競賽，那麼一切就要看他的高考成績。如果他能上一所好大學，他就先上那所大學，然後再爭取到國外留學。要再讀一次十二年級實在太累了，我們從來沒有認真考慮過這個選項。如果他失常，高考失利，我們才會考慮重考。」我問她有考慮過哪些大學，李太太回答說：「我們首先想的是港大，這是一個選擇。但如果他能上清華或北大，那麼我們就不會考慮港大。」李太太還說，這些計畫也就只是計畫，因為他們家「從沒找過外國大學或其他學校，因為（李飛）很早就通過奧林匹亞競賽」，並錄取自己第一志願清華大學。

相較於李飛被高考落榜這個問題嚇到，李太太則是沉著面對這個問題，似乎已經為高考各種可能發生的意外做好準備。母親承認兒子有可能高考失常，雖然她認為這種情況發生的可能性很低，但並非不可能（如果「他失常」）。她至少考慮過三個應變計畫，準備在必要時執行。首先，如果李飛的分數略低於自己的平均表現，母親會把他送到香港大學。不過香港也不是唯一的選擇。訪談的後半段，李太太透露，李飛的叔叔有在國外工作的經驗，他可以提供更多關於國外大學和科系的資訊。另外，如果李飛真的考太差，她會讓他休學一年，重新參加高考。儘管李太太列出第三個選項，重讀十二年級，但她果斷放棄（「太累了」）。有趣的是，李飛卻認為這是唯一的解決方案，也就表示他以為重讀一次十二年級，一個禮拜七天，一天要在教室讀書十五個小時，週末也不休息，如此的生活要再過一整年。李太太可能策略上故意讓李飛認為萬一考試失利，最壞的選擇只剩重考一途。另一種情況是母親可能隱瞞這個消息，要讓李飛能夠全心全意投入高考。不論母親的理由為何，很明顯的是，李太太在李飛不知道的情況下已經為他制定多項備案。

到頭來，母親的想法仍然只是一連串的念頭。對家裡來說，事情進行的很順利，所以李太太也就把她的應變計畫擱在一邊。李飛贏得奧林匹亞競賽獲得保送資格，為了幫忙提高頂峰中學的平均分數才參加高考，他後來進入清華大學主修電機。然而，這位母親知道即使可能性微乎其微，仍有可能隨時出現措手不及的意外狀況。直到李飛到清華大學註冊之前，她都準備好要隨時出手、為兒子預備一條出路。

還沒申請上美國大學？就往《美國新聞與世界報導》排名較低的學校去

相較於本部的學生，國際部的學生有時會擔心沒有辦法申請到任何一所美國的大學。後來就讀耶魯大學的Claire就一直被這種想法困擾著，因為她只申請排名頂尖的大學。其實學生不太會擔心自己可能明年還要再重新申請一次，但確實也有人為此焦慮不已。五月份的時候，我在首都中學的諮詢室遇到Chris。Chris身材高大，是一位中年的美國學術顧問，學生都叫他「英國紳士」。[3] 他說自己打算與一位尚未收到任何大學錄取的學生會面。

「哦，還沒有收到嗎？那相當晚。」我說。

「是沒錯，」Chris歎了口氣。「她擔心自己可能不會被任何學校錄取，她非常焦慮，這我能理解。」

「我以為每個人都會有錄取學校！」我非常驚訝地問。

「最終每個學生都會有大學讀。」Chris帶著慣有的微笑解釋。「但也有一些人要等到很晚才收到結果。有兩三個女同學尚未收到任何學校的回覆。我不會為此擔心，但她想見面聊聊。我們來看看還能做些什麼。」然後他走進諮詢室。

對於Chris來說，學生沒有什麼好擔心的，他們至少都會獲得一所大學錄取（「最終每個學生都會有大學讀」）。但是，儘管顧問信心滿滿，名落孫山的負面想法在學生的腦海中卻揮之不去。有幾個學生直到學期末才收到錄取通知，光是如此，就足以引發申請者的集體焦慮，他們整天憂心忡忡，要等到收件匣出現錄取通知，才能放心。

比起顧問的氣定神閒，家長對自己孩子的焦慮感同深受。然而，相較於本部的家長為預防孩子高考失常而制定具體計畫，國際部的家長卻毫無頭緒。國際部的家長大多拒絕回頭準備高考這個方案，認為自己的孩子與那些整個中學都在準備高考的同學相比，明顯居於下風。在背水一戰的情況下，父母指示孩子在大學申請階段，要海量申請，為突發情況做好準備。

我訪問過的大多數顧問都建議學生最多申請十所學校就好。有一些家庭聽了建議，但大多數家庭認為起碼要申請十所學校才行。Alex和他的家人就屬於後者。事實上，他提交的申請多到連自己申請了哪些大學都記不清楚。[4] 我有兩次請Alex告訴我他的大學申請清單，他列出兩份有重疊但不同的清單。當我發現兩份的差異，他笑著說：「真的嗎？我記不得了。我申請了巨多所學校。大概有二十所！」Alex建議我把這兩個版本合併起來，獲得一份他所申請的完整清單。然而，即使兩份合併也仍有遺漏，因為兩份清單都沒有Alex後來就讀的波士頓學院（Boston College）。

我向Alex的母親詢問他的申請情況。母親承認他們申請了遠遠超過Alex學校顧問Tom建議的數字，並笑稱申請數量「巨多」。她解釋說這個決定是出於家長自身的焦慮。「你也知道，」她緊張地抓住自己的錢包，說：「我們有點緊張。Alex申請三所大學的提早入學，[5]但沒有一所大學錄取他。這樣就很緊張了，到最後，Alex認為申請越多機會越大。我們做家長的對這些事情沒有經驗。我們很著急，心想：『如果他沒有被任何一所學校錄取怎麼辦？』所以，這就是他申請巨多大學的原因。」隨後她雙手環抱胸前補充：「實際上，事後看來，這種焦慮完全沒有必要，對吧？那些排名在四 五十名的大學？他們完全沒問題的（肯定會錄取Alex），根本是杞人憂天。」

如同國際部眾多心急如焚的家長一樣，Alex的父母對美國的申請系統毫無頭緒。為了消除內心的不安，作為因應之計，這些父母鼓勵或指示自己的孩子申請越多大學越好。Alex的母親將這種行為直接歸因於父母的焦慮（「我們很著急」），擔心Alex可能沒有獲得任何大學錄取（「如果他沒有被任何一所學校錄取怎麼辦？」）為此，這個家庭撒下天羅地網，卻遠遠超過必要。結果Alex在一個申請季之中，不只是申請十所大學，而是申請了二十多所大學。正如其他家庭，額外的申請都是申請排名低於目標大學的等級（「排名在四十和五十的大學」，這些大學「完全沒有問題的」）。以Alex為例，他不願意錯過進入夢想大學的機會，因此，他額外申請了一些他的諮詢老師認為他達不到錄取門檻的大學。Alex的母親最終認為，她申請「巨多」大學的策略根本「完全沒有必要」。然而，她的計畫目的達到了：她給Alex準備了一個應對申請失敗的緩衝地帶。

總而言之，菁英父母的責任，是為孩子打造最終的安全網。他們下定決心，要在孩子失敗時接住孩子。面對大學升學的各種焦慮，使得家長投入應變方案。本部的家長從自身的高考經驗汲取教訓，優先考慮某些選擇而拒絕其他選項。國際部的家長即使沒有親身經驗，也可以為孩子提前計畫，不會因為不熟悉美國申請流程而妨礙他們確保孩子獲得大學錄取的機會。他們根據學校顧問的建議與自己的理性計算隨機應變，最終決定為獲得大學錄取而撒下一張大網。這樣做的代價，是可能會擠掉其他以這些學校為目標的申請者。不是每一位家長都採取這些策略，尤其是學神或其他表現優異學生的家長。但是連學神的父母也會做好準備，顯示出家長幫助小孩成功複製菁英地位的決心。

成績優異者的家長有致勝計畫

許多研究通常把菁英學生的大學入學描述成無縫接軌的過程。[6] 本研究大約有一半的學生確實順利升學，進入到中國、美國或英國的頂尖大學。然而，菁英學生也可能會遇到難以預料的困難，局勢一夕之間惡化。這就像一個連勝的選手突然遭遇輸球魔咒，即使是學神和學霸在某次考試失敗後，也可能突然發覺自己處於嚴重劣勢。在困難的時刻，菁英父母會立即採取行動，幫助孩子化險為夷。本研究的家長對地位之爭瞭若指掌，他們自己也曾在這些激烈的競爭中獲勝。憑藉對地位體系的深刻理解，這些家長能夠幫助孩子在既有的遊戲結構與規則中攻城掠地。因此，這些孩子的菁英家庭背景為他們帶來的，不僅僅是資源上的優勢，同時還有父母的知識與能力所發揮的作用，能夠幫助孩子在申請過程克服挫折。

觀眾行為：Tony的母親高枕無憂

如果孩子的成績名列前茅，他們的家長就會認為把升學的準備工作交給學校就行了。這些學生包括李飛、鳴佳、Ashley和Tony，他們分別順利進入清華大學、劍橋大學和康乃爾大學。我訪問李飛的媽媽時，她說自己沒有幫助李飛做升學準備。「沒有，我沒有做什麼。

我只是付錢。」鳴佳的媽媽也說自己沒有幫上什麼。我繼續問鳴佳的媽媽，她在鳴佳大學升學準備的過程中，為她做過最自豪的事情是什麼。鳴佳的母親想了一會兒才回答：「最自豪的事，讓我想想，最自豪的事。嗯。我做過最自豪的事情，是，我想，是，我幫她整理筆記。我把它們裝訂在一起。」然而，裝訂筆記實在微不足道，在另一次採訪中，鳴佳甚至不記得自己的母親曾經做過這件事。同樣，Ashley的母親也說她很少涉入，甚至經常缺席家長會。「如果我有空，我偶爾會去參加家長會。不過基本上，我是不去的。」

學神和學霸的父母往往期望他們的孩子能順利從中學銜接到菁英大學，而且覺得不會動用到備案。Tony的母親曹太太就是抱持這樣的想法，曹太太的造型是俐落的短髮，她同時是老師和企業家，講起話來雖快但字字清楚。我們在她任教的學校附近的一家咖啡店見面。曹太太充滿著自信，強烈的個人風格引導了這次採訪的調性和節奏。曹太太說Tony是「一個不用大人為他擔心的孩子」。我問她是否曾經幫助Tony申請大學，以及用什麼方法協助Tony，但曹太太都回答說她沒有出力。曹太太解釋：「這些事情都是他自己處理。他可以找一個代辦，或者找一個人在首都中學指導。他可以處理這些事情。如果有什麼事，可能在語文方面我能幫他一些，但他可以自己應付。畢竟，孩子和大人的想法不同。」

就曹太太看來，在Tony申請大學的過程中，沒有她可以幫忙的事。然而曹太太早年就開始準備要將Tony送去西方留學。她在英國讀研究所時，也把Tony帶去英國，在那邊培養Tony的學習習慣。曹太太在採訪中驕傲地告訴我，她向Tony灌輸自己的座右銘：「百尺竿頭，更進一步」。在讓Tony走上正軌之後，她覺得在中學期間，應該不需要額外的計畫應付意外狀況了，畢竟Tony在首都中學一直是個學神。由於Tony的成績傑出，儘管曹太太能夠提供協助（「可能在語文方面我能幫他一些」），但最終她並沒有這麼做，因為Tony可以為自己的學業負責（「他可以自己應付」）。

曹太太堅信兒子將會進入美國的頂尖名校，然而我還是想知道她是否準備了備案，因此我問她：假如Tony未能申請上自己理想的學校，她會為此做些什麼，或表示什麼嗎？曹太太露出自信的微笑，她一邊擺擺手，表示這個問題不重要，一邊說：「我認為這都沒什麼關係。所有排名前三十的美國大學都差不多。我認為他不會落在前三十名以外的學校。以他的能力來看，他是那種不會出差錯的學生。也許前二十名的學校與前三十名的學校會有一些不同。但差別不是太大，你也知道。」

曹太太的兒子GPA和SAT分數都很高，她認為Tony做得很好，足以複製她的地位，同時曹太太也相信Tony必定會進入一流大學（「以他的能力來看」，「不會出差錯」）。她既未實施應變計畫，也從未認真思考過要制定其他計畫。曹太太和其他國際部的家長一樣，唯一的應變計畫就是要Tony撒更大的網。然而，Tony額外申請的出發點與其他學生的目的不同。雖然Alex的保底學校遠遠低於他原來的目標，但Tony卻不是如此。曹太太再次強調，排名較低的學校（也就是根據《美國新聞與世界報導》〔*U.S. News & World Report*〕排名在二十一至三十名之間的院校），與Tony要申請的目標學校（排名前二十名的院校）「沒有太大差別」。可見這位媽媽胸有成竹，因此她準備安全網的目的，不是要在孩子摔倒時接住他們，因為孩子根本不可能摔倒。相反地，這些額外的申請，也是Tony的目標學校。

曹太太的高度自信甚至使得她在Tony需要父母引導時拒絕伸出援手。其中一個例子在第四章有提到，Tony想放棄一項計畫專心準備SAT。他與可能為他寫推薦信的老師發生衝突。然而，在整起事件中，曹太太不以為意。當我問到她這件事，她一笑置之，「仔細想想，這真的不是個事。我本可以告訴他怎麼與（老師）商量，可以解決這件事。他很焦慮，但這完全沒有必要。」另一件事，是Tony找不到下一屆的學生來接替他擔任社會科學社的社長一職。如果找不到人，學校會把這個社團收掉。一旦發生這種情況，他將因領導無方而留下記錄，如此一來他的申請也會受到負面影響。但是，他的媽媽仍然不擔心。我繼續追問她為什麼不怕這樣會造成傷害。對於我的追根究柢，曹太太顯然有些不耐煩，她一派輕鬆的快速回答，「我說，這總得有個機制吧。事情會自己解決，你不需要去擔心，你知道吧。」然後，她為這一連串的問題下了總結：「我不用多說些什麼。Tony自己會想辦法。」

曹太太本來可以拉兒子一把，但她選擇袖手旁觀。儘管她知道Tony的申請多少會出現一些問題，包括：惹惱一個幫他寫推薦信的老師，或是有可能受到學校的懲處。然而，在整個訪談過程中，這位媽媽顯然不認為這些是家長應該介入的理由。對於曹太太來說，這些問題根本不會威脅到Tony的大學申請與他的未來。她之所以如此放心，是因為她相信Tony已踏上進入頂尖名校的正軌，Tony在菁英地位的競爭中，已經站穩腳步。因此，媽媽認為這些風險不足以使Tony偏離正軌，甚至Tony本人也不應該受到絲毫影響（焦慮是「完全沒有必要的」）。

Tony順利升上大學。一切如他母親所料，Tony在下一屆學生中找到一個人接替他社會科學社的社長一職。他終於鬆了一口氣，高興地退出所有社團活動。十二年級的時候，Tony在SAT考了兩千三百二十分，並獲得康乃爾大學的錄取，康乃爾在美國的大學中排名前二十。[7]由於對Tony充滿信心，這位母親依舊沒有介入，相信孩子可以應付任何事情，不僅在中學如此，在讀大學和出社會時也是如此。

助攻之箭：詩盈的母親指導她的女兒

對於孩子的大學申請，雖然有些家長老神在在，但另一些家長則認為有必要出手幫助孩子。學神和學霸的父母如果察覺到孩子進入頂尖名校的計畫出現危機，他們未來的菁英地位岌岌可危，就會適時出手幫孩子一把，盡父母的一份心力。首都中學成績優異的詩盈就是這樣的例子。詩盈的母親劉太太是清華大學的校友與大學中文系教授。在十二年級的秋天，劉太太說她很少插手詩盈的功課。在我住在她家的四天時間裡，我沒有聽到他們討論高考或大學，頂多只有劉太太簡短的提醒，例如「明天會下雨」、「該睡了」或「記得帶上飯盒」。當時，首都中學的老師、家長和詩盈本人都認為，她必定會上清華大學，而且能夠選擇自己喜歡的科系。在這個時候，劉太太的行為類似於Tony的母親，在詩盈的升學準備中退居二線。

升學準備的轉折點是詩盈意外沒有通過清華大學的加分考試。劉太太一得知詩盈考差了，就開始以前所未見的方式指導女兒。自主招生考試當天早上，劉太太和我在考場外等著詩盈。當我們在附近散步時，她再次表示，雖然她是教授，也可以好好指導詩盈，但她完全沒有教導詩盈任何事情。三個小時後，大約中午時分，我們與一群在考場外等候的家長站在一起。詩盈穿著粉紅色的羽絨服，馬尾在腦後晃動，快步朝著我們走來。

「怎麼樣？」劉太太急忙問。

「啊，考砸了……」詩盈嘆了口氣，漫不經心的樣子。看到母親的眼神，她換了一種比較嚴肅的語氣說：「我時間不夠，數學沒寫完。語文比較簡單，雖然有些問題有些難。」

剛剛在外面等待詩盈的時候，劉太太才告訴我，自己從來沒有和詩盈聊過考試的細節，但她現在看起來似乎很擔心。在我們走回車子的路上，他們開始討論比較難的中文問題。有一道題詩盈覺得很難，那就是要為「北京霧鎖車迷路」做對句。回程的車上都一直在討論這個話題。

「告訴我你寫了什麼。」劉太太問。

「我寫了……」詩盈遲疑地回答：「紐約冰封人失家。」

劉太太想了一會兒後，眼睛依然盯著馬路，肯定地給出她的答案：「嗯，我想我會寫『南城水流人失家』。如果是這樣的話，我肯定會對比水和霧。這才是比較好的答案，這樣一來，它就和國家的氣候災難有關。」

「北京對南城，這很好。」詩盈起初同意，但後來又為自己的答案辯駁：「我把北京和紐約作對比。紐約幾年前不是有過一場暴風雪嗎？」

「你用北京對紐約，但我會用北京對另一個首都。」媽媽說：「另外，紐約是翻譯的名字，北京不是。南城是更好的選擇。這也就對比北和南。」

詩盈似乎想轉移話題，便說：「我們已經在這個問題上花太多的時間了；我還有其他問題要作答。」但媽媽還想繼續深究下去。關於這對句，最後討論超過半個小時，直到我們到了一家餐館吃午飯時才結束。

然而這位媽媽並未就此罷休。兩週後，詩盈發簡訊給我，告訴我她沒有通過自招考試的消息。她本想為清華大學的入學累積三十分的加分，結果沒有成功。雖然詩盈因三好學生可以加二十分，但劉太太認為相較於其他獲得更多加分的學生，詩盈並沒有優勢。於是，劉太太開始大力介入詩盈的大學準備工作。其中一個重要變化是劉太太開始與詩盈的老師聯繫。

自招考試後大約一個月，我在學校遇到劉太太，當時我完成一天的觀察準備回家。我跟劉太太打招呼，問她為什麼來學校。她說剛結束一場家長會，她想提高詩盈的考試成績，所以在家長會後去找詩盈的班主任聶老師。

「這是我第一次去找她！」劉太太看起來有點興奮，「我跟她說，『關於詩盈的語文作文……』然後，聶老師馬上回我，『我沒有教好她。我很抱歉。』」劉太太笑了，「我並不是要責怪她什麼，只是在想該說些什麼！」

讓我驚訝的是，同一個月，我又在學校碰到劉太太，那天並沒有家長會，也就是個普通的日子。我再次詢問她來學校的原因。

「今天有一場大學選校的諮詢會。我覺得自己應該順便過來聽聽他們有什麼建議。老實說，我不知道該問些什麼。」她笑著說：「但我認為該來。我和清華大學的招生官聊了一下。那位招生官建議詩盈應該把目標放在清華大學的（那個）科系。」劉太太聳聳肩，「我想，那就考慮一下吧。」

在這個例子中，這位母親根據事件的發展，調整自己作為家長的介入方式。[8] 劉太太因為在中國文學界的學術職位，可以擔任考試委員。她可以固定與女兒討論考試重點。這位母親知道應該做什麼、如何準備考試，還有找誰討論詩盈的成績。但是直到詩盈在自招考試意外失利之前，她從來沒有教過女兒，也沒有找過老師，更沒有到過學校。考過中國高考的劉太太深明獲得加分的意義，也知道失去加分的可能後果。當這位母親察覺到問題，馬上就親自動手處理，啟動所有計畫，試圖挽救局勢。

值得注意的是，這位母親是在同一套遊戲規則的前提下，挽救局勢。她並未想過轉換軌道，例如放棄高考或出國留學，也沒有任何違反規則之舉，如利用專業人脈找來考試題目。

相反，她開始指導詩盈，告訴她自己覺得更好的答案是什麼，希望詩盈可以拿到更好的分數。儘管詩盈想要轉移話題，但她還是堅持下去，確保自己的女兒在未來的考試可以答得更好。劉太太還找了詩盈的學校老師，這可能是在詩盈十二年求學生涯中，她第一次去找詩盈的老師（「我第一次去找她」）。最後，母親諮詢招生官，願意考慮一個原本不在她考慮範圍內的主修科系。

詩盈後來如預期在高考中名列前茅，但是她的母親所扮演的角色在這過程中的確有所轉變。[9] 詩盈的高考分數在全市排名前十六名，考上了清華大學，並且選擇招生官推薦的科系。簡言之，母親適時幫助女兒，女兒也完成了菁英地位的複製。

援引特殊規則：浴朗的母親糾纏教練

若要化險為夷，有一種辦法是援引少有考生知道的特殊規則。浴朗是首都中學的優等生，興趣在數學，矢志以獲得奧林匹亞數學競賽金牌來保送清華大學。浴朗的母親是清華大學的校友，也是一家官方報社的編輯，她發現首都中學用心培訓學生參加奧林匹亞競賽，於是把浴朗轉到首都中學。浴朗在此全心全意投入奧林匹亞競賽的準備，甚至放棄加分考試和其他獲得額外分數的管道。然而，讓首都中學和浴朗沮喪的是，浴朗在競賽中意外落馬，失望之餘她向學校請了一個月的假。浴朗的母親買了一隻小狗來安慰她。更重要的是，母親開始打電話給浴朗的奧林匹亞指導老師，也就是孫老師。孫老師並不喜歡這位母親突如其來的頻繁聯繫。我在學校訪問他時，孫老師抱怨說他對此感到非常不滿。起初，他不願意幫忙，因為他覺得這個家庭過於功利。他皺著眉頭說：「浴朗（或她的母親）是個功利主義者。她想參加奧林匹亞競賽的原因，是希望可以保送清華。現在政策改變，沒有保送了，浴朗就失去動力。這就是她在比賽中失利的原因。」

然而，迫於壓力，孫老師無奈地告訴這位母親一個鮮為人知的事——北京大學為那些未通過奧林匹亞競賽的學生舉辦冬令營，參加營隊有機會在高考上獲得加分。浴朗的母親得知這個消息，立即表示，他們會放棄清華選擇北大，然後拜託孫老師推薦浴朗參加那個冬令營。但浴朗沒有通過冬令營的結業考試，因此未能藉著參加營隊獲得加分。眼見自己的女兒仍然沒有獲得加分，情勢極為不利，母親再次聯繫孫老師。這一次，孫老師透露，清華大學在兩週後也會為未通過奧林匹亞競賽的學生舉辦一個夏令營。不出所料，劉太太要求老師也讓浴朗報名這個營隊。令孫老師和家人欣慰的是，浴朗這次通過訓練營的期末考試，並獲得了六十分的加分。浴朗獲得加分後，她的媽媽便不再打擾孫老師。

浴朗的母親不只一次，而是兩次幫助浴朗在階級複製中把握先機。由於媽媽知道進入頂尖大學是未來成功的第一步，所以她先把浴朗轉到首都中學，盡其所能提高她贏得奧林匹亞競賽的機會。雖然浴朗說自己在學校遭同學孤立了一年，但母親認為目前事情進展順利，拒絕改變。當浴朗面臨無法進入頂尖大學的風險，母親再度出手援救。她像其他菁英家長一樣，浴朗的母親知道哪一項標準是關鍵：考試成績大於一切。因此她一心一意為浴朗爭取加分。

然而，浴朗的母親比詩盈的母親及大多數家長都更進一步。雖然詩盈的母親與多數菁英家庭的行為相似，但浴朗的母親在教師的幫助下打出一張鬼牌（wild card）。更準確地說，這位母親利用其他參賽者不知道的特殊規則。在我所有採訪中，沒有其他受訪者聽說過冬令營的事。在老師之中，包括我的關鍵報導人胡老師，他是頂峰中學的奧林匹亞競賽指導老師，都沒有透露這項訊息。這些訊息對其他學生，例如同樣未能通過奧林匹亞競賽的向祖，會非常重要。其他家長，包括凱豐和李飛的母親，如果知道有這條後路，就不會如此焦慮了。考量到冬令營的秘密性質，通過冬令營獲得加分就相當於階級複製競賽中的一項特殊規則。

浴朗母親的例子表明，菁英家長不僅可以在關鍵時刻伸出援手，也能夠以別人難以想像的方式提供協助。浴朗的母親準確看出首都中學的奧林匹亞競賽指導老師掌握了其他人所沒有的內部消息。她不怕騷擾教練，儘管教練毫無意願幫忙，也堅持請他幫忙。藉著這些行動，浴朗的母親幫助女兒克服了競爭進入頂尖大學過程中遇到的意外挫折。事實證明，母親的支持至關重要。浴朗的分數略低於清華大學的最低錄取分數線，但加分之後就錄取了。浴朗獲得一流大學的學歷，能夠繼續參加菁英地位複製的競逐。

成績低落者的家長必須艱苦奮戰

學渣和學弱的父母也各自制定了因應方案。然而，這些家長遇到的問題與學神、學霸的家長截然不同。雖然學渣家長也願意幫助自己的孩子站穩腳跟，但他們的孩子缺乏關鍵的籌碼：考試分數。家長把心力集中在提高孩子的考試成績，但這些努力未必能夠見到成果。有時候，家長調動手上可用的資源，但卻徒勞無功。有時候，曾經在地位競爭中攻城掠地的家長卻只是當個被動的旁觀者。在第一種情況下，再次證明遊戲規則是決定個人成就的關鍵因素，因為不論家長的付出和家庭資源多寡，都不受影響。在第二種情況下，由於子女考試成績不理想，因此家長覺得就算有自己的幫助，也未必能夠改變孩子的考試成績。學渣和學弱的父母不像學神和學霸的父母那樣，想辦法幫助孩子轉換跑道，而是要為他們孩子不如人意的成績扛起責任，並吞下自己的失落。

監督者的角色：Robert的父親介入處理

家長明白考試成績決定大學的錄取，而大學錄取又與孩子未來的地位高低息息相關。有了這樣的認識，如果孩子成績不好，家長通常把重點放在盡可能提高孩子的高考或SAT的分數。為了提高Robert的考試成績，Robert的父親因此更加介入指導他的課業。我在Robert十一年級初訪問他，當時他的SAT成績徘徊在一千八百分上下。當我問到他的父母是否協助他準備申請，Robert直接告訴我：「他們比較多是扮演監督者的角色。」他舉了幾個例子：「他們不讓我出門，他們會和（國際部）其他家長討論一些事情，比如之後可能發生的狀況，或者該去哪裡報什麼班，這一類的事。」

然而，十二年級結束，SAT成績提升兩百多分後，Robert對父母的角色有了完全不同的看法。當我再問同樣的問題，他告訴我：「在我們這兒，考試還是要靠自己。我的父母看到我前幾次SAT考試分數不行，但他們什麼也沒做。他們要我做作業，也可能有時候會檢查我背單字。除此之外，他們什麼都沒做。」驚訝之餘，我進一步追問。Robert耐心地解釋：「我爸爸負責我的課業；我媽媽不需要盯著我。她有時會告訴我寫論文更有效率的作法。我和我爸聊過大學選校的問題，比如我申請哪個科系。他們能做的不多，差不多就這些。」然後他最後總結：「他們沒做什麼。」這個話題也就到此結束了。

兩次訪談顯示，他的父母參與的程度不一。父母在十一年級時針對課業管得很多（父母扮演「監督者的角色」），但到了十二年級就變成沒什麼用處的大人（「能做的不多」，「沒做什麼」）。Robert對此差異沒有多作解釋，但有許多因素可能促成這種變化。例如，有可能是Robert的父母發現他們無能為力之後改變了做法。在我們的訪談中，Robert甚至提出他在十一年級的SAT低分，證明父母不太管他，說他們「什麼也沒做」。雖然Robert的解釋確實反映他的看法，但他忽略一個關鍵的區別，那就是在這兩次訪談之間，他的SAT成績有了明顯的提升。

Robert的老師華老師透露，真的是他的父母幫助了Robert扭轉考試成績的頹勢。我與華老師在首都中學的一間空教室進行訪談，華老師說Robert的父母曾經在Robert十一年級結束時打電話給她。Robert第二次參加SAT考試的成績是一千八百多分，淪為首都中學分數最低的學生之一。對於父母來說，他們非常清楚，分數這麼低不可能上美國的頂尖名校，比較有可能申請上美國那些沒沒無聞的公立大學，也就是那些在中國沒人知道的學校。Robert的父親察覺到SAT考低分已經讓Robert自信心受挫，因此馬上與華老師聯繫。根據華老師的說法，父親表示他們「非常擔心」，並決心「處理這個情況」。他請老師注意Robert在學校的情緒，希望他依然保有鬥志。華老師把這解釋為父母宣佈他們將介入並解決這個情況。

Robert覺得父母給他很多自由，這個例子說明他父親幫助Robert提高成績的做法，是巧妙地調整父母介入課業的程度。父親過去在高考取得極好的成績，因此他把考試成績視為進入大學的關鍵。畢竟，他能夠成為北京人就是因為當年考試成績優異。因此，當Robert的成績不佳，父親就管得更嚴（不讓他出門、與其他家長聯繫、檢查Robert是否背好單字）。根據同樣的邏輯，在Robert的考試成績提高後，他就給予Robert更多的自由，放牛吃草。後來，Robert在SAT考試中取得兩千零五十分的成績，申請上了喬治華盛頓大學，Robert的父親郭先生很滿意這個結果。在我們訪問的尾聲，這位父親總結：「總的來說，Robert做得很好。雖然有一段時期他很掙扎，但整體而言，過程算是順利。」

替代策略：羅浩父親的變通之計

不是每一位家長都會試圖提高孩子的考試成績。事實上，有些人認為他們孩子的考試分數已經無可救藥，也覺得考得差是理所當然。這些家長並未嘗試提高孩子的分數，而是想其他辦法。以北京高考的規則來說，一種為意外情況做準備的方式即「猜分填報志願」，這也是提交大學選校的特點之一。[10]走這條路的其中一位家長就是羅浩的父親。羅浩的考試分數很低。我並不認識他本人，而是在其他家長的介紹下認識他父親鄧先生。鄧先生是一位中年的數學家，他滿頭白髮，戴著一副金框眼鏡，讓他看起來相當專業。我聽到他和其他家長談論他為兒子分析大學填報志願的事。這位父親大聲抱怨：「我幫我兒子算了三個月，這三個月來每天都熬到一兩點（淩晨）。我拿出他中學所有考試成績，放在我桌上，算他在高考中可能得到幾分。他的分數起伏很大，所以我得知道他的標準差，才能預測他的分數可能去哪間大學。」其他家長都專心看著他，紛紛點頭表示認可。

我後來找到鄧先生，想進一步詢問他講的事情。鄧先生皺著眉頭，一副茲事體大的表情，嚴肅地談論高考的重要性，以及要整理出最有利的大學填報名單是多麼複雜困難的事。他說自己的兒子要上一流大學已經不可能了，因為「我兒子的分數到不了」。然後把雙手按在桌子上，仿佛壓在兩疊看不見的紙上。他抬起右手，「如果他考這麼高，他可以考上這所大學。」然後他抬起左手，「如果他考這麼高，也許能進那所大學，但這不保險，所以他最好把另一所學校也寫上去。但如果他差了一點，沒錄取這一所學校，他就會掉到第二志願。不是每一間學校都讓學生把他們當作第二志願，所以我需要知道哪些學校可以（被列為第二志願），哪些學校不行。然後，假如他第二志願的錄取分數線與他的第一志願太接近，他就會落到第三志願，但第三志願大抵都不是什麼好大學。但你不能讓他選一個分數線太低的學校當第二志願，因為他會錯過其他原本可以考上的學校。」

鄧先生利用自己的專業，為羅浩的升學準備做好應變措施。當其他家長致力於提高孩子的考試分數，鄧先生卻專注在解決大學填報的不確定性。這項決定並不表示這位父親忽視考試分數的重要性。恰恰相反，鄧先生非常清楚這一點。鄧先生自己就是因為高考成績優異而就讀頂尖名校，這位父親瞭解考試成績對大學錄取有多重要。面對兒子高考成績太差的問題，他提出的方案也反映他首先關注的是孩子的考試成績（「他的分數到不了」）。鄧先生不僅是北京一所大學的數學系教授，也是北京市中學數學教學課程設計委員會的一員。由於個人經驗與職務內容，鄧先生非常瞭解整套制度的複雜性，並且在他對兒子的高考分數預測中，已經知道兒子失去進入一流大學的機會。換句話說，正是熟稔地位競爭的規則，這位父親把心力放在他認為還可以挽救的問題上。這位父親不是從兒子不佳的考試成績下功夫，而是選擇一個變通之道。他利用自己的專業，未雨綢繆提前做好規劃，確保羅浩可以獲得最佳的結果。

後來我知道羅浩高考成績很差，沒能考上他最想去的大學。然而鄧先生的策略可說奏效。他仔細地選校，幫羅浩找出第二志願，也就是北京以外的一所省立大學。然而，這件事告訴我們，儘管父親非常努力，羅浩並未進入一流大學。就算是父親千方百計想辦法，甚至犧牲睡眠，但還是因為兒子高考成績不理想，未能進入一流大學。父母的幫助無法彌補考試成績的不足，這項事實說明父母的參與和支持可能受到孩子在地位體系中的位置所限。具體來說，即使有了周全應變之計，也不足以彌補孩子的低分。

遵守規則：建民的母親在一旁觀望

大多數菁英家長都會做好準備，如果孩子考試成績不如預期，才會實施應對之計，或者至少仔細規劃他們孩子的選校。但也有少數家長並未這麼做，建民就是一個少見的例子，當他的父母意識到出問題時，已經為時已晚。建民的父母分屬不同階級：父親只有中學畢業，是一名工人，母親則是大學肄業的文學雜誌編輯。[11] 我是在建民讀十二年級的時候認識他，建民的成績在頂峰中學最好的班級裡屬於中上，對於考上北大信心滿滿。建民說學校的事情都是自己作主，母親吳太太在接受我訪問時，也說確實如此。「真的，建民讓我很放心。我從來沒有提醒過他上課要認真、要寫作業，或是不要出去玩，他會把自己的事處理好。」

建民和詩盈一樣在北京大學的加分考試意外失敗。但是，建民的母親與詩盈的母親不同，她並未意識到這次失敗的風險。她並未找老師溝通，並未指導建民，也沒有到學校瞭解建民的大學選校。建民高考表現不佳，分數不夠高，考不上北京大學。他選擇的第二志願大學把分數線拉高二十分，所以建民也考不上。他的第三志願不允許學生將自己列為第三志願，而他的最後兩個選校又把分數線提高太多。建民考試成績不好，選校也不夠用心，因此儘管他的分數在北京排在前百分之七，卻沒有錄取任何一所大學。建民的家人努力替他找管道申請香港大學。然而，他的媽媽仍然沒有干涉，放手讓建民自己去申請。結果建民沒有被香港大學錄取，而是落到大陸以外的一所過去想都沒想過的省級大學。談到建民的大學升學之路，吳太太對自己沒有積極參與感到遺憾。訪談時她難過地說：「如果，我想，如果（我）做好功課，如果我再用點心，弄清楚有些學校是否接受學生把他們設定為後面的志願。他的第三志願完全不接受學生把他們列為第三志願。（但是）我卻沒有注意這些資訊。現在這一切都來不及了，是我沒有盡好自己的本分。」

吳太太是這個研究中唯一讀過大學卻未能事先想好應變計畫的家長。她考過高考，也讀過大學，自認有能力閱讀選校指南，制訂大學選校策略，也能夠與老師溝通如何幫助建民。這位媽媽本身就是來自一個父母受過大學教育的菁英家庭，她顯然知道如何靠著教育競爭地位複製。然而，她卻未能善用自己對規則的熟悉與瞭解。我並不清楚建民的母親為何忽略其他家長在意的各種信號，未能在需要時拉孩子一把。一個可能是她自己的地位下滑，也對於中國的高等教育和菁英地位競爭感到矛盾。[12] 事實上，這位母親說自己和受過大學教育的父母有著代溝。然而，這位母親非常關心兒子的大學成績，當她懊悔自己未能適時伸出援手時，幾乎要流下眼淚。

另一個更有可能的解釋是母親覺得地位體系的規則很清楚，那麼就讓體系引導自己的每一步就可以了。透過分析建民母親的反應，可以看出她理解地位競爭的來龍去脈，她之所以能夠感到「安心」，正是因為她明白考試成績是大學錄取最重要的因素。此外，她覺得沒有必要擔心，因為建民已完成學校的作業也盡心盡力（他上課認真，按時交作業，不會出去玩）。由於預期建民的分數可以上北京大學，也就認為沒有爭取加分的必要。另外，由於建民已經邁向第一志願，後面的志願也就顯得多餘，甚至沒有必要為此耗費心神。母親的信心可能來自於家族過去的學歷。許多學生的祖父母都沒上過學，而建民已經是家族裡第三代參加高考的考生。熟悉階級複製的規則（在高考取得成功）與家族考試成功的歷史紀錄，再加上兒子的中學成績，有可能使得這位母親過於自信。但是，家族幾代對於高考的熟悉，使她看不到準備應對突發事件的必要性。

母親沒有提供協助，似乎不僅對建民造成學業面的影響，也對他的情感層面造成影響。我在大學開學兩個月後訪問了建民。他說自己幾乎和所有中學同學都失去聯繫，他的同學有一半上了北大或清華。我在公車站向他告別時，建民難過地說：「我離開家了，所以鄰居、朋友就不能〔對我〕指指點點了。但我爸媽可能得向所有人解釋，為什麼他們的兒子去了頂峰中學，卻沒能進入一流的大學。」

中學以後：父母在不同時期的參與

儘管菁英學生通過頂尖大學之門，菁英地位的複製並未就此畫下句點。下一個階段是確保工作機會或考取研究所，這個階段也同樣必須謹慎處理。本研究中的菁英父母成功把他們的孩子送進大學之後，更懂得如何在孩子面臨轉換期提供有益的協助。另一方面，這群菁英父母也經歷過取得菁英地位的過程，他們能夠看出孩子的人生軌跡之中潛在阻礙和挫折。他們預先察覺孩子可能經歷的風險，並且採取行動，確保孩子繼續留在競爭菁英地位的道路上。然而，並不是所有家長都能對道路上的顛簸有所反應。大學就和中學時期一樣，有些家長認為沒有必要介入。這些父母只是觀望事情的進展，而其他的父母發現孩子拒絕了他們的付出，把他們排除在外。

有些家長，一旦他們的子女順利進入職場，就會繼續在一旁觀望。他們還是沒有認真準備應變計畫，即使有所準備，也沒有啟動的需要。李飛在清華大學主修電機。大學四年畢業後，他順利進入加州大學柏克萊分校攻讀博士學位，這個科系在該領域排名世界前三。同樣地，Tony從康乃爾大學畢業後，也順利獲得紐約現在這份工作。為了找一份理想的工作，Tony在暑假就和中學朋友一起住在紐約，這樣就能和「對的人」來往，在找工作時，還能有一個紐約市的地址。[13] 整個求職過程，Tony清楚自己要找的是怎樣的工作，並獨自完成所有相關的求職準備。他的母親覺得還不到提供協助的時候，無論是在大學還是在中學都一樣。

有些家長會跟孩子一起面對畢業後、銜接工作與研究所時期的風險。這些父母能夠為孩子分析現況，讓他們走上康莊大道。大學畢業後，詩盈糾結於直接讀研究所，還是要花一年時間加入一個與少數民族共同從事動物保護工作的非政府組織。她有機會加入在中國西部的動保團體，但也收到了歐洲和美國頂尖名校的錄取通知。看到女兒對這兩個機會都躍躍欲試，卻又猶豫不決該選擇哪一個，劉太太指示詩盈立即申請延後入學。但詩盈發現沒有一個科系允許她延後一年入學，並感到相當失望。相較之下，她的母親卻一點也不擔心。劉太太堅信，如果詩盈以後再次申請，同樣（甚至更好）的科系一樣會錄取她，因此她鼓勵詩盈先獲得實務經驗，幾年之後再申請研究所。詩盈被母親的信心打動，拒絕了這些研究所的錄取，搬到青海省的一個偏遠山區。事實證明，劉太太的預言相當正確。第二年，詩盈再次申請，獲得劍橋大學同一個研究所的錄取，不過這次她還獲得一份全額獎學金，而且是英國政府每年僅授與八名國際學生的重要獎學金。在母親的看顧與適時指導下，詩盈能夠堅定地追求自己夢想的野生動物保護工作，並計畫畢業後到瑞士工作。

有時候父母在關鍵時刻伸出援手，可以避免孩子失敗，幫助他們站穩腳跟。二〇一九年夏天，我跟文斌見面，他們一家住在城南的一棟公寓，我們就約在附近的星巴克。文斌是頂峰中學的學神，後來畢業於清華大學，長得又高又瘦。他一邊喝咖啡，一邊跟我說他過去五年的情況，一開頭就說：「我一直想讀博。」為了追求這個目標，他甘願犧牲假期，每個大學的暑假都在準備GRE和托福。他的GRE成績將近滿分，北京市一家最大的培訓機構還聘他當兼職的GRE老師。他到加州大學聖塔巴巴拉分校遊學時，也在一間實驗室工作累積研究經驗。文斌談到這段研究經歷時滿臉笑容，回憶起實驗室中每個成員負責的研究，口沫橫飛說到如何做出這些成果。然而，儘管付出了這麼多，他也真的對這個領域有興趣，但他卻沒有申請成功。文斌決心繼續追求自己的目標，因此跑去當教授的研究助理，隔年再次申請。這一次，令他意外的是，父親突然介入他的申請。

「我只想要申請博士班，但我父親要我也申請幾間碩士班。他甚至說，如果我還是沒拿到錄取，明年應該就把重心放在申請碩士。起初，我對這個建議相當不高興。」然後，文斌突然抬起頭，望著我。他睜大眼睛大聲說：「但我申請三個碩士班，錄取了兩間。問題是，我只申請到碩士班！」

「哈，你現在對你爸的建議有什麼想法？」我笑著說。

文斌靦腆地笑著：「這是很棒的建議。他是對的，他救了我。」

喝完咖啡後，文斌帶我到附近走走。我們遇到他母親，她熱情地邀請我到他們家坐坐，他們家是一座兩房的公寓。我們三個人坐在客廳的紅木沙發上，她拿文斌小時候的照片給我看。文斌的母親告訴我，她和文斌的父親以及其他親戚都對文斌即將在秋天赴美留學感到興奮。然而，申請過程並不順利，父母一直擔心文斌的申請。「我們很擔心。畢竟，他上次沒有申請到任何學校。而且說實話，他的申請資料也沒有太多改變。我們擔心他第二次也不會被錄取。」文斌尷尬的在沉默中低頭看著自己的腳。他母親解釋：「這就是為什麼他父親讓他申請碩士班保底。文斌認為他不需要保底，但他父親和他談，直到他同意為止。」母親看了他一眼，「謝天謝地，他做到了！」

文斌的父親在一家國營報社擔任經理，他雖然沒有出國留學的經驗，但他能夠為兒子制定應變方案。他看出了兒子忽略沒有保底的學校是一個問題，因此要文斌申請這些他想都沒想過的科系。此外，這位父親還有更大的計畫藍圖，預備讓文斌在第三輪只申請看不上眼的系所。父親採取行動，不僅為文斌申請到學校，而且還讓他認識到防範未然的重要性，要懂得為突發事件做計畫（「他救了我」）。文斌後來就讀世界排名前十五的碩士班。他的父母負擔兩年碩士課程的花費，估計約十二萬美元。他的家人深信文斌讀完碩士課程後，未來會進入一個頂尖的博士班。[14]

最後，有些想要幫忙的父母有時會發現自己的好意被孩子拒絕。建民的母親就是那些想干預卻不能干預的父母之一，她的應變計畫被孩子踢到一旁。我最後一次見到建民是在二〇一六年，當時他和大學朋友一起到臺灣玩。他本來就很柔和的聲音變得更小聲了，垂著肩膀，彷彿承受著全世界的重量。午餐時，他突然翻出手機下載自己的成績單，炫耀自己的GPA拿到三點八五，他說這是「同班最高分」。此後幾年，我們一直通過微信保持聯繫。大三的時候，建民說他畢業後沒有任何計畫。他打算參加日本交換學生爭取些時間，之後決定留在日本找工作。要在東京工作並不容易；外國人如果沒有任何人脈，那就更難了。後來他申請了中國一所省立大學的碩士班，結果沒有被錄取，大四快結束的時候也沒有得到任何工作機會。他的學習成績很好，可是卻沒有讓他比其他申請者更具優勢。建民決心要在東京找到一份工作，他認為自己的專業在那最受重視，因此，他延後畢業，藉此延長自己的簽證，同時兼差打工自食其力。

眼看建民的失敗風險節節升高，吳太太這次準備出手幫忙，而且手邊也有了腹案。在我們聯繫的簡訊中，建民說：「我媽媽說她在北京替我找了一份工作。」然而，他立即拒絕母親的提議，因為他對那份工作絲毫不感興趣，甚至可能認為那對他來說是大材小用。[15] 事實證明，過渡到職場比建民想像的困難。他又找了兩輪工作，全都失敗，直到二〇一九年某一天，他興奮地發簡訊給我：「我在日本一家公司找到了一份全職工作！」雖然找工作的時間比預期還長，但他覺得自己似乎又回到跟同學一起追求全球菁英地位的賽道上。

吳太太並未重蹈覆轍，跟幾年前一樣袖手旁觀，而是打算介入建民的職業生涯。吳太太為建民找到一份工作，因為他在競爭菁英地位時跌跌撞撞，即使他大學剛畢業，算起來也是當年眾多申請者之中具有競爭力的一位，但卻沒有收到任何研究所錄取或工作機會。然而，建民想要打造的未來和母親提供的機會南轅北轍。吳太太打算為兒子準備一份工作，當作經濟安穩的緩衝，但建民認為在東京工作比在北京工作風光，所以他願意忍受多年的兼職工作和微薄的收入，就為了實現自己的夢想。[16] 因為建民拒絕接受母親的安排，她只能無奈地鬆手，不干涉兒子的未來。

本章摘要

中國的菁英青年摩拳擦掌，正為全球競爭做準備，而他們的父母是最強的戰友。在我所觀察的北京家庭中，情況更是如此。儘管家長們幾乎不到學校，也很少與老師交談，似乎對孩子在中學的學習狀況不聞不問。然而，他們不加干涉並不表示他們在休息。恰恰相反，這些家長一直盯著那些有可能造成自己的孩子落居下風的事，並立即採取行動，為突發事件做好萬全的準備。從一開始，父母就能分辨出哪些事可能構成威脅、哪些事不足以構成威脅。例如，惹老師生氣是件小事，但考試不及格則需要立即注意。家長還知道如何導正他們發現的問題。他們可以不動聲色向老師施壓，要求他們加倍注意自己的孩子，盡力維持子女的成績；他們清楚若想要大幅提升一個成績不佳的學生，需要的不僅僅是打電話給老師。這一切有如教練在場上對選手發號施令，家長們知道何時應該放手讓孩子獨自處理，也知道何時應該堅持要求孩子接受大人的應變計畫。有了父母的及時幫助，失敗對這群中國新一代菁英來說並不是挫折，而是被轉化成一個進步的機會。換句話說，孩子有機會從失敗之中站起來。

顯然，不是所有的父母都有辦法像本研究的菁英父母那樣介入孩子的學習。菁英家長的干預能力反映出他們相當熟悉地位競爭的規則。他們把重心放在提高考試成績，因為他們知道中學的考試成績最為重要。他們可以預測美國和英國的教師和招生委員想要在申請者身上看到哪些特質，並據此向孩子提出建議。這些父母知道全球的菁英地位值得努力爭取，而這項大獎的重要性也足以證明他們幾十年的付出絕對值得。身為父母，他們已經準備好與自己的孩子並肩作戰，不僅提供最好的訓練和資源，也在需要的時候出手相救，幫助孩子化險為夷。

結語

中國菁英學生如何準備競爭全球地位？正如我在前面章節所述，他們從中學開始就掌握地位體系的規則，接受訓練，想方設法駕馭這套體系。青春期的地位體系影響深遠，從各方面形塑學生的日常生活。地位高的人獲得其他人無法享有的特權，而地位低的人則會因為錯誤行為而受到更嚴厲的懲罰。這項訊息被明確地傳達給中學的菁英學生。在我走訪的學校和家庭中，學神一直是萬眾矚目的焦點。他們認為同學的崇拜、老師的寵愛和父母的縱容都是理所當然。他們覺得無論在學校或家裡都可以隨心所欲，因為他們自然而然覺得別人會滿足他們的要求。排名第二但地位仍然崇高的學霸，也覺得自己享有的權利是天經地義。他們享受著有如學神般的各種特權，但他們會更小心維持自己在學校地位等級中得之不易的地位。相比之下，學渣和學弱則認為自己落在校園地位的另一端。他們欽佩成績好的人，盡量避免違反規則，並受老師和家長的約束和監督。這些系統性的差異向菁英學生表明，地位高低會影響別人如何評價你的所作所為。因此，菁英學生通過日常互動而對地位的後果有切身之感，並且知道自己應該要盡力爭取高位。這些在中學時期灌輸給他們的觀點、期待和行為，後來在大學校園得到證實，之後也體現在工作場所。

對於本研究裡頭的學生來說，人際交往出於自然、甚至可謂本能。少數學生對老師以成績取人感到不滿，但大多數學生即便認為沒有必要藉由考試成績和學校地位來證明人際互動模式的合理性，對這些情況也是見怪不怪。莉莉和她的朋友們並不覺得大夥對康偉這個眾人眼中在學校地位墊底的男孩很苛刻。Tracy 也沒有意識到自己對 Kevin 的看法完全是由考試成績所決定。一旦問到假如成績差的學生在考試中獲得滿分會怎麼樣，大多數學生的直覺反應是無法接受這種假設。另一方面，老師和家長也不承認學生的地位體系。成年人向來不會使用校園內學生之間有關於地位的術語，也不認為他們的行為與學生的學習成績有任何關係。德宏的考試成績進步，使得他在一年內躋身學霸的地位。雖然在他的考試成績提高後，媽媽放寬他可以從事的休閒活動，但媽媽並未感覺到她自己與兒子的互動有所不同。簡單來說，成年人幾乎未曾察覺自己的行為會在子女身上刻畫出學校的地位體系，也未能看到自己對青少年特定行為有潛移默化的作用。

儘管他們可能不會承認，但菁英學生確實和家人攜手合作，複製崇高的地位。學生背負著落敗的風險，從看似自然、無害的學校環境中學到寶貴的經驗。他們互相灌輸、確認彼此都知道並服膺於這套地位體系的重要性：在這個體系中，考試成績是張王牌，其價值勝過任何競爭者可能擁有的一切其他資源或成就。他們落實並驗證彼此基於地位競爭而規劃出來的策略，並緊盯對手的行動，給予即時反應。學神和學霸可以亮出高分打破日常規則，但學渣和學弱則必須保持低調，否則就有可能遭到拒絕和排斥。本研究中的學生藉由日常互動來構建、支持並證明他們的地位體系。我也把階級複製比喻為一場牌局，學生學會競賽規則，根據規則比賽，並接受比賽的結果。

青少年並不是唯一參與菁英階級複製的人。成年人，特別是家長，指導學生並且確保學生達成每一項標準，也有關鍵影響。有一些學者認為青少年的世界相當獨特，有別於成人的「真實」世界。[1] 從這些學者的觀點來看，青少年的地位競爭其範圍僅止於學生群體，他們學到的策略和技能在校園之外毫無價值。然而，本研究中的家長和老師都是積極的參與者，他們可以給予地位高的學生特別待遇，也可以拒絕幫助地位低的學生。教師日復一日地將學生的考試成績與他們未來的社會地位進行連結，家長每天跟子女強調大學的成績決定人生。藉此他們向學生發出明確的信號，那就是青少年社會與成人世界緊密相連。此外，這些成年人緊盯競爭過程，視情況在必要時大力介入，並盡可能提高孩子成功複製菁英地位的機會。他們與青少年秉持相同的規則，並肯定獲勝的重要性。透過這些行動，這些成人在賽場上佔據一席之地，並且成為菁英地位複製過程中認真投入的玩家。

全球菁英形成

大批中國菁英留學生的出現，改變了那些提供留學機會的西方國家。這些年輕人以龐大的人數、購買力和學習習慣形塑他們的落腳處。西方的公眾和媒體正嘗試描繪這群來自中國的學生，試圖更深入地瞭解他們。有些人說這些學生象徵中國力量的崛起，有些人則懷疑他們是中國政府的間諜。學者也對這些中國學生的身分感到興趣。社會科學家進入中國探究這些學生的成長過程，有些認為這些年輕人是中國政府為了強化中國在世界上的影響力而被創造出的一個世代。他們把這些人描繪成小皇帝，甚至稱他們為「被寵壞的混蛋」(spoiled brat)，並且強調這些家庭不惜一切投資他們的未來。[2] 另一些則是從另一個面向描述他們，強調這些年輕人扛起家族的抱負，因此承受巨大的壓力。他們在日益激烈的競爭中相互較量，不難想像這些學生遭受高度的焦慮和心理壓力。[3] 總而言之，儘管關注的重點有所不同（如炫耀財富的行為和青少年的福祉），學者和民眾都認為，中國的學生，尤其是菁英學生，是一個獨特的群體，他們不同於早年的中國留學生，也不同於西方的學生。

雖然這些發現揭示當代中國年輕人的多元面貌，但也只能拼湊出一個模糊的樣子。我在本書已經表明，對炫富的刻板印象並不能用來描述每一位菁英學生，也不是每一位中國學生都為家長的高度期盼而感到焦慮。我並未將他們視為一個同質性高的群體，而是特別強調地位的高低塑造個人在學校的經驗，以及對他們過渡到成人社會產生重大的影響。建基於美國關於菁英青少年的研究，我將學校教育視為培養未來社會經濟菁英的關鍵過程。然而，我反對單單聚焦於發生在校園內的事件。因此我把這些青少年看成是鑲嵌在學校和家庭中的行動者，而且無論是在學校或在家裡，他們在互動之中表現出合乎這套地位體系的行為，以此維繫地位體系的穩固。本書試圖證明這些日常互動有助於我們理解中國菁英學生如何接受並駕馭這套地位體系，而且這些互動模式不僅僅出現在他們的青春歲月，還出現在未來他們離開中國，到國外生活的成年初期。

有越來越多的文獻檢視菁英的成長經歷，描述這些年輕人順理成章佔據未來菁英地位的過程。這種關於階級複製的認知，隱含了兩個預設。首先，菁英階級的複製，被認為是個平順的過程。父母的財富代代相傳，孩子通過教育或職業成就等合法的機制，繼承他們父母的地位。第二，這種觀點意味著菁英階級的複製主要發生在國內。換句話說，這些學生在一個國家出生和上學，之後就會在這個國家獲得重要職位。即便他們因為家庭旅遊或短期出國，如交換學生或幾年的研究所生涯，之後他們也必定會回到自己出生的國家。[4] 根據這種觀點，儘管他們有行動的自由，但一個國家的菁英卻幾乎不會跨越國界。

我在本書對上述兩種觀點都提出挑戰。不可否認的，在各個社會裡，上下兩代之間的地位絕對相關，但階級複製程度存在差異，大多數孩子長大後會發現自己的地位與他們父母的地位並不完全相同。[5] 菁英也不例外，菁英地位的複製絕非萬無一失。本研究裡的每位學生都有在學校和職場上遭遇巨大困難的經歷。有些人無法通過重要的考試，有些人儘管已經十分努力，卻只能眼睜睜看著自己的考試成績逐漸下滑。他們犯過大大小小的錯誤，無論是提交的大學申請表有問題，或是在申請表上填錯自己的姓名。但在這些可能引發災難的時刻，菁英地位發揮重要的優勢。有些人的父母利用自己的專業知識和資源，防止他們的孩子從地位階級上滑落。家庭資源成為保護孩子免於失敗的緩衝，並且在許多情況下提供孩子們第二次爭取成功的機會。當然，並非所有的菁英父母都能拉孩子一把；有時，即使是最有技巧的援助也無法幫助孩子站穩腳跟。

另一個我要挑戰的觀點是：菁英是在一個國家的範圍內產生的。事實上，來自中國的菁英青年不受地理邊界的限制。他們有國際視野，志在全球，並且絕大多數選擇落腳國外。

他們進入世界各地的頂尖大學並取得全球認可的文憑；他們初出社會的收入就使他們躋身西方已開發國家收入的金字塔頂端。這些年輕人在國際舞臺上成為強大的競爭者，這項事實表明菁英地位的複製是跨越全球範圍的。迄今為止，大多數關於社會不平等和階級複製的研究只考慮一個國家的內部情形。[6]即使在二〇一八年的《世界不平等報告》（*World Inequality Report*）中，對於社會經濟菁英影響的廣泛討論也僅限於個別國家。然而，實際上菁英地位的複製卻是跨越國界進行的。新生代菁英完全可能在一個國家出生，到另一個國家接受教育，去第三個國家工作，最後在第四個國家退休。雖然菁英往往在自己的國家被點名為造成社會不平等的推手，[7]但他們也是共同促成全球不平等的源頭。更重要的是，地位高的個人往往認為不平等是自然而然產生的，因此無法改變。這種認知接下來又決定地位高的群體是否會支持解決社會不平等問題的政策，以及其支持這些政策的程度。[8]本書發現這些年輕人認為自己在中國和海外享有優越的地位合情合理，這項研究結果揭示了全球社會不平等以及菁英階級的國際化。

我在本書中強調菁英青年的日常互動，就是他們到全球各地爭奪菁英地位的準備過程。這些青少年靠著從同儕、老師和父母等關鍵他人那裡得到的回應，建構他們對社會秩序的理解。雖然並非每一個學生都理解同儕之間受到的系統性差別待遇，但青少年還是遵從群體行為，尤其是遵循地位高的同學的表現。[9]本書將這套由後天習得的人際互動模式，刻劃為幫助學生熟悉並駕馭地位體系的技能。當這些年輕人離開學校進入成人世界，這套對於地位體系的理解，會再度得到同事、上司和家庭的驗證。有證據指出，菁英學生在無意識且未能發現的狀況下，受惠於家庭以及學校教育的訓練過程。在本章接下來的章節中，我提出阻礙中國菁英學生追求全球菁英地位的限制。接著，我強調教育系統對於菁英地位複製的重要性，並比較中國和美國在大學招生選才方面的差異。最後，青春期和青年期是形塑態度和行為的關鍵時期，我會大致討論中國新一代菁英可能面臨的未來。[10]

新冠肺炎期間的發展

本研究的年輕菁英生活基本上是按照他們自己和家人期待的方式展開。他們大多數在海外定居，只有少數人打算回國。他們有些人擁有高薪工作，有的就讀於頂尖大學的研究所；有一半以上居住在美國，另一半人則散布在歐洲和東亞各地。美國後來縮減工作簽證配額，可是對他們而言，這從來就不是問題，事後也證明確實不構成威脅。有些人因為自己不受影響，可以繼續追求夢寐以求的工作而深感幸運。例如，Tony在新的簽證政策實施前的夏天進入職場，從那之後他任職的公司就不再雇用任何國際學生，他為此感到慶幸。其他覺得未受影響的人則說，這項政策肯定是針對特定族群，例如「印度人」，或可能是針對美國人不大感興趣的「特定領域」，而不是要限制中國留學生人數。中學畢業七年後，這些年輕人正朝著成為全球菁英階層的方向發展。他們大多都覺得自己能夠不受國界限制，自由地追求實現自己的夢想。

二〇二〇年，COVID-19傳染病大流行，威脅到經濟發展，衝擊美國的勞動力市場。許多美國人放無薪假、數百萬人失業，還有更多的人陷入困頓。[11]本研究中留在美國工作的年輕人也感受到衝擊。他們眼見自己的旅行計畫被打亂，忍受各個城市的封鎖和宵禁，並且為針對中國公民的歧視言論所困擾。然而，他們在經濟上仍然維持穩定。他們之中，沒有人遭到解雇，研究生仍保有自己的獎學金，而且大多數人在工作和學習上都維持正常的狀態。Claire、凱豐和Tony任職的公司解雇了一部分資淺的員工，但他們三個人都保住了自己的飯碗。博士生們也沒有受到疫情所造成的經濟影響。Joe、Brandon、李飛、皓成和浴朗照樣繼續進行他們的暑期實習和研究，受到的干擾有限或很小。本研究中有幾個年輕人在疫情大流行期間，反而似乎過得更好。華亭離開倫敦，入職美國的新工作，尋求職涯的進一步發展；Alex和Selena申請到了普林斯頓大學的研究所，由於課程都轉成線上授課，學費因而減少，他們也因此省了不少錢。整體而言，這些學生似乎不擔心自己的前途，特別是Alex。我跟Alex在傳訊息的時候，他告訴我：「科技公司從很久以前開始，就鼓勵員工在家工作。我們適應得反而更好（相較於其他領域）。」按照他們的預期，Alex、Selena畢業後和其他的菁英青年們都會獲得他們預期的職位以及薪資，疫情彷彿對他們沒什麼影響。

這群人中，二〇二〇年和二〇二一年畢業的學生找工作的經歷倒是與其他人有所差異。二〇二〇年春季，紐約大學取消畢業典禮，身為應屆畢業生的鳴佳和莉莉只好返回在中國的家。這兩個女孩過去都希望留在美國，但由於畢業那年的夏天沒有合適的機會，因此分別決定留在北京工作。這期間，鳴佳傳訊息告訴我，她「找不到合適的工作」，只能無奈地進入兩年前她大學剛畢業時婉拒的同一家公司。莉莉在北京的暑期實習後被轉為正職。但是，由於她之前曾提到實習只是備案，所以這算不上她的理想工作。雖然遭遇未預期的挫敗，這兩個女孩依然決心追求自己的目標，也都想出了可行的備案。我在撰寫本文時，鳴佳尚未做好決定，正在尋找其他工作機會。莉莉打算靠著讀書返美；莉莉告訴我，她「可能在兩三年後回到美國攻讀經濟學博士」。二〇二一年，文斌成功申請到布朗大學的博士班並搬到普洛敦維士（Providence）。同一年，詩盈和Stacey分別從劍橋大學與哈佛大學畢業。兩個女孩都曾經懷抱留在美國或到歐洲追求夢想的想法，但後來都接受上海和香港的工作機會。

也有少數學生很樂意返回中國。Robert是二〇二〇年畢業的學生，他原本同樣打算留在美國，但他對美國的看法在疫情大爆發之後發生巨大的變化。在我們的對話中，Robert說美國是個「鬼地方」，並說中國人應該「逃離這個鬼地方」。他歡歡喜喜地回到北京，並且在返國幾個月內就通過多項證照考試，更表示他沒有回美國的打算。Robert從中學以來就是一個隨遇而安的年輕人，他開心地花時間在中國的外資企業中找自己喜歡的工作。包含Robert在內，少數菁英青年因其他原因返回中國。舒華從史丹佛大學社會科學專業畢業後，在疫情爆發前就回家了，而且是毅然決然、毫無留戀。[12] 當我問她為何做此決定時，她語重心長地告訴我，美國存在竹子天花板（bamboo ceiling），而且社會上充滿種族歧視。相較之下，長期發展下來，在中國工作的前景更令人看好。即便離開美國，舒華選擇進入一家歐洲的投資銀行，依然可說是一腳踏在全球的舞臺上。這些例子說明，雖然本研究大多數學生選擇留在西方實現個人的雄心壯志，但回國並不妨礙他們追求這一目標。相反的，無論是暫時還是永遠立足中國，他們依然持續追求全球菁英地位，沒有退出世界舞臺的意思。

限制全球菁英的要素

儘管疫情打亂了部分學生的人生規劃，我所認識的學生在學校與職場中的整體表現良好。然而，他們的道路未必一帆風順，他們的生涯發展也遇到了一些障礙和來自他人的敵意。其中一項挑戰是中國學生難以融入西方校園的社交場合。美國大學裡常見的社交場合是聚會跟派對。[13] 然而，中國的菁英學生習慣透過讀書會來結交朋友，而非參加派對。Claire表示自己對於耶魯大學裡各種大小派對感到不自在，也很快就在學校裡找到一個「大部分是亞洲人」、「聚集了不想開趴的學生」的社交避風港。即使那些富有冒險精神，努力融入西方校園的學生，後來也會退回自己的種族群體，跟同膚色的朋友來往。Ashley是全心全意擁抱西方校園文化的學生之一，她樂於結交當地學生，也盡可能仿效英國同學的流行、風格和品味，並且經常參加校園的派對。由於感覺自己適應得很好，Ashley自告奮勇擔任下一屆學弟妹的諮詢顧問。但是從第二年開始，Ashley在社群媒體上的朋友圈發文開始講述自己與英國朋友之間的文化衝突（分歧和爭吵）。在大學畢業前，Ashley發現自己已經「厭倦了」社交活動和沒完沒了的派對。她有意識的退回到自己同膚色的小圈圈，在那靜靜地享受中國同學的陪伴。

種族隔離是這些學生面臨的另一項挑戰。中國留學生與當地學生並未密切接觸，而是和其他中國學生在一起。他們跟中國同學們住在一起、加入亞洲學生的社團，並與其他中國學生相約出去玩。這些種族隔離的現象，部分原因是反映自個人的選擇：可能中國學生趣味相投，選擇和說同樣語言的人在一起。然而，校園內的種族隔離也是一種制度實踐（institutional practice）。[14] 室友的分配，尤其是新生的室友，往往由校方決定。本研究中的每一個留學生都說自己被分配到中國室友，這代表這種隔離的模式並非個人偏好的結果，而是制度上的安排。學生組織的會員身分也與種族和族群有關。例如，Claire想加入一個舞蹈社團學跳舞，但唯一接受初學者的社團被貼上亞洲學生社團的標籤，她無奈之餘只能加入亞洲人的舞蹈社。這些實際上的社會和居住隔離，顯示這群菁英華人在學校裡遭遇一定程度的種族主義。他們限縮自己與當地學生的接觸，可能是對種族隔離這項挑戰的回應。

雖然沒有任何一套與他人互動的方式是絕對正確的，但個人都必須學習和適應優勢群體的互動規範，才能成功爭取較高的地位。那些不習慣校園社交規範的學生，往往會遭到冷落，無法與那些受歡迎的人建立堅定的友誼。文化和種族這兩個因素形塑了個人的課外興趣、活動和社會行為的偏好，造成長遠的影響。對於國際學生來說，無論是菁英還是非菁英，這些差異導致他們大多數都遭遇過校園裡的種族和國籍區隔的經歷。[15]

另一方面，儘管這些年輕人的職業生涯有好的起步，也不代表他們以後的職業生涯中會一帆風順。就業後，他們同樣提到職場上的社會隔離和種族隔離。Tony回顧自己的生日派對，注意到明顯的種族區隔現象：他觀察到，雖然一些中國人試圖加入外國人的群體，但最終都變得「非常尷尬」，以致於一直到聚會結束前，中國人群體和外國人群體之間有如麥子和稗子一樣，分開成不同的小群體。Tony的生日派對其實不能單純的視為一場朋友間的休閒聚會。他的公司舉行專案小組競賽，並將比賽結果納入續約的條件。考量到公司的做法，生日派對可謂一次建立並拓展人脈的重要機會。中國年輕人在聚會中遭到排斥，無法融入，就會阻礙他們建立人脈，這可能對他們未來的生涯產生不利影響。

種族敵意和反亞裔情緒也會影響菁英青年的職涯選擇，影響他們如何選擇工作地點以及制定未來的計畫。舒華、龔君和Robert決定離開美國和歐洲，以此回應這個種族不友善的環境。菁英青年為了更好的工作和晉升機會而自願返回中國，表明他們在追求菁英地位時並不天真。許多人預先設想留在西方可能遭遇的阻礙，並選擇退出他們認為對職業發展有可能無益的惡劣環境。[16] 二〇二一年，唯一在整個求學過程都維持學神地位的學生詩盈，無奈地回到中國，開始在上海工作。我問她離開歐洲的原因，她毫不保留地告訴我，她之所以如此決定，是因為美國政府打壓中國人主導的研究：她的丈夫是耶魯大學的博士生，誰知學校的實驗室突然遭到關閉，並且命令他們停止一切研究活動。詩盈的先生帶著家人回到中國，成立了一家科技公司。我問詩盈是否仍希望移居海外，她幽幽的嘆了口氣，沒有回應。其他在二〇二一年畢業的年輕人也跟我分享被趕回國的感受。[17]他們的經歷顯示反華情緒會形成一道難以逾越的障礙，而且對於追求地位的菁英青年來說，將會是持續性的影響，即使是成就最高的中國菁英學生，似乎也是束手無策。

最後，竹子天花板是留在美國的中國菁英青年將要面對的另一個障礙。研究顯示，亞裔美國人的職業生涯有不錯的起步，但在職涯中期將面臨收入和職業發展的瓶頸。[18]在美國各個領域，亞裔在領導層和管理職的代表性皆不足。本研究中許多年輕人主修生物科學和電腦工程，一些人打算繼續深造。然而，儘管這些領域的亞裔人數比例很高，但針對亞裔的敵意仍然普遍存在。[19]留在美國的菁英青年雖然瞭解職場上的歧視無法避免，他們至今都最小化種族的重要性。他們的職涯若是停留在中間的階層，會成為他們取得全球菁英地位的一大阻礙。青年菁英們正在開始瞭解他們的工作文化和職場的等級位階，但為了實現他們追求地位的抱負，他們必須規劃新的策略以有效反制職場上的歧視。

我多年來追蹤的中國青年菁英正處於生命歷程的早期階段，他們的職業生涯剛起步，許多人還在讀研究所。到目前為止，這些年輕人已取得不小的成就，但正如他們在中學階段所經歷的風雨，他們邁向全球菁英地位的過程也充滿了困難和挫折。反亞裔的種族主義、對中國公民的敵意，以及在職業生涯中期的停滯不前都可能不利於他們在職業生涯中的的地位爬升。另一方面，由於他們已經預見道路上可能碰上的顛簸與挫折，菁英學生往往會盡其所能考量這些可預期的障礙，爾後做出職業選擇。在我最近與他們的對話中，所有人都對未來抱持著樂觀的態度，一旦環境改變、種族與職場上的不利因素消失，大多數人都願意回到西方國家。種族或國籍造成的限制，是否會阻礙他們成為未來的菁英，又是如何產生影響，仍然是未來研究的重要課題。

中國和美國挑選學生的方式

教育被普遍認為是區分社會經濟階級（地位）的工具。若我們檢視全球菁英階級的形成過程，就會發現各國挑選和培養他們未來菁英的方式有所差異。正如每個社會都獨一無二，每個國家也都採取特定的教育篩選方式。然而，這些篩選方式決定了哪些學生的特質有價值、能夠得到回報，並影響全球菁英形成的結果。

歷史上的差異

考試制度和申請制度是有兩種世界常見的選才方式。中國的高考可以視為典型的考試制度，而美國採取的是典型的申請制度，強調學生的「全人」(well-roundedness)。[20]高考則是沿襲自幾個世紀以來由科舉考試任命官職的傳統。[21]自中世紀以來，科舉的競爭程度日益增高，再加上中國人口的增長，競爭者的數量不斷增加，考試時間越來越長，難度越來越大，因此文憑膨脹，對正式考試的重視程度也越來越高。[22]儘管有上述挑戰，王公貴族的孩子往往比尋常百姓人家的孩子更容易在考試競爭中勝出。在清朝，官宦人家通過官職考試的機會特別高。一九〇五年科舉廢除，使得中國暫時擺脫看考試成績選才的制度。然而，這對既有菁英的影響不大，因為學校的錄取直接取決於家庭背景（以及體態和薦舉）。在民國時期，富家子弟考上北京大學的機會甚至比之前更高。後來的共產黨政權為了反對這樣的陋習、實現社會平等，特別是在文化大革命期間：未遭到「鬥爭」的無產階級人家最有可能獲得推薦信，而這是進入頂尖大學的唯一標準。[23]在紅衛兵運動期間，共產黨對菁英進行清算，學生被政治動員，在鬥爭中形成集體學校認同。[24]然而，對文革動盪的反彈以及改革開放，使得中國社會很快又重回競爭考試的懷抱。著重在考試成績上的競爭也可能為政權帶來好處，因為考試讓學生專注於個人的成功，並阻止學生形成集體的學校認同。結果便是通過高考進入一流大學的幾乎都是菁英子弟，他們是教育改革過程的最大受益者。[25]

想想這些發展過程，就不難理解中國的教育者和學者為何強烈支持以考試成績選拔學生。他們認為高考是選拔學生最公平又有效的方式，能夠最大程度減低家庭對考試成績的影響，這個觀點也受到一般民眾的普遍支持。[26] 由於學生的個人資訊被轉化為一個數字，大學無法識別學生的背景，造成家庭背景無法影響錄取結果，也就意味著家庭不再能夠利用他們的資源（如政治權力、經濟資源、人際關係等）為子女爭取入學資格。不過，雖然設立這套制度的本意是要建立一個最公正的系統，但也存在讓家庭資源發揮影響的漏洞。由於認清菁英孩子不斷獲得教育優勢，在二十一世紀，中國在大學招生中引進非考試的部分，包含面試和校長推薦。中國的教育工作者和專家為了降低因階級而來的教育不平等，呼籲政府進行干預，並實現教育資源平等。他們實施了一系列的教育改革，主要是增加其他管道的加分方式和小組面試。[27] 然而，這些提案並不是為了廢除以考試成績取人，而是為了修正既有的體系。因此，這套體系仍然以考試分數為重，沒有其他標準能夠取代考試成績，考試分數也就是大學錄取的最重要準則。[28]

相對的，美國大學自十九世紀末以來，一直都重視學生整體的全人素質。[29] 起初，只有有能力負擔學費的有錢人家才能讀大學。其他入學要求標準很低，而且強調體育能力。女性也可以上大學之後，兄弟會和姊妹會舉辦的舞會和派對將校園變成一個婚姻市場，上層階級家庭的孩子也藉此機會尋找門當戶對的另一半。[30]二十世紀初，隨著各級教育的擴張，改變也隨之而來。[31]大學吸引了來自全國的學生，不再只限於教育當地的菁英。各大學開始施行用考試跟申請招生的正式篩選機制，但舊的標準仍然與新的標準並存。舉例來說，有非常多的申請者是猶太裔學生，他們在課業上有非常充足的準備，然而頂尖大學看重的是學生能夠用禮儀、社交網絡和家世具體呈現的階級背景，[32]具有體育背景或宗教、藝術活動參與經歷的學生便得到大學認可。公立的教育機構很快也發展出類似的情況。公立大學模仿私立大學，重視足球、兄弟會，以及招生考試（College Board）。[33]雖然考試還算很重要，但大學淡化了學生的課業表現，強調可以吸引學生家庭和周圍社區共同關注的公共活動。一九九〇年代中期的歷史事件也突顯美國與中國的差異，其中最引人注目的就是民權運動（civil rights movement）與紅衛兵運動的對比。民權運動的重點之一是爭取弱勢族群上學的機會，例如，減少入學所需的文化資本，或試圖把體育作為少數族裔獲得大學錄取的重要渠道。[34]美國教育工作者特別關注教育對少數族裔和下層階級的排除問題，這樣的發展通常也獲得學校教師和行政人員的支持，他們認為自己為社會整合提供了和平的途徑。[35]

由於上述發展，美國的教育工作者和學者支持美國高等教育的大學申請制，宣稱這套制度認可多種的能力，而且這套制度看重個人的努力，能夠提升學生動機，並且反映美國社會多元文化的特色。[36] 此外，他們強烈批評考試制度，聲稱標準化的考試充滿歧視，無法反映學生的情況還有多樣性，也不能創造更深入的思考方式。[37] 在這樣的發展下，學業成績的重要性也曾經一度受到重視。[38] 有一些學者觀察到補習教育機構增加，提供學生課後的學業訓練，同時觀察到美國青少年參加考試競爭的程度與日俱增。[39] 大學招生官也想方設法要吸收表現最好的學生，想要提高新生的SAT平均分數。[40] 然而，大學招生改革的主軸卻反其道而行。越來越多的大學把SAT設為選擇項目，有一些中學取消作為全校第一名所代表的榮譽。[41] 還有許多例子都是朝淡化考試分數在大學錄取中的影響前進。

簡單來說，中國有一種以國家考試決定菁英地位的路徑依賴傳統。相比之下，美國的學校在十九世紀末重視體育、社交聚會、兄弟會（Greek life）和婚配市場。沒有任何一種教育選拔方法是完美的，因為每種方法都有其優點和缺點。然而，這些選拔的結果基本上雷同：它們甄別出未來的菁英，並培養他們邁向菁英之路。但在這些差異之下，無論政治體制如何，儘管招生標準一時改變，家庭背景仍然是小孩教育結果的關鍵。在這些發展和改革中，中美兩國的菁英階層都大力介入教育領域，並制定篩選規則，決定了哪些學生能夠進入高等教育。因此考慮到每個體系內部的變化，隨著時間的推移，這兩個國家的菁英階層都各自保持著相當大的教育優勢。

為菁英特質訂價

每個國家的中學所強調的活動與大學招生強調的一樣，因此通過兩種不同的教育體系和選拔方式的中美學生，應該會各自發展出獨特的地位體系，並以雙方各自獨一無二的方式在全球競技場上為菁英競爭做好準備。中國頂尖的公立中學盡一切可能幫助學生在考試中取得佳績。在北京，學生全心全意接納以成績為基礎建立起來的地位體系，而且不同階級的學生都共同維護這個體系。這種專注在單一面向的特質之所以能夠形成，其中一項必要條件恐怕來自於校方與學生雙方對考試成績的重視。在美國，把上層階級的學生送入菁英大學的私立中學（private prep school）不只是提供考試培訓，同時提供文化腳本（cultural repertoire）、體育和正式舞會的各種訓練。[42] 公立中學也推動一系列改革，強調藉著舞蹈與比賽等共享的活動實現社會整合。[43] 這些多元標準作為考試的補充，或甚至更勝於考試，淡化了學業成績的重要性。由於美國學生的注意力並不是完全以考試成績為重，因此不可能像處於地位體系的中國學生那樣強調個人的學業成績。[44]

菁英特質的價值取決於環境，每個國家都會灌輸學生合乎社會認可的特定知識與行為規範，讓學生知道具備哪些知識與表現出哪些行為能夠在社會上獲得獎勵。由於A國所重視的特質或許在B國得不到同等的獎勵，因此中國的規範不見得有利於中國學生的全球競爭。其中一個例子就是中國教育為了幫助學生在學業上成功而較少關注學生的課外活動。[45]雖然中國菁英學生關注學業成績以致罔顧課外活動讓他們在中國的教育環境得到獎勵，在職業生涯的起步階段似乎還可行，但是在美國的脈絡下，課業以外的興趣和經驗將為孩子的未來提供制度上的好處，包括獲得前途似錦的工作機會，以及獲得升遷。[46]在中國，不看重孩子學業以外的能力可能是一種常態，但在美國卻並非如此，美國中產階級以上的父母反而從小就積極培養孩子的課外能力。[47]每個國家高度重視的特質往往是家庭長期培養的結果。因此，中國菁英學生缺乏美國社會所重視的特質，也難以在短時間內獲得相似程度的技能。

美國學生和中國學生之間存在巨大的差異，因此既然有中國菁英學生獲得美國頂尖大學的錄取，那麼令人好奇的便是：在美國的脈絡下，這些學生身上的哪些特質特別受到重視？其中一個可能是，他們出色的考試成績符合招生委員提高新生平均考試分數的目標。[48]大學招收考試成績高的學生，可以拉抬新生這一屆的SAT與GPA的分數。這就代表國際學生的錄取條件其實與美國國內申請者不同。換句話說，雖然招生委員在選擇美國學生時強調多樣性和全面性，可是他們並未用全人的角度，而是根據一個數字（考試分數）篩選中國的申請者。然而，對於這些學生來說，被貼上只會考試的標籤是弊大於利。在《學生公平錄取組織訴哈佛案》（*Students for Fair Admissions v. Harvard College*）之中，哈佛大學公布了校方的申請評估標準。這些經過編輯的法律文件以及針對其他大學所做的研究顯示，亞裔申請者的人格特質普遍來說獲得較低的分數。[49] 名校的錄取決策彷彿黑箱，很少有人能夠觸及決策過程，更別談深入研究了。由於美國招生委員的偏好和評估標準相當不透明，因此那些沒有被訓練成為全人的中國學生在申請美國大學時，處於不利的位置。

另一種可能令美國的頂尖大學願意錄取中國菁英學生的原因，是中國菁英學生有能力支付全額學費。他們甚至在畢業後都保有價值，因為頂尖大學會用心耕耘校友關係，而校友作為回報，願意支持並捐款給他們的母校。藉由獎勵那些來自「正確」家庭背景的學生，美國的頂尖大學不僅給中國，也給世界各地的菁英國際學生相當大的錄取優勢。

上述二者之外，還有第三種可能。或許，不管是哪一套制度和訓練，世界各地的菁英學生都有其相似之處。假如考慮各國之間訓練、著重的項目以及錄取標準的差異，這種解釋似乎有悖常理。教育工作者認為，考試選拔有別於申請選拔，前者過於強調死記硬背，會損害學生的積極性，也會使學生與學習產生異化，並且抑制學生的創意。然而，有些證據卻證明，在考試制度下的學生實際上非常有創意。二〇一二年，PISA評估各國學生解決問題的創造力。新加坡、韓國和日本等主要以考試篩選學生的國家平均分數最高。[50] 被中國民眾批評過度考試導向的上海，同樣名列前茅。[51] 重要的是，正如本研究發現，中國青少年菁英是動機很強的學生，他們會積極追求學校以外的知識。大家都知道頂峰中學的學生可以「把老師掛黑板上」，這意味著頂尖學校的菁英學生被訓練成獨立思考的個體。從大鵬取代老師講解試題的事例可以看出，至少有些學生的學習欲望極為強烈，不滿足於背誦課本。綜合上述例子可知，考試教育下的學生仍然可以成為有創意的人，能獨立思考並且積極主動學習。

社會也可能在時間的推移下往不同的制度發展。美國的學校有時會慢慢向中國的體系靠攏，而中國的學校也逐漸貼近美國的制度。全球社會的菁英地位與各國之間的階層有關，中國一步步成為深具影響力的全球參與者。[52] 除了全球權力的轉移，學生人數的多寡也很重要。隨著越來越多從世界各地考試系統來的菁英學生湧入美國頂尖院校，美國的菁英學生可能有朝一日忽然發現自己也加入了學業成績的競爭。事實上，隨著亞洲學生的湧入，有些美國的中學已經目睹他們從依據種族區分等級的制度，變成以學術表現為重心的地位制度。[53] 如果這種模式繼續下去，美國的學生可能會發現他們身處的地位體系，很像本研究中所觀察到的地位制度。在這種情況下，中國菁英學生的經歷對美國青少年來說，或許可以作為一則警世寓言。

最後，值得注意的是，從全球來看，中國的考試制度並不特別，反而是美國偏重「全人」學生才顯得獨樹一格。即使中國的教育制度對許多人來說可能很陌生，但約有三分之二的經濟合作暨發展組織國家（OECD）是以考試來決定升學結果。[54] 許多其他西方國家的大學篩選學生的標準也強調學業卓越。加拿大學生以中學的GPA分數競爭大學的錄取資格；法國的高等學院（*grandes écoles*）根據學生的考試成績做排名，決定錄取名單。自一九四七年以來，英國就一直使用考試成績篩選接受中等教育的孩子，他們的說法是，根據考試成績篩選，可以讓平民家庭的小孩有更多向上流動的機會。[55] 換句話說，根據成績選拔獲得獎勵的學生，他們所具備的特質，如耐力或注意力集中，可能具有普世價值。

功績呢？

教育體系獨厚菁英階級的學生。美國現行的高等教育選拔形式，源於對菁英地位的制度性保障；中國的教育制度則是無論社會如何改革，始終賦予菁英階層的孩子某種特權，[56] 因此兩種教育體系都無法真正篩選出有功績的學生。此外，兩國的菁英地位和頂尖大學文憑之間存在強烈關連，說明菁英對於社會不平等所發揮的影響力。[57] 為什麼無法真正實現功績制度？為了回應這個問題，美國的研究者比較菁英和非菁英學生在學校教育環境、家庭資源方面的差異，也特別比較日常生活經驗方面的差異，例如作息、課後活動和來自於學校體系的文化知識。然而，中國的例子指出，即使在不同社會階級的作息和活動大致相同的情況下，依然無法實現真正功績至上的教育體系。

問題也許出在整套體制內部，也就是過於重視考試成績，轉移了人們對功績的關注，同時掩蓋考試制度中缺乏功績的問題。當成績成為學生重視、同儕競爭的焦點，學生也就會盯著彼此的考試成績。由於身邊的同學日復一日都在做同樣的事，菁英學生也就無法察覺到他們在整個學校教育過程中所享有的優勢。他們沒有意識到自身具備的階級優勢以及他們擁有豐富的資源，包括受過高等教育和知識淵博的父母，和家庭對他們源源不絕一般的投資。考試成績在很大程度上其實取決於階級資源和家庭背景，而透過考試篩選，學生進入同質性越來越高的校園。[58] 到了中學，學生很難有機會與社會經濟背景完全不同的同學互動。頂峰中學、首都中學、中央中學、高原中學、奧美中學和北京的其他頂尖中學有很多菁英學生，但只有少數來自工人階級。身邊環境如此，使得菁英學生對他們專屬的階級優勢以及鑲嵌在系統中的不平等視而不見。

菁英學生無法看到階級的不平等，進一步來說，使得他們更難以意識到這個問題。天賦能力的說法直接把一個人的考試成績與地位歸結為個人能力，也就掩蓋家庭背景的重要性。由於菁英學生相信這個觀點，因此他們不知道如果一個人缺乏類似的家庭優勢，就不太可能獲得高分，而且必須極度賣命的努力才能勉強獲得與他們同等的分數。[59]這種說法把沒能獲得高分的責任歸咎於社經地位弱勢的學生，並將這種差別視為自然而然且不可逆轉。因此，提出這套說法與捍衛這套論點的學生，也就同時正當化這種不平等。重要的是，學生將考試成績歸因於天賦能力，不但造成他們對於功績有錯誤的觀點，還可能加深社會的不平等。例如，那些負擔得起西方高等教育的菁英學生，他們從國外帶回來的新觀點與新技術，可能都是國內非菁英學生前所未見的事物（如果他們返回中國）。以天賦能力之說為一個內部極為不平等的社會做辯護，學生也就無法察覺自己在階級競爭中的優勢與地位，其實都是不平等的結果。

人會改變，而他們對功績的看法也會改變。正如同態度和價值觀在人的一生之中不會僵固不變，菁英階層對地位區別的辯護，隨著他們年齡的增長，以及與環境互動的過程，也會發生變化。[60]然而，中學是學生著迷於學校地位，也是他們特別關注未來的時期。青春期是連接童年和成年的重要階段，是預備年輕人獲得未來機運的關鍵時刻，對青少年的未來有極為重要的影響。雖然個人的行為和價值觀確實會隨著時間改變，但在青年時期形成的行為和價值觀，往往預示成年後的習慣和想法。[61] 青少年把天賦能力等同於功績的習慣，可能會一直持續到成年，並影響往後不同人生階段的個人行為。

中國菁英學生所抱持的天賦能力之說，將會影響未來的社會和全球不平等。這些學生認定自己未來是中國甚至是全世界的菁英。頂尖學生有更好的起薪，職涯上有更好的起跑點，也更可能接近中國的權力菁英。即使在失業率處於歷史新高的經濟衰退時期，他們在西方的就業市場上也是游刃有餘，工作穩定。由於本研究的菁英學生在理論上有相當高的機會成為未來菁英，他們對地位的看法以及他們駕馭社會等級制度的方式，將可能影響中國和全球。具體來說，如果未來的社會經濟菁英認為窮人或教育程度較低的老百姓是因為天賦能力不足，所以處於困境，他們就不太可能對世界各地日益嚴重的不平等現象有所異議。也可能缺乏動機支持扶貧政策、財富再分配或各種可以縮小各種不平等的改革，並因此不會投入支持或提倡相關的政策。以全球社會而言，許多學者和政治人物都認為中國是一個崛起的經濟和政治大國。如果來自中國的未來菁英認為未開發國家的貧窮是理所當然，國際社會就不能指望中國在援助這些國家方面扮演要角。國際社會恐需認知，與其強烈要求主張平等，向中國提出其他誘因才是明智之舉。

這並不是說中國菁英必然會助長和加劇全球不平等。有跡象顯示，未來的社會不平等或許不像本研究結果所暗示的那樣嚴峻。許多菁英學生投身社區工作。即使他們的目的說到底可能是為了自身利益，但他們終究與世界上最貧困的中國農村學生有了互動。這些第一手經驗讓菁英學生瞭解到社會底層的生活，如此他們才有可能設想出有效的解決方案，幫助改善當地社區。此外，隨著社會不平等日益嚴重，有些菁英學生對於自身的階級特權抱持強烈的批判態度。以二〇一七年北京市的高考狀元為例，記者在採訪時問及學生高考成功的秘訣。這位年輕人毫不猶豫地把自己能獲得高分的因素歸功於家庭背景。「我衣食無憂，家長也都是知識分子（外交官），而且還生在北京這種大城市，所以在教育資源上享受這種得天獨厚的條件。……現在的狀元都是這種，通俗來說，家裡又好又厲害的。……我就是每一步基礎都打的比較牢靠，所以最後自然就水到渠成。」[62]

這位學生用社會學的觀點來解釋學生的考試成績，這在成績優異的菁英學生之間可能實屬罕見。但儘管如此，這套觀點的存在，也提供了一個隨時可以讓學生們放棄天賦能力說的另一種態度。這段採訪影片從全國頻道播放出去，也透過網民的分享，在網路上傳播。這或許就如同把一顆小石子扔進水裡，泛起漣漪，隨著時間的推移，能影響其他菁英學生，最終帶來改變，朝社會平等的方向邁進。

中國的新生代菁英

青春期是學生嘗試瞭解自己的一段時間，學生也是在這時候設想自己未來會成為哪一種人。學生在青春期習得的技能和知識，並試圖用以駕馭一個不可預見的未來。然而，青少年實現抱負的能力和幫助他們成功的可用資源並不相同。菁英有來自家長的投資和支持，可以自由追逐夢想，不受阻礙。他們能夠輕易跨越國界，與那些背景相似的同學一起佔據社會上有利的位置，就算失敗了，受到的影響也微乎其微。

青少年的生活以各自不同的方式展開。根據統計，不是每位菁英學生最後都能取得菁英地位。同一所學校的菁英在離開校園後，發展出截然不同的人生，這與他們在學校的地位有關。建民（學弱）在東京找到工作，得以東山再起。但與那些在華爾街工作的學神和學霸相比，他的成就顯得相形見絀。小龍（學渣）對於以自費生的身分申請研究所相當樂觀，但與那些高材生就讀的頂尖博士班相比，他的第一志願排名根本不在同一個檔次上。學生的抱負會隨著時間改變，他們對未來的選擇也會發生變化。[63]這些例子表示菁英地位的複製，會有不同的過程和結果。

儘管存在這些差異和個人獨特的經歷，我們依然要關注菁英學生在階級複製過程中，如何取得競爭優勢。除了他們擁有菁英地位的社經資源，他們還瞭解決定彼此在社會中相對位置的潛規則。在一個依照未言明的潛規則運作的世界，這些基於階級所習得的能力，能夠帶來實質上的好處。因為菁英學生所處的體系和制度，特別是學校和職場，會根據這些特質來挑選成員，他們便能從這些訓練中收穫豐沛的成果。表現優異的學生，如Tony、Tracy、大鵬和浴朗在追求人生目標的過程中，有著相似的互動模式和人生軌跡。表現不好的學生，如建民、家齊、Robert和Sarah，都經歷過類似的重要事件。這意味著，除了可以量化的成績表現之外，學校裡的人際交往也對他們有一生的影響。

中國人和其他國家的人一樣，不喜歡那些將人以優等或低劣進行區分。所以如果被問及地位相關的事，菁英成年人幾乎不會承認自己有特別高的地位；大多數人都自認為中產階級或中上階級。[64]然而，未來的菁英或那些仍在形成中的菁英，從小就能敏銳地意識到地位。雖然他們不使用學者用來描述他們的「菁英主義」或「區辨」(distinction)等學術用語，但他們隨時可以識別地位的差異，並將校園內的地位與未來的社會地位直接聯繫起來。菁英學生接受自己發展出來的地位體系之後，也懂得如何支持一個把人區分出地位高低的不平等社會。未來無論他們到什麼地方，都會為這套互動模式與地位相連結的現象提出一套合理的說法，亦即菁英青年已然學會為中國和全球的社會不平等辯護。

中國菁英青年的情況提供我們一套理解全球社會的詞彙。它指出現今的菁英是一個凝聚力高的群體，同時突顯各個國家是用什麼獨特的方法讓國內富裕的年輕人應對全球競爭。菁英的凝聚力將各個社會聯繫在一起，而在這個牽一髮動全身的世界裡，成長背景和國籍不同的菁英以錯綜複雜的方式被密切聯繫在一起。從全球層面來理解階級複製，會比只看單一國家內部的菁英形成過程更準確。掌握不同國家和教育體系所看重的技能和能力，對於合理化和維持高地位至關重要。如果可以獲得這些技能和訓練，就等同於具備了一種獨特的優勢。由於這些過程是在微觀層面的互動中形成，所以一般社會大眾看不到、也不會意識到。如果能對菁英學生複製父母地位的方法與機制有進一步理解，全球社會將會變得更加美好。唯有如此，所有社會才有可能認清：我們所有人都對促成新一代全球菁英的形成做出了貢獻。

附錄A：誰是菁英？

既有研究對菁英的定義經常有爭議，而且對於測量菁英地位的實證方法也欠缺共識。經典文獻通常把菁英定義為擁有權力和能夠支配其他人的人。[1]然而，有些人認為菁英並不侷限於在經濟政治領域的掌權者，而是存在於所有領域之中。後者這類研究通常採用更普遍的定義，也承認多種類型的菁英存在，並且將菁英定義為那些超群絕倫的人。其中包括奧運會的游泳選手、在網路上擁有最多粉絲的人，以及學術界人士。[2]另一種定義菁英地位的方法，則是所謂的高社會經濟地位，以收入、財富、教育或職業綜合衡量。因此，眾多定義之間，一個人是否有資格被稱為菁英存在著巨大差異。有些人關注的是財富排名前百分之零點一或百分之一的人，或者是家庭收入排名前百分之五的人。[3]但是這類定義很難在具有代表性的樣本中取得足夠的案例。因此，許多學者往往使用較為寬泛的定義來界定菁英，例如包含所有家庭收入最高的百分之二十，其中甚至涵蓋中上或中產階級的成員。[4]

青少年菁英也同樣難以界定。針對菁英教育的研究多半強調學生的社會經濟背景，但即使在這定義下，也存在著相互矛盾的概念。菁英地位通常是通過學校本身的地位（institutional status）或個人學業成績加以衡量，這兩個衡量標準則形成一個文氏圖（Venn diagram）。從學校本身定義而言，能夠就讀有競爭力的中學，例如有百分之三十的學生獲得常春藤聯盟錄取的學校，就是青少年菁英。根據此定義，就算是成績不好的學生，只要他有成功的同學，即使他自己未能獲得這些嚴格篩選的大學所青睞，那麼他也算是菁英的一員。另一方面，個人觀點則是側重學生個人的學業成績表現。在這樣的定義下，出身工人階級的學生會因為成績優異而被認為是菁英。[5] 第三種方法是通過學生是否以及如何表現出排他性行為（exclusive practice）和自我區辨（self-distinction）來研究菁英地位。這個觀點借鑒布迪厄的區分理論，並強調文化資本在標記群體邊界上的作用。[6]

同時，衡量菁英地位的標準也應視脈絡而定。考察中國菁英的研究通常採用與美國經典研究類似的定義，即關注群體的政治或經濟影響力。[7] 中國存在著極為巨大的城鄉差距，這使得學者們聚焦於政治權力，甚至到了忽略經濟層面的程度。這樣的觀點有助於讓研究者詳細探討地位與支配力，並且強調地方幹部在農村地區所具有的的重要影響。[8] 雖然中國菁英研究的重要面向仍以政治領袖為主，但經濟影響力逐漸形塑人們對中國菁英的想像。例如，有些人提出界定菁英的其他標準。其中一項標準是在特定地區擁有戶口或是落戶。拿到北京、上海、廣東或深圳的戶口，往往是躋身菁英階層的先決條件。[9] 由於戶口與社會保險和社會福利掛鉤，因此強調戶口實際上就是指向社會經濟定義下的菁英。教育在中國可說是衡量菁英地位最重要的標準之一。教育成就在歷史上與政治和社會經濟權力綁在一起，儘管經歷社會動盪和革命，但教育的重要性始終如一。[10] 換句話說，要在中國獲得社會經濟的菁英地位（或者可說是政治菁英地位），必須同時擁有很高的教育程度。

在中國青少年研究中，由於中國社會對教育成就的重視，無論是個人層面或是學校層面，研究者通常把菁英地位等同於傑出的課業表現。然而，所謂菁英學業表現的衡量標準因地而異。任柯安針對山東省以紡織業著名的鄒平市所做的學生研究中，認定黃山中學的學生是菁英學生。[11] 數據顯示，黃山中學在二〇一五年約有百分之二十六的學生進入頂尖大學（一本線），這個數字在全省名列前茅。然而，如果換到北京，這個比例就非常、非常低，因為北京一流的中學有超過百分之九十九的學生都能達到錄取的分數線（一本線）。相較之下，要在高等教育中區分菁英和非菁英，問題就簡單許多。政府宣佈了一些「項目」，列出在未來幾年會獲得政府集中資助的幾所大學。[12] 這些項目提供了一套更便捷的方式來確定和證明哪些教育機構是菁英學校。由於這些政策得到政府的支持，學者可以直接將名單上的所有大學視為菁英學校。[13]

許多研究較為青睞因地而異的菁英定義，但如果把中國菁英的定義著重在學業表現，就不能清楚說明中國在全球菁英競爭中扮演的角色。由於中國存在明顯的區域差異，因此對菁英採取同一種定義，反而導致不同地區和研究對「菁英」中學和「菁英」青少年客觀衡量標準的差異。在經濟發達大城市成長的菁英青少年，如北京或上海，很可能與相對落後城市（如鄒平）的同齡者有著截然不同的經歷。在這兩個地區，菁英地位的標誌截然不同，成功菁英的階級複製意義也不同。此外，落後地區的菁英學生是否有類似全球競爭的行為和想法仍有待釐清。

本研究把菁英界定為來自家庭收入全國前百分之十的學生。明確起見，我把學業表現優異的學生和學校稱為頂尖學生和頂尖學校。本質上屬於社會經濟定義的方式，也是目前關於菁英研究中經常採用的定義。它考慮到中國在過去幾十年社會經濟的快速發展，還有全球菁英競爭的終極目標。有錢人家通常會低報他們的總收入，而他們的「灰色收入」可能相當可觀。[14]我懷疑受訪者把灰色收入排除而低報自己的家庭收入，灰色收入可能比他們報稅收入高出許多倍。儘管如此，本研究中家庭所報告的收入中位數，大約是中國城市三口之家收入前百分之十的兩倍。[15]

我還將他們回報的收入與其他指標進行比較。其中一個指標是能否負擔孩子到美國就讀私立大學的四年學費。用這個指標時，除了其中一位家長，所有家長都確定可以負擔這筆支出。我還請教師們確認學生家庭在社會經濟上是否屬於富裕階層。由於教師掌握學生家庭背景詳細的機密資訊，因此他們的觀點讓我更加確定本研究中的家庭是中國社會經濟的菁英。[16]我沒有刻意詢問這些家庭的財產多寡，但大部分的家庭在北京至少有兩套公寓，有些學生後來透露他們的父母在其他省份也有置產。

當我們以社會經濟富裕程度來定義菁英家庭，同時也會看到許多其他相關特徵。除了非常高的收入外，本研究中的家庭也有不少相似之處。他們的父母年齡相仿，都是藉由獲得高等教育實現向上流動。[17]這些父母在一九八〇年代後期上了大學，使他們成為當時中國人之中教育程度最高的前百分之一至百分之二；許多父母是北京或清華大學的校友，還有一些人有碩士學位，少數人甚至有國外留學的經歷。在國內收入很高也表示這些家庭從事相似的行業階層。全部二十八位學生中，除了一個人，其他所有人的父母都至少有一個從事高階管理或專業工作。此外，這些家庭的一些特徵則是與我的樣本有關。三分之二的家庭與軍隊有關，或是在政府部門工作。這可以理解，因為我研究的學校靠近軍區或隸屬於頂尖大學。最後，我的田野地點是在北京，本研究所有參與者都有北京戶口，他們才能夠在北京居住並接受教育。18

簡言之，我所追蹤的菁英青年都有靠教育成功向上流動的父母，並期望他們的子女進入頂尖大學，踏上成為未來菁英地位的第一步。這群學生是第一代在中國追求菁英地位時，不是追求向上流動性，而是階級複製。同時，他們也是第一代成長於中國經濟改革開放後、沒有戰事或劇烈社會動盪，且與世界密集交流的世代。作為中國的代表以及全球菁英地位的競逐者，他們渴望在國際上得到認可。

附錄B：方法論的反思

菁英研究是少見的研究。因為學者很少有機會進入菁英的領域，更不用說有辦法長期漫步在菁英四周。除此之外，對於非中國人（與非白人）的研究者來說，中國通常是一個難以駕馭的領域。我通過家族的朋友取得進入校園的管道，他們為我聯繫了許多訪問機會。我進入田野主要取決於「保證人」和學校職員之間的關係，兩邊關係越密切，我就有更大的自由；保證人的學術地位越高，我遇到的限制也就越少。我在首都中學和頂峰中學的保證人都是中國學者。一位是校長的大學同學；另一位是數學科主任的研究所導師。這兩所學校允許我進入教室（前提是班導師要同意），並讓我可以自由地與校園每一個學生聊天。但是在中央中學和高原中學，我並沒有那麼好的關係，所以只能和個別學生交談，不能進入教室觀察。同樣地，運氣和時機也很重要。我開始做實地調查的時候，奧美中學正受到調查，連帶的禁止任何在校園內的研究活動。我是在朋友和室友的介紹下，認識奧美中學的學生，然後與學生約在校外碰面。[1]

當我在二〇一二年進入首都中學和頂峰中學時，我坦誠說自己的興趣是研究來自富裕、菁英家庭的學生。老師和校長向我介紹了八位學生，每一位都來自不同班級，他們都是我的關鍵田野報導人，並且透過他們認識了其他學生。教師後來提到他們挑選學生時還自行加上一些額外的標準，例如社交能力和出色的學業成績，「以維護學校的形象」。[2] 這表示我的關鍵田野報導人通常在學校有很高的地位，因此是理想的代表。老師也選擇那些能從研究參與獲得最大好處的學生。[3] 因為他們介紹的學生確實都是社會經濟菁英，我對老師的決定沒有任何意見。藉由貼身觀察這些關鍵報導人，我在首都中學和頂峰中學的八個班級進行了十五個月的觀察。我加入每個班級最多五天，每天介於八到十五個小時之間。做為民族誌的一部分，我還固定與學生吃飯和逛街，並參加學校的活動，例如家長會和年級會議。

當我和學生建立關係後，我邀請二十八位比較熟悉的學生做深度訪談，以及在中學畢業後進行追蹤訪談。我還請他們把我介紹給他們最熟悉的老師和主要監護人（家長）。我採訪了（十九位學生的）十三位老師和（十八位學生的）十九位家長。我總共進行了六十五次訪談，每次訪談平均約九十分鐘；追蹤訪談時間較短，平均約半小時。老師和家長之所以願意接受我的訪談，想來與我的學歷有關。我就讀於常春藤盟校，這個身分有助於使我獲得老師的信任，家長也因此同意自己的子女參與我的研究。有趣的是，我來自哪一所常春藤盟校顯然不重要。儘管我一直明確表示自己就讀的是賓州大學，我進入首都中學一年後，副校長和聶老師仍然稱我為「哥倫比亞的女博士」。那些優秀學生的家長允許我跟著他們的孩子，常常僅是因為他們出類拔萃的孩子要求，加上我來自頂尖學府。至於那些成績差的學生，家長同意他們的孩子參與研究，主要是希望我能夠對他們的孩子產生「正面的影響」。學生地位高低也是影響大人參與訪談的因素之一。許多家長對於受訪有點猶豫。在這種情況下，有幾個表現出色的學生，尤其是那些與我關係較好的人，都會幫助我說服他們的父母受訪。[4]

要進入家庭進行參與觀察的難度不小，走進菁英家庭中就更加困難。這種觀察會因為研究者侵犯了參與者的私人領域，而打擾參與者。針對十二年級的菁英學生做家庭觀察尤其困難，這不僅是因為菁英家庭通常防備著外人，也是因為十二年級的學生和家長來到大學申請和考試壓力的最高點。全部八名關鍵報導人中，我到三個男孩和一個女孩的家裡做觀察。我分別到三個男孩的家裡觀察了二到四次，每次大約是三個小時。唯一一位願意讓我到家裡觀察的女孩的母親邀請我在她們家住了四天，而不是讓我做多次短暫的訪問。這位母親非常支持我的研究，原因正如我們初次見面時她對我說的那樣：「當我女兒（在美國）訪學時，她的寄宿家庭對她很好。現在輪到我對來自美國的人還這份人情了。」這也代表我能夠去她家裡觀察，純粹是靠運氣，因為這完全是特例，也更顯得菁英生活難以觀察才是常態。

我也從媒體和社交網站上搜集資訊，彌補民族誌和訪談的不足。一些公開的資訊包括：中國的大學錄取數據、政府通知政策改變、學校錄取結果、和大學錄取結果，也包含學生公開的個人資訊。我利用這些資料核實學生回報的考試成績。[5]我還從這些中學出版的校刊、教育雜誌和書籍獲取資訊。這些文宣品大多數都是吹噓學生的成績和學校的歷史。但整體而言，這些資料提供的資訊，讓我看到學校如何展示自己是國內頂尖中心的形象，以及學生對學校生活和大學準備工作的敘述。

我在二〇一四年離開北京，但在這群學生上大學、讀研究所與進入職場之後，仍然繼續訪問他們。保持聯繫並不難，我們用微信和 iMessage 發簡訊。我會寄生日賀卡給他們，並盡可能經常親自拜訪。雖然網路上發訊息溝通很有用，但面對面的交流是維持關係的基礎。由於學生分散在不同的國家，每當我到他們那一帶，我一定會去他們的大學或辦公室附近轉轉。因為學生休假會回到中國，我也跟著到北京度過我的大部分寒暑假。其中也有幾位學生曾到費城或臺北找我。我拜訪的學生經常主動把時間空下來給我，讓我們有時間一起敘舊，他們也找到一些中學時的校友一起聚會。但也不是每一次訪問都很順利，例如有一個女孩相當難聯繫。我們前幾次安排見面時，我要到抵達機場或火車站時，才會收到她臨時要出國的道歉簡訊。我學會了要與她隨性安排，當我們碰巧在同一座城市時，就藉機與她見上一面。整體而言，這些學生中學畢業後，我和二十八個受訪者之中的二十七人，平均見過兩次面。劉攀是唯一失聯的學生，但我從社交網站和她的中學朋友那也能夠得知她的情況。我跟學生的見面頻率，從幾乎每年見一次面（如Stacey和詩盈），到中學畢業後七年才見過一次（如華亭和劉軍）都有。我還與這二十八名學生以外和我比較熟的學生碰面（小龍、斯年、Samantha、Sarah和Mark）。這些訪問包括輕鬆愉快的活動，例如過夜、一起吃飯、參觀城市，或是有如心理諮商的嚴肅討論。表A1提供二十八名學生的大學成績、高考或SAT分數以及二〇一九年時的工作。

研究者的角色

當我進入學校，老師向學生介紹我是「姜老師」，暗示我與學生的差異。然而，學生很快就知道，我對他們既沒有權力，也沒有權威。他們幾乎立刻就改口叫我「姐姐」。他們輕鬆自在地與我聊天，談論天南地北的話題。他們告訴我那些不會和老師或家長分享的秘密，因為他們知道可以信任我。學生會與我分享誰追誰、與誰約會、誰分手的原因等八卦。他們確保我和他們一樣遵守校規，例如警告我不要在教室裡使用手機。還有好多次，學生甚至試著將我納入他們的地位體系。由於我是常春藤盟校的博士生，看起來比較接近學霸。然而，我的地位從來沒有在這個地位體系中提高，可能是因為我搬到北京做研究，和他們一起坐在教室上課，這也算是努力的表現。我也曾面臨地位可能下降的窘境，因為我回答不出他們大部分的考題，而且我打英語字時有錯字。當我的表現與所謂的地位不相符時，學生就會為我找理由開脫，例如「你肯定是故意的」和「畢竟你已經畢業十年了」。看到學生費盡心思將我歸類進某同一種地位，然後為我的表現不佳辯解，實在十分有趣。

長久下來，我與男女學生都很熟。但儘管如此，我也符合當地的習慣而和男女生有不同的親近程度。男同學對於有人貼身觀察很感興趣，想要比看看誰能在我的研究有更高的參與，但這種從新鮮感而來的熱情大多在第三天就消退了。例如，Brandon問我是否可以提前結束觀察；家齊下課時藉著「去男廁所」擺脫我的觀察。女孩們的情況則相反。女孩們一開始似乎對於我的形影不離感到不自在，但到了第三天，她們已經習慣我的存在，無論她們去哪，都會等我加入。正如莉莉所說：「有這一隻（我）跟在旁邊還挺有意思的。我本來以為會很怪，但其實還蠻有趣的。」在我田野調查結束前，我和學生們已經相當親近。莉莉經常和我手拉手走在一塊，所以警衛沒說什麼就讓我們一起進入高考考場。當Brandon得知我在北京待了一年竟然「除了學校以外哪裡都沒去」，就特別把追蹤訪談的地點安排在幾個當地的風景區。這種親近感在學生上大學之後還持續很久。當我到 Tracy 的大學拜訪她，我們坐在草坪上聊天。聊著聊著，Tracy 躺下來，把頭枕在我的肚子上，談著她的夢想和未來的計畫。在另一次訪問中，小龍一看到我，就給了我一個熱情的擁抱，這種舉動在中國男性相當罕見。這些都是我延伸民族誌（extended ethnography）中感覺到最快樂的時光。

我也和老師們建立不錯的關係。為了進入校園，我必須每天麻煩一位老師幫我在校門口簽名。龍老師和胡老師對我照顧有加，只要他們有空，就會幫我進入首都中學和頂峰中學。其他老師，例如首都中學的 Tom 和頂峰中學的吳老師，也會協助我通過校門口的安檢。但也不是每一位老師都清楚我的研究。首都和頂峰都是示範中學，經常接待全國各地來觀摩的老師，學習他們的教學方法。我坐在教室對老師上課的表現影響甚微，因為許多不認識我的人都把我視為絡繹不絕的訪客之一。學校高層不認識我，還誤以為我是學生。首都中學在我進入訪問後換了一位新校長（劉校長）。我在學校碰見劉校長好幾次。當他在本部看到我，就問我高考準備得如何；當他在國際部看到我，就問我錄取哪所美國大學。前幾次，我都會解釋說我是來做研究的。次數多了，到後來我就簡單回答說：「一切都很順利。」他聽到後就會點點頭，笑著說：「很好。」然後雙手放到身後走開。每次看到這場景，我身邊的學生都忍不住掩嘴偷笑。

這些父母親把我當成孩子的朋友。當我在進行家庭觀察，並且與他們一起出去玩的時候，這些父母有時會說我看起來像他們的孩子。詩盈的母親多次開玩笑說我們看起來像母女，比如我們在考場外等詩盈，還有我陪她去逛街買東西的時候。然而這種世代之間的關係可能造成一些家長拒絕參與訪談，或者對我講話的時候像是大人在教小孩。即便如此，這種關係也讓我有機會訪問學生家庭，因為家長把我當成學生的朋友而歡迎我。這些關係在學生從中學畢業後還延續著。當我後來回到北京訪問學生，有些家長也會一起來和我見面打招呼。

田野的挑戰

由於記者的批評和曾發生的恐怖襲擊，中國的中學隨時防著外來的訪客。進入學校之外，留在學校裡進行研究也比我想像困難許多。被允許觀察並不等於就是學校人士，我進入校園仍然需要學校的老師幫我簽名，也就是說我只能在有老師在場時才能進入校園。最初幾個月很麻煩，但後來警衛跟我比較熟，便不再要求我出示證件和教師的擔保。人事上的變動也帶來了一些挑戰，因為為我做擔保的人脈在每此變動中都不復存在。有時，這些變化是由我熟悉的老師處理。在批准我進入學校的校長換掉之後，高年級的班導胡老師作主，延長了我在頂峰中學的訪問權限。但其他時候，失去關係至少造成了另一所學校決定撤回原先授予我的訪問權限。

身為來自美國大學的臺灣研究者，我為了與學校和家庭維持關係，也格外謹慎小心。在我去北京之前，中國大陸的朋友和學者提醒我要小心自己講的每一句話，因為「政府人員可能會緊盯」我的研究活動。我不認為自己的研究主題有任何政治色彩，甚至我的研究、背景和我自己本人，也並未遭遇任何問題。有時候，當學生問起我對兩岸關係的立場，我會利用這些機會讓他們瞭解我家的遷徙史，以及在臺灣的族群衝突。這些家長與我打交道時都非常謹慎，這也完全可以理解。有些家長要求我別讓任何人知道我拜訪過他們家，因為他們擔心這會對他們的職業生涯產生負面影響。由於首都中學和頂峰中學兩所學校的軍人家庭比例相對較高，我推測這些家庭普遍對於和外國接觸較為謹慎，這可能也是一些家長拒絕受訪的原因之一。

我也靠著努力和關心與菁英學生建立並維持關係。雖然我觀察到許多學生表現出一副菁英獨有的理所當然的樣子，當自己作為承受的一方，也依然是一大挑戰。有個女孩認為我們一起出去吃飯或看電影時，理應由我負責買單。有些學生認為他們有資格建議我如何提升品味和外型。其中有一些無傷大雅的建議，例如 Tracy 建議我穿短褲。但有些時候，學生的建議卻接近人身攻擊。在我開始田野訪談幾週後，家齊在課堂上大聲公開嘲笑我還單身：「你這個剩女！二十七歲了還沒結婚。你真是個剩女！」我拍了拍他的頭當作回應，這是在中國教養孩子的常見做法。家齊眼睛瞪大難以置信地看著我（可能在教室裡頭的龍老師也是），但當我說他的父母也會這麼做的時候，他點點頭表示同意。從此之後，老師們都讓我為自己辯護。有一次田野訪談，德宏把我拉到一旁，直接說出我應該怎麼做才能豐胸（「吃木瓜」），最後還說：「你應該感謝我沒有看不起你。」這些情況不斷發生，但我很快就學會用開玩笑回應、轉移話題，或用學術禮節為自己辯護。例如，當另一個男孩在全班同學面前嘲笑我未婚，我立刻引用統計數據，說他在我這個年齡結婚的概率很低加以回擊。我大概太常用統計數字捍衛自己，以致於後來詩盈開玩笑地說：「認識社會學家的好處之一，就是你隨時都能知道自己有沒有給社會扯後腿。」整體而言，學生們有這些行為和評論遠比相敬如賓要好，所以我認為這是自己跟大家打成一片的訊號。

重新適應非菁英的世界

我的田野調查方法類似於馬修．戴斯蒙（Matthew Desmond）在《下一個家在何方？》（*Evicted*）一書中所描述的方式，設法像田野報導人那樣思考，試著感同身受，學他們走路。為了做到這一點，我搬到中國，強迫自己融入當地環境。第一次在中國生活，我經歷了一段適應過程。我在首都中學那一區的一間分租公寓租了一間由儲藏室改造的房間，但後來我發現自己整個低估北京的大小，沒想到地圖上與首都中學的一小段距離，成了單程一個半小時的通勤。甚至連走路都需要適應。我用了三個星期才學會如何穿過各種車輛穿梭的街道。我終於察覺自己戰勝這一切的光榮時刻，是有位中國臉孔的中年婦女在奧美中學大門前，走過來問我：「姑娘，我可以跟著你過馬路嗎？」我還記得當我同意時，她臉上那如釋重負的神情。

當我適應北京的生活之後，離開田野又需要重新適應一次原本的世界。我在日常生活互動中，逐漸習慣學生和家長處理地位體系的方式。我無意之中就按照菁英學生建立的地位體系，把身邊的人區分為不同地位群體。聊天時，我開始注意「學會過生活」（have a life）這樣的詞句，心裡想著受到這種評論的人算是學霸還是學弱。我還採用了學生過於嚴格且基於排名的定義來分類「頂尖」大學。我明白這是中國某一批菁英學生的意見，但也必須時時提醒自己，這裡大多數學生並未就讀常春藤盟校或北大、清華。朋友和同事們透過提問和評論，努力地幫我重新適應主流觀點，[6]也讓我這種心態逐漸減弱，到一年後，我終於重新適應主流的大學聲望分類方式。

除了讓自己脫離地位體系之外，我還必須重新適應中國以外的用語和口音。離開田野後，我在說中文時帶有輕微的北方口音，並習慣性地使用中國用語（例如：臺灣的「研究」

在中國是「科研」）。學生似乎並不介意我的臺灣口音，女孩子們有時會逗趣地模仿我說話的方式。當Brandon說我聽起來像個北京人，儘管只是一瞬間，我還是驕傲地將這視為當地人的認可。然而，臺灣或是香港的朋友對此卻有不同的反應。有些人承認他們覺得我的新口音聽起來很討厭，而突然不再跟我講話；有些人則要求我「好好說話」。我在臺北朋友的婚禮上當主持人也因為口音的緣故而差點被臨場換掉。我的口音在臺灣聽起來像個北京人，但在北京聽起來又像個臺灣人，這種情況直到我搬回臺灣後，依然持續好幾年。

儘管在中國做田野調查充滿不確定，研究菁英充滿挑戰，但我認為自己非常幸運，能夠認識這群學生並與他們成為朋友。我深深的喜歡上這些年輕人，並堅定地支持他們為未來努力。學生分享他們生活的開放態度，總是讓我嘖嘖稱奇。當他們成年之後，許多事情都發生改變。我們的聊天主題從考試分數和人際關係變成稅務政策和就業市場。我從理解他們只重視考試的心態，到現在已無法理解他們在金融圈的職業生涯。以前我請他們在校園附近吃飯，現在他們請我在高檔餐廳用餐。然而，其他事情並未改變。在中學時，一旦學生察覺到我可能需要幫助時就會立刻伸出援手。[7] 在中學畢業七年後，當我去拜訪這群人，他們熱情禮貌依舊。[8] 許多人繼續向我訴說那些一輩子都不會向他人透露的秘密。就是這些菁英青年大方分享他們多年來的生活點滴，為這份研究注入了生命。

高考或SAT分數[a]	2019年的職位（居住地點）
676	美國科技公司工程師（倫敦）
663+30（自主招生）	紐約大學碩士生（紐約）
684+30（自主招生）	紐約大學碩士生（紐約）
665	同濟大學碩士生（上海）
667+20（三好學生）	劍橋大學碩士生（英國劍橋）
639	史丹福大學校友；歐洲投資銀行的策略分析師（北京）
627（術科考試）	倫敦帝國學院碩士生；自主創業電影導演（北京）
678+60（冬令營）	加州大學伯克來分校博士生（CA）
2230	東亞投資銀行交易員（新加坡）
2330	美國顧問公司顧問（紐約）
2170	哥倫比亞大學碩士生（紐約）
2200	美國投資銀行分析師（紐約）
2180	哈佛大學碩士生（MA）
2200	歐洲投資銀行交易員（香港）

表A.1　菁英青年資訊

	姓名	中學／部門	本科院校
女性			
1.	薛華亭	頂峰中學2014／本部	牛津大學
2.	朱莉莉	首都中學2014／本部	北京大學
3.	宋鳴佳	頂峰中學2014／本部	清華大學
4.	劉攀	頂峰中學2014／本部	同濟大學
5.	劉詩盈	首都中學2013／本部	清華大學
6.	田舒華	首都中學2013／本部	復旦大學
7.	吳襲君	頂峰中學2013／本部	國家美術學院
8.	劉浴朗	首都中學2014／本部	清華大學
9.	Ashley方	頂峰中學2013／國際部	劍橋大學
10.	Claire陳	首都中學2013／國際部	耶魯大學
11.	Julie金	中央中學2013／國際部	布林莫爾學院
12.	Selina蘇	首都中學2013／國際部	賓州大學
13.	Stacey高	首都中學2014／國際部	克萊蒙特麥肯納學院
14.	Tracy周	首都中學2014／國際部	約翰霍普金斯大學

668+5（少數民族）	北京電影學院碩士生（北京）
679（奧林匹亞）	加州大學柏克萊分校博士生（CA）
681+10（奧林匹亞）	紐約大學碩士生（紐約）
641	中國工程顧問公司稅務會計（東京）
608	本科生（巴黎）
672（奧林匹亞）	北京大學博士生（北京）
648（奧林匹亞）	史丹福校友；美國貿易公司研究員（IL）
691+40（自主招生）	華盛頓大學碩士生（WA）
600以上	北京航空航天大學博士生；美國汽車公司顧問（北京）
2150	美國技術公司工程師（MA）
2140	加州大學洛杉磯分校博士生（CA）
2140	德克薩斯大學奧斯汀分校博士生（德州）
2050	聖路易華盛頓大學碩士生（MO）
2320	英國會計師事務所顧問（紐約）

a. 高考成績有兩個數字表示學生的原始考試分數加上額外加分。括弧內是加分的管道。高考的最高分是750分；SAT的最高分是2400分。

男性			
15.	柯德宏	首都中學2014／本部	復旦大學
16.	李飛	頂峰中學2013／本部	清華大學
17.	張皓成	頂峰中學2014／本部	北京大學
18.	吳建民	頂峰中學2014／本部	嶺南大學
19.	徐家齊	首都中學2014／本部	法國貢比涅技術大學
20.	劉軍	首都中學2013／本部	北京大學
21.	周凱豐	高地中學2013／本部	北京大學
22.	劉文斌	頂峰中學2014／本部	清華大學
23.	劉向祖	奧美中學2013／本部	南京大學
24.	Alex劉	首都中學2013／國際部	波士頓學院
25.	Brandon吳	首都中學2013／國際部	加州大學洛杉磯分校
26.	Joe吳	頂峰中學2013／國際部	波士頓學院
27.	Robert郭	首都中學2014／國際部	喬治華盛頓大學
28.	Tony曹	首都中學2014／國際部	康乃爾大學

備註：已經將大學調整為同等程度的學術機構。為了匿名，表格中排除了關於家庭和個人收入、軍隊背景和政府職位的資訊。除了文斌的家庭以外，所有家庭都表示有能力全額自費送孩子到美國就讀大學。

註釋

導論

1. 本書所有名字都是化名；大學和公司的名稱已經改為同一國家類似大學和機構的名稱。國際部的學生以英文命名，許多人在學校裡也用他們的英文名字。
2. 例如，參見Brooks and Waters 2011；Vandrick 2011；Waters 2006等研究中觀察到的菁英學生。
3. Courtois 2013; Higgins 2013.
4. Tognini 2021.
5. Heathcote 2019.
6. Nolan（2013）認為中國企業在西方國家的存在微乎其微，而西方企業則是融入中國。雖然中國在全球商業中的影響力是否日益增加仍然沒有答案，但他的研究結果提供中國和全球經濟之間整合的證據。

7. Tan 2018.
8. Jacques 2009.
9. Lim and Bergin 2018.
10. Davis and Wei 2019.
11. Childress 2019.
12. 為了爭奪全球人才，長江學者計畫提供大約十五萬美元的薪資，比美國教師的平均收入還高，另外還額外提供一百萬美元的住房補貼（Wu 2018）。二〇一九年，北京的大學打出廣告，提供給訪問學者在訪問居留期間的月薪超過一萬美元。
13. Er-Rafia 2018; Ghuman 2018.
14. 請注意，有些人認為中國刻意挑選學生參加測試是以「取巧」的方式在ＰＩＳＡ獲得較高的總體表現。
15. Department of Education and Training, Australia 2017; John 2016; Statistics Canada 2016; UK Council for International Student Affairs 2017.

16. 美國領事事務局（The Bureau of Consular Affairs 2019）的資料顯示，自二〇一五年以來，每年發放的學生簽證數以約百分之七至百分之二十七的速度下降。

17. 在二〇一八年夏天有一段新聞影片，一名新聞記者詢問幾名想去美國留學的大學生，由於F-1學生簽證的配額緊縮，他們是否有其他計畫？受訪者表示沒有。本研究的參與者也是同樣的回應，而且態度更加自信。

18. 關於菁英研究的討論往往侷限在該群體於國家內部的影響。比方說，正如書名所示，Domhoff（2017）研究了統治美國的菁英。Mills（1956）也同樣關注美國的菁英。有些人把注意力轉向國際上的例子。Hartmann（2006）檢視五個國家的菁英，Milner（2015a）用三個歷史時期的三類菁英來支持他的地位理論（status theory）。然而，Hartmann強調的是每個菁英群體在各自國家內的強大，而Milner則是分別關注印度、雅典和美國。

19. 中國課堂上的「學神」與美國校園的「高材生」（brain）、「運動健將」（jock）和「人氣王」（popular kid）之間都有一些相似之處，但都無法劃上等號。學神與「高材生」相似，在學業上表現卓越，也像「運動健將」一樣備受同學關注。學神也與「人氣王」有共通之處，他們經常在學校擔任幹部。然而，這幾種人只能部分體現學神所享有的崇高地位，他們也沒有具備與生俱來的優越感。

20. Alvaredo er al. 2018; Xie and Zhou 2014.
21. Brooks（2000）詳細說明中產階級的普遍地位焦慮。藍佩嘉（Lan 2018）和Levey-Friedman（2013）也證明，父母對孩子未來難以掌握的焦慮，與上層階級和中產階級父母的高度參與有關。
22. Brooks and Waters 2009; Mazlish and Morss 2005.
23. Armstrong and Crombie 2000; Bandura et al. 2001; Chhin et al. 2008; Dworkin et al. 2003; MacLeod 2018; Staff et al. 2010.
24. Clark and Cummins 2014; Erola and Moisio 2007.
25. 布迪厄（Bourdieu 1976）以婚姻說明搶奪地位的策略。然而，正如我在本書中所呈現，教育是家庭用來爭奪地位的另一個關鍵策略。
26. Lareau 2011.
27. Calarco 2014.
28. Chiang 2018; Hamilton 2016.
29. Khan 2011; Hartmann 2006.
30. 布迪厄（Bourdieu 1984）在《區別》（*Distinction*）一書討論了高級文化和地位之間的關

聯。模特兒的情況也很類似：Mears（2011）說明在時尚模特兒界，時尚圈的編輯比商業圈的編輯地位更高。

31. 大多數人都會同意，教育是地位成就的關鍵載體。韋伯（Weber 1946）認為教育測驗和篩選創造了一個分層系統。Turner（1960）關於菁英如何挑選學生進入贊助體系（sponsored system）的研究，則是分析菁英支配的一個例子。威斯康辛模式（Wisconsin model）的研究發現以及使用布勞和鄧肯（Blau and Duncan 1967）地位成就模式的研究也論證教育的關鍵作用。從經驗上來看，中國政治菁英似乎意識到了高等教育的重要性，並把它作為進入菁英體系的必要條件，同時提高已經成為菁英成員的教育程度，維持他們高於一般人的教育水準（Chen 2006; Li and Walder 2001）。
32. Chen 2006; Collins 1979; Walder et al. 2000.
33. Cookson and Persell 1985; Gaztambide- Fernández 2009; Khan 2011.
34. Armstrong and Hamilton 2013; Lee and Brinton 1996.
35. Lee and Brinton 1996; Hartmann 2006; Rivera 2015.
36. 國家和教育系統往往有不同的菁英篩選機制（Turner 1960）。請注意，Gibson（2019）認為德國的菁英是在中等教育期間培養而成，這與美國培養的時間相似。

37. 牛橋（Oxbridge）是牛津和劍橋這兩所英國頂尖大學的諧音。清北是清華大學和北京大學的俗稱，也是中國的兩所頂尖大學。
38. 除教育外，常見衡量地位的標準包括獲得工作和婚姻。關於職業聲望和婚姻選擇的規範也是因國家而異（Lin and Xie 1988; Smits et al. 1998）。
39. Lucas 2001; Raftery and Hout 1993.
40. Zheng and Zhang 2018.
41. Li and Bachman 1989; Walder et al. 2000; Zang 2001.
42. Chen 2006.
43. Chiang 2018; Kipnis 2011; Xie and Zhou 2014.
44. Fong 2004.
45. Xue 2015.
46. Li and Prevatt 2008.
47. Xing et al. 2010; Zeng and LeTendre 1998.
48. 有關菁英學生之間的競爭可參考Demerath（2009）和Gaztambide-Fernández（2009）。Calarco（2018）和Lareau（2011）提供許多例子，說明教師和家長從孩子很小的時候就開始提供支持。

49. 這在Khan（2011）的研究也有類似的說法，他發現美國的菁英青少年在中學階段就學會了與來自不同社會階層的人交往互動。

第一章

1. 針對不平等有效維持論（effectively maintained inequality, EMI），請參見Lucas（2001）。
2. 參見Raftery and Hout（1993）的不平等最大維持論（maximally maintained inequality, MMI）。郝令昕等人（Hao et al. 2014）以這套理論研究中國的教育不平等。
3. Walder et al. 2000.
4. Hannum 1999; Pepper 1996.
5. Li and Bachman 1989; Walder et al. 2000; Zang 2001.
6. 一九九八年的這項政策提高大學入學率，從一九九八年的百分之七躍升至二〇一〇年的百分之二十四（Yeung 2013）。

7. 參見Heckman and Li 2004、Li 2003、Wu and Xie 2003、張俊森等人（Zhang et al. 2005）關於教育的回報研究。另外，關於菁英地位的研究也可參見陳志柔（Chen 2006）、Li and Bachman 1989、Walder et al. 2000、Zang 2001。

8. Goodman 2014; National Bureau of Statistics 2017; Xie 2016; Xie and Zhou 2014.

9. 邊燕杰（Bian 2002）證明改革導致新勞動力市場的出現，這反過來又為職業流動提供基礎。然而，Gong et al.（2012）這篇研究發現中國世代之間的所得彈性高達〇．六三。

10. 代際收入彈性指父代收入對子代收入的影響程度，數值越高代表影響越大。

11. Chiang and Lareau 2018; Hartmann 2006.

12. 北京大學和清華大學是中國最好的兩所大學。學生將這兩所大學合稱為清北。

13. 資訊來源：北京大學學生就業指導中心（Peking University Student Career Center 2014）；清華大學就業指導中心（Tsinghua Career Center 2014）。關於對大學生就業率的關注和對過度教育的討論，請參見Bai 2006、Li et al. 2008、Sharma 2014。

14. *China Daily* 2014; China Education Online 2014a.

15. 這兩所大學的校友在中國都身居要職。例如，胡錦濤、習近平和李克強等人都是北京大學和清華大學的校友。另見《北京大學二〇一四年招生通訊》。

16. 各省並不是使用同一套試題，但全國的考試科目和日程安排基本相同。有十個省舉行三天考試；其他省份則在二天內完成考試。

17. 請參見Davey et al.（2007）對考試過程的詳細描述。

18. *Sina* 2014.

19. 我透過政府網站（中國教育在線）和大學招生網站的資訊，以二〇一四年錄取的學生總數除以同年的考生總數，計算出北京大學和清華大學的錄取率。法國高等專業學院（grandes écoles）的錄取率是根據法國教育部（Ministère de l'Éducation Nationale）網站的資訊，用大學校園的學生總數除以法國大學生總數而得出的粗略估計。常春藤大學的估計錄取率是以美國國家教育統計中心和常春藤大學招生網站的資訊進行計算，將常春藤大學錄取的學生人數除以美國大學新生總數。

20. 中國政府在一九八五年至二〇一五年期間啟動了九八五工程、二一一工程和雙一流工程，加強國家的高等教育。相較於那些未列入名單的大學，入選的大學可以獲得國家更多的資金和資源。這三個工程選擇不同數量的大學，但其中百分之二十的名單始終落在北京。

21. Huawen 2017。

22. Ye 2015; Yeung 2013.

23. Ma（2020）這篇研究證明被送出國的兒童年齡日漸下降。
24. 這些趨勢和政府有關，政府的措施希望減少出國讀大學的學生數。然而政策收效甚微，多數人預測出國的學生人數將繼續增長，直到二〇三〇年（Chen 2015）。
25. Chiang and Lareau 2018; Fong 2011; Ma 2020.
26. 這些學生中有許多人成為社會經濟菁英，並藉著與中國政治領袖建立穩固的關係或向其提供政策建議而獲得政治權力（Li 2006; Li et al. 2012）。還有人說出國不一定有好處，因為受過外國教育的人平均工資與國內教育的人不相上下，因此他們父母的教育投資回報率很低（China Education Online 2017; Larmer 2014; Li 2006; National Bureau of Statistics 2017; *Xinhua News* 2015）。
27. Fong 2004, 2011; Rivera 2015.
28. Hao and Welch 2012; Wang et al. 2011.
29. 我找不到中國人申請美國頂尖大學的錄取率資料。
30. Gao 2014; Horwitz 2016; Lai 2012.
31. 這些資訊來自美國大學教師轉發和分享的電子郵件。
32. DK International Education 2013.

33. China Education Online 2014b; College Board 2013.

34. 資訊是在網上和有關該校歷史的書中獲得。我避免引用這些材料以避免學校曝光。

35. 本研究的學校幾乎都在文化大革命期間高度參與紅衛兵運動。

36. 很少有人兼顧兩者，即使是最有錢的優秀學生也不得不選擇其中一條路。本研究中的一個例外是Tracy，她是首都中學優秀的學生，一直到十一年級才做決定。

37. 其中的例外是高原中學，本研究進行時，尚未設立國際部。

38. 根據考試做選拔，子女的考試成績與家庭的社會經濟地位呈現正相關。這個結果在中國、巴西、臺灣和美國都一樣（Guimarães and Sampaio 2013; Roksa and Potter 2011; Liu et al. 2005; Ye 2015）。

39. 北京的菁英並不是全國最富有的人，但他們在國內的影響力眾所周知。他們也有大量未上報且未被課稅的「灰色收入」（Wang and Woo 2011）。

40. 中國人民解放軍歷來被視為是中國強大的政治團體（Jencks 1982）。儘管解放軍的政治影響力已大不如前，但它仍然扮演重要的政治角色（Kiselycznyk and Saunders 2010）。在我的研究觀察期間，軍隊的支持似乎影響學校對北京政府的服從程度。首都中學有著不管教育政策「為所欲為」的聲名，也是教育教學法的開拓者。眾所周知，頂峰中學的校長無視政府的要求。例如，二〇一三年，儘管政府做了調查，後來還被定罪，但學校仍堅持將一名腐敗官員列為傑出校友。

41. 為了減少出國留學的人數，在我離開學校不到兩年，北京政府將頂峰中學國際部遷至市郊。

42. 編鐘是一種中國古代樂器，由一組銅製的鐘組成。大多數的仿製品都陳列在歷史博物館。

43. 家長常在中國校園的課堂上幫不上忙，但美國的學校歡迎家長參與孩子的大學申請。這個現象形成兩地鮮明的對比（Lareau 2015; McDonough 1997; Weis et al. 2014）。

44. 家長遵循老師對子女的教導，如此的傳統規範很可能是全國普遍的現象，因為有學者認為儒家文化傳統促使家長高度尊重學校和老師（Lam et al. 2002; Littrell 2005）。在這種文化體系中，可以預期家長會非常尊重老師，這樣的關係也是正常的。

45. Bradsher 2013; Chiang and Lareau 2018; Fong 2004; Heeter 2008; Kipnis 2011.

46. Zhou 2005.

47. 北京和上海是最後採用猜分填報志願制度的兩個地方。這套制度在二〇一五年遭到北京廢除，此後北京學生可以在高考後提交志願。二〇一七年，上海也發生了同樣的變化。

48. 除了大學選擇之外，學生還必須同步提交他們選擇的專業（每所大學最多五個）。

49. 我從一位訪談過臺灣明星中學學生的學者那裡借用這些問題。同樣的問題對東亞另一組頂尖學生來說或許可行，但對本研究中最優秀的中國學生來說卻很奇怪，這也指出在設計訪談的問題時，脈絡相當重要。

50. 另一個區別是十年級和十一年級的學生並沒有留校晚自習的時間。隨著高考逼近，本部的氣氛越來越緊張。

51. 頂峰中學每天下午分別安排了二十五分鐘的延長下課時間，用於升旗典禮、練功或宣佈其他要事，具體內容每一天都不同。

52. Byun and Park（2012）的研究說明在韓國，有錢的學生經常參加課後輔導準備考試。然而，本研究中很少有學生去補習，可能是因為這些學生在校外的時間不多，而且普遍成績優異。

53. *People's Daily* 2016; *Sina* 2016.

54. 參加ＳＡＴ考試之前，學生關注的是考試成績。教師經常語焉不詳地評價全班的整體表現，但有時又會在教室裡宣佈同學詳細的考試成績。這些例子永遠都能抓住學生的注意力，使得已經走出教室的學生很快又回到教室聽取更多資訊。然而，考試成績競爭的最終表現就是ＳＡＴ。

55. Stevens 2007.

56. 國際部的學生每年學費在九萬至十萬人民幣之間。相比之下，本部收的是七百元人民幣。

57. 這裡列出的數字來自課後輔導班的網站、學生的報告和家長的估計。確切的數字取決於學生的參與以及選擇的補習班或私人家教。

58. 雖然我訪問的學校不贊成這些常見的做法，但每所學校都有不同的妥協。首都中學和頂峰中學允許學生聘請留學代辦和顧問，但堅持要求學生自己準備申請材料。實務上，老師承認他們只能控制學生的成績單和信件。然而中央中學拒絕妥協，導致菁英學生的家長和學校之間產生衝突：有一些未參與本研究的家長對鐵腕校長非常不滿，他們向市政府申訴，要求撤換校長。

59. ECE就是Educational Credential Evaluators（教育文憑評估）的縮寫；這個組織編寫評估報告，將外國學生的成績轉換為美國標準。

60. Larmer 2014.

第二章

1. 在美國和其他西方中學的研究中，這些地位標誌具有非常顯著的重要性。請參考：Khan (2011) and Gaztambide-Fernández (2009)。
2. 布迪厄（Bourdieu 1976）用紙牌遊戲的比喻來解釋婚姻選擇與地位再分配。我則運用這個類比檢視中學裡的地位。
3. 分數線每一年因為高考難度而不同，也要看學生是選理科還是文科。比方說，二〇一三年北京和清華理科的分數線為六百九十一分（滿分七百五十），二〇一四年為六百八十三分。人文專業的分數線分別為六百五十四和六百六十三。
4. 中國頂尖中學的ＳＡＴ成績落差不大，以美國標準來看，成績落差不超過百分之八。據報導，最高的是奧美中學一名女學生，她的ＳＡＴ考了滿分。首都中學「有史以來最低分」是一位男學生，他的ＳＡＴ考了一千九百八十分（新制一千四百分，在美國的ＰＲ值是九十二）。
5. 這些班級以考試分數篩選學生，類似臺灣的實驗班。
6. 參考Milner（1994, 2015b）。

7. 學者認為愜意是一種文化資本，其反映出一種來自特權教養所蘊含的社會經驗（Bourdieu 1986; Khan 2011）。然而，本研究裡的中國學生普遍對他們的考試成績感到焦慮。在這個脈絡下，愜意並不是文化資本的一部分。

8. 不是每一個學生都分屬於四個地位群體之一。Milner（2015b）稱這些學生為「大眾」（crowd），他們與校內有明確地位的學生脫節。然而，本研究裡未歸屬於任一地位群體的學生不會像大眾一樣，他們還是會根據另一套劃分地位群體的分類方式來定義自己的位置。

9. 這個定義也表示頂尖中學的學渣在排名較低的中學可能變成學神。我曾經訪談的學渣也知道，如果他們在另一所學校讀書，他們在學校的地位可能徹底翻轉，但沒有一個人考慮轉到排名較低的學校。他們優先考慮自己中學的聲望，並認為頂尖中學的大學準備是其他中學無法比擬的。雖然許多私立學校也成功把學生送到西方國家的大學（Young 2018），但學生的決定也證明他們願意用自己在學校的低地位換得學校的聲望。因為學校的聲望也是以成績的卓越程度來評估，學生評估每所學校地位的方式就如同他們判斷每個學生在校的地位方式。

10. Robert的分數為兩千零五十分，也排在當年的百分之九十五。這個分數在新制之中相當於一千四百四十分。

11. 這些大學包括二一一、九八五和雙一流大學中所列的多數大學。

12. 北京的其他中學似乎也採用了這套地位體系，儘管每個地位的學生人數略有不同。我的前導研究是在一所成績並不突出的公立中學進行課堂觀察。那所中學的學生也是採用相同的地位體系，但他們普遍認為自己的學校沒有學神，但有許多學弱。在網路上的學生論壇裡頭，這些術語有如流行詞彙，也說明這四個地位群體在中國國內普遍存在的共通性。不論是在會議或研討會上的分享交流，在中國做學校民族誌研究的學者或博士生也告訴我，他們研究的學生無論是在非菁英、農村、移民或成績不佳的中學都有著類似的地位體系。

13. 學神幾乎從不申請排名低於某個分界線的大學，如《美國新聞》或其他國際排名超出前二十或三十名以外的學校。這似乎是慣例，許多學神把其他學生的第一志願當成保底。

14. 這一變化有部分是由他的母親促成，她對兒子在校的活動有很大的影響力。

15. 研究表明學生經常從參與反學校的活動中獲得聲望，如暴力恐嚇的毒品或幫派文化（Decker et al. 1996; Sánchez-Jankowski 2016）。還有人觀察到學生為身分認同設置了次文化標準（MacLeod 2018）。

16. Mark很快發現自己在UBC的競爭中處於劣勢。他說自己比中學時努力許多，甚至身為一名本科生，他偶爾會在實驗室待上一整夜。他的努力最終得到了回報，他在社群媒體炫耀自己在大四的成績單獲得Ａ。

17. Blau and Duncan 1967; Buchmann and Hannum 2001; Kao and Thompson 2003; Shavit and Blossfeld 1993.

18. 中國共產黨將才德當成一般準則，並援引這個概念將其治理合法化（Bell 2016; Gore 2019）。

19. Herrnstein and Murray在《貝爾曲線》（*The Bell Curve*, 1994）的論點引發辯論，他們認為遺傳來的智力決定階級地位。雖然有一些學者支持這個論點（Damian et al. 2015），但一些研究人員反對天賦能力之說，他們提出證據認定社會經濟背景影響測到的智力，社會不平等更能解釋個人結果的差異（Fischer et al. 1996; Kincheloe et al. 1997）。後者是美國社會學的主流觀點，也是美國菁英學生的看法（Gaztambide-Fernández 2009; Khan 2011）。這一派研究的結果，也影響了那些強調個人努力、勤奮和努力工作是決定地位主要手段的研究（Arum and Roksa 2011）。

20. 學生同意遺傳學的觀點，儘管女生在解釋某些學生為何是學弱時比男生更溫和。男生通常使用「大腦有洞」、「低智商」、「可悲」或「愚蠢」等詞語。女生則更注意用字遣詞，例如把學弱說成是心理上「出問題」或「運氣不好」。

21. 總體來說，中學時的「學神」和「學霸」在大學時已不再是成績頂尖的學生。本研究中的例外是襲君、浴朗和詩盈。這三個女孩在她們各自的大學裡都是出類拔萃的學生。

22. 這種地位遊戲規則的轉變可能是城市對農村居民歧視的一部分。當城市菁英發現自己輸掉競爭，他們就改變規則，讓規則有利於自己，不再把高地位分給那些在原規則體系符合高地位的人。菁英學生改變規則的能力，就如同美國高等教育的菁英，發現猶太學生考試分數比白人菁英學生更高，因此改變錄取條件（Karabel 2005）。

23. 莉莉如此緊繃有可能是因為和中學同學在一起，或者因為她剛搬到一個新的國家。然而，其他學生，包括舒華和向祖，在離開大學校園時也有類似的反應。總的來說，這些例子說明中國的大學是一個奇怪的時期，菁英學生在學校改變各種條件，轉換決定地位等級標準的重要性。

24. 美國學生很可能不認同中國學生的標準。事實上，研究表明，美國大學生決定地位的規則與中國學生不同（見Armstrong and Hamilton 2013）。這些中國學生之所以認為有類似的等級制度，其中一個原因是他們的朋友圈主要是中國的同儕。他們口中的等級制度可能只存在於他們的種族飛地。然而，他們還是用這一套規則給不遵守相同規則的同學決定地位。

美國與中國學生決定地位因素的差異，也許是造成大學校園裡種族和族群隔離的一個因素。

第三章

1. 當然，社會上有各種菁英，並不是所有的人都是靠著收入或財富而成為菁英（Chao 2013; Milner 2015a）。本研究中的學生是基於家長的社會經濟地位而被定義為菁英。鳴佳的金錢比喻或許反映的是社會經濟菁英的關注焦點。
2. Eckert 1989; Gaztambide-Fernández 2009。
3. 頂峰中學有一千多名學生，高原中學和中央中學有兩千多名，首都中學和奧美中學有四千多名。有些學校，如頂峰中學，有教師專用的食堂。並非所有的學生都在學生食堂用餐，但在我多次訪問期間，用餐時間湧入的學生和教師人數使食堂變成了一個市場。
4. 跨越地位的交友之所以相當普遍，原因之一可能是學生想要避免在學校點出誰是學弱。
5. 這個故事沒有得到Claire的證實。

6. 布迪厄（Bourdieu 1984）發現高地位群體經常藉排除自己群體中的其他人來維護地位邊界。然而，在我訪問的中學裡，社會聯繫很少影響到地位，而地位的區分也不是一種排斥性的做法。這些例子表明學者認為在西方社會，社會排斥是地位區分的關鍵，但在中國的中學裡，社會排斥與地位結果基本無關。

7. 不論是中國還是美國，家長也會影響從幼稚園到大學的選校（Chiang 2018; Lareau et al. 2016; McDonough 1997; Wu 2013）。

8. 事實上，Claire表示有一部分學生，尤其是那些成績不好以及在學校炫富的學生，其實並非她的朋友。她在一次訪談中緊張地說：「我這樣說其實有點不太好，但有一些人的素質，包括價值觀，都與你有本質上的衝突。他們顯然跟你不是同一個圈子。」其中一個例子是一個成績不好的同學，他花了大約五百美金，「請班上的十幾個人吃飯，就因為他高興。」

9. Grazian（2008）提供了一個關於學生何以參與和慶祝彼此成就的例子，他以美國大學生的搭訕（hookup）來舉例說明。雖然想法很相似，但慶祝朋友的學術成就與祝賀一個朋友成功約砲還是有些許差異。一個區別是本研究中的學生經常借助一個對照組來突顯個人的成就。另一個是對高成就者的敬畏感，而Grazian研究中的參與者並沒有表達這種敬畏感。

10. 龔君與他人的距離可能與她在頂峰中學成為明星的過程有關。龔君在中學的前兩年都是在做藝術項目。由於這些活動佔用她準備考試的時間，她在學校的地位很低，基本上是獨來獨往。訪談中她說頂峰中學的學生「注重學習成績，所以對我做的事情沒什麼興趣」。雖然這種理解與地位制度的規則一致，藝術天賦未能得到認可，但她在隨後美術學校的入學考試中名列第一（考試內容是無指定科目的多選題），也算是考試成功。當龔君在全國考試名列前茅，她的地位立即提升到頂峰中學最頂尖學生的高度。

11. 獨來獨往似乎是地位高的學生的共通之處。除了龔君之外，學生們還說浴朗、劉軍和Tony也是獨行俠。

12. 在中國，一個人和一個互相知道但不熟的人之間的平均社交距離不到三英呎（Sorokowska et al. 2017）。龔君的五英呎比平均距離長得多，而且超出Sorokowska等人研究中的信賴區間。

13. 後來，Julie以兩千一百七十分的SAT（相當於新制的一千五百分，按美國標準是PR九十八）進入布林莫爾學院。她對自己的SAT成績很滿意，認為沒有必要重考，因為她的分數在第一次考就已經很高。然而，其他成績優異的學生後來在十二年級考了好幾次SAT，並且取得更高的綜合分數。結果，Julie的SAT成績在中央大學僅被列為高於平均水準。Julie對自己的錄取結果並不滿意。在我們的追蹤訪談中，她說自己在中學時唯一的遺憾就是沒有為SAT考試「多讀一點書」。二〇一九年，Julie說自己已經從這個錯誤中學到教訓，因此全力準備GRE考試。她全心全意備戰，並且事先預約了兩次考試。她的第一次考試幾乎獲得滿分，也就不再考第二次了。

14. 美國大學招生系統強調學生的全面性（Armstrong and Hamilton 2013; Gaztambide-Fernández 2009; Karabel 2005）。然而，Brandon課外表現的綜合回報不如Claire的學業成績，這讓人不禁質疑招生官評估中國申請者的標準。美國大學是否以標準化分數選拔外國學生，還有佔的比例有多高，仍然需要進一步研究。

15. 擔任學生會幹部是在中國中學表現重要領導能力的機會之一。每所學校都有一套任命學生擔任幹部的獨特規則，但幹部通常是在學校表現出色的人。成績不好的家齊說，他有「很好的行政能力」，但卻沒有領導或服務的機會，因為「學生往往相信那些考試分數高的人」。總的來說，學生有一個共識，那就是成績差的人不應該擔任幹部。

16. 我懷疑若倫是靠著老師的推薦才加入學生會。另一種可能是他原本在十一年級之前或在十一年級的時候是成績優秀的學生，所以雀屏中選。

17. 在我的田野工作結束時，我已經習慣了菁英學生的互動模式以及對地位等級的看法。離開田野後，我花了大約一年的時間才完全重新適應考試成績和大學落點的一般標準。我在方法論附錄有提到自己沉浸在田野中的反思。

18. 這些任務有時很難完成。例如，有個年級想把校慶「搞大」。學生會負責這項任務。他們獲得學校的同意和資金，在一天的活動中，租了一艘海盜船（大約五十到六十英呎高）和其他遊樂設施擺到操場上。

19. 我問過學霸Tracy，如果Kevin在SAT考了滿分，事情是否會發生變化。Tracy立即回答：「我們還是會認為他是個怪人，但我們可能會佩服他。如果他在SAT考試中得到滿分，當我們看到他會覺得他很閃亮。」這與康偉的情況一樣，Kevin錯就錯在他成績不好。

20. 這就像有錢的家長從小就送孩子去參加課外培訓一樣（Lan 2018; Lareau 2011; Levey-Friedman 2013），本研究中的許多菁英學生都從小就接受了體育、藝術或音樂的訓練。例如，詩盈從小就開始學鋼琴，舒華練體育，Brandon拉小提琴，婉如是體操運動員。然而，這些學生在中學時就沒有繼續參加課外訓練了。

21. 吉娜同時是一名研究生、模特兒和電競運動的主播。然而，雖然她是中國的媒體名人，但她的中學同學是因為大鵬，才知道她有多厲害。

22. 我在這二十八名學生就讀大學期間，持續對其中二十六名進行追蹤訪談。直到二〇一八至一九年間，在他們大學畢業後，我訪問了其中二十一名學生。由於二〇二〇年的新冠肺炎爆發，我訪問其餘七名學生的出差計畫只好取消。轉由通過社交媒體和文字交流瞭解他們目前的情況。

23. 有趣的是，沒有任何菁英學生提到語言困難或溝通問題是培養跨國友誼的障礙。事實上，除了少數在中國完成大學的學生有較重的口音外，我訪問的所有學生都能說流利的英語，有些人甚至熟練使用美國俚語。

24. Tony的生日派對讓他感受到實際上真實存在的種族隔離。他認為種族隔離不可避免：「我不會說西班牙語。我不想喝醉，但那是美國人在做的事。我覺得和朋友一起打牌更自在。」

25. 這個價格是我從網站查到的資訊，如果在北京當地的經銷商購買，價格會更高。

26. 有些研究證明專業人員對自己的工作表現信心不足（Hirooka et al. 2014），或者專業人員可能對自己的工作過於自信（Torngren and Montgomery 2004）。

第四章

1. 名額以及獲得這種機會的學校每年都會變動。
2. 不同於毛老師（女），胡老師不曾被學生「掛在黑板上」。他也很可能是少數歡迎學生這樣對待老師的人，因為他是負責教資優班的學生。身為資優班的班主任，胡老師班上的學生中有一半以上考上北大或清華，而當時北京的整體錄取率約為百分之一，頂峰中學全校平均約為百分之二十五。
3. Liuxue（2014）估算出美國頂尖大學裡頭中國新生的總數。
4. Stevens（2007, 74）以「關係曖昧」（have a thing going）一詞來描述大學和生源中學之間的關係。
5. 當我在高考前兩週緊密觀察莉莉，至少有三位老師要求我陪著她，提供情感上的支持。他們希望她表現不要失常，如願考上北京大學。各位老師之所以允許我在十二年級、學生最焦慮的時候在教室裡遊蕩，我幾乎可以肯定，是因為他們希望我幫助學生，特別是那些成績優異的學生。
6. 有一些家長也有類似的看法。學渣家齊的母親徐太太在高考的兩週前說：「老師現在根本沒心思關心我兒子。他不可能考上最好的大學。他們為什麼要浪費時間在他身上？」

7. Xue and Wang（2016）說明這個政策的相關資訊，並分析這套做法為中國兩個省的中學所帶來的影響。Woessmann（2011）分析二十八個國家的績效工資和PISA測試成績。兩項研究都指出老師的績效工資與學生的成績呈正相關。Xue and Wang（2016）進一步表明，如果獎金是由學校而不是更上級的單位負責，學生考試成績的提高會更明顯。在這項研究中，老師的獎金是由學校自己發放。

8. 送禮在中國被視為是建立商業關係的一種常見方式，或是在政府部門展現人脈實力的一種主要工具。這種做法在政府和商場中都非常普遍，令人將送禮與腐敗和賄賂聯想在一塊（Qian et al. 2007; Steidlmeier 1999; Yang and Paladino 2015）。換句話說，送禮對於那些打算進入中國社會的商場或政府部門的學生來說，是一項實用的技能。

9. 本研究的學生購買力很強。伊莉莎白雅頓（Elizabeth Arden）的護膚品和蘋果手錶是很受歡迎的生日禮物。送給老師的禮物都是精挑細選，主要由家長購買，家長們更願意靠著打通老師的關係投資孩子的教育。

10. 許多中國人在耶誕節送蘋果。正如詩盈的母親所解釋，原因是蘋果和平安夜都有個「平」音。

11. 帶著目的的學生（和他們的父母）往往希望老師能給他們一些好處，比如花時間解釋與考試有關的錯誤，上課時特別注意他們，在他們考試失敗時鼓勵他們。

12. 關於日常對話中的人際互動，更多討論請見Collins（2004）。

13. Calarco（2011）提到美國小學的例子，小孩子從老師那裡得到的幫助多寡，主要因階級而異。然而，在本研究中，由於所有學生都出身類似的菁英家庭，因此主要的影響因素似乎是考試成績，這也是用來預測大學落點，並且與老師的收入掛鉤的重要因素。

14. 雖然兩千一百五十分在美國就是PR九十七，但在首都中學是平均水準。這個分數在新制的SAT評分系統相當於一千四百九十分。

15. 小論文即essay，是申請每所美國大學必須繳交的短文。

16. 請見Calarco 2011。

17. 我相信是因為我在場，所以家齊才敢提出抱怨。由於這名學生（家齊）與我關係密切，他很可能覺得趁我在場的時候，向班主任說到自己遭受不公平的待遇較自在。

18. 大鵬現在已經結婚，在世界上規模最大企業的中國分公司擔任顧問。雖然他未參加後續的研究，但他經常在社交網路放上他在世界各地旅行的最新照片。他的同學估計大鵬的收入遠遠高於全國前百分之五的水準。

19. 研究說明最初的工資和職業地位可以預測未來的職業地位和一生的收入。Blau and Duncan（1967）提出了理論，指出一個人的第一份工作與他未來的職業有直接關係。Oyer（2008）發現在華爾街的第一個職位高度，可以預測未來在華爾街的職業生涯。

第五章

1. Cameron et al. 2013; Sun 1987.
2. 有些家長在孩子的中學時期（特別是申請大學期間），不會容忍孩子任性的行為，而且更加關注他們的學習成績（Bin 1996; Liu et al. 2010; Móttus et al.; Zhang et al. 2001）。青少年在準備高考期間，也會抱怨父母的高度控制（Chen 1994）。學生自殺的意圖和念頭在十八歲時大幅增加，因為在中學的最後一年，學業的壓力最大（Liu et al. 2005）。
3. 資訊檢索自學校網站。網站還公佈更多錄取資訊，有四分之一的學生獲得前十名的大學錄取，一半去了排名前三十的大學。網站也提供了連結，可以下載一份檔案，那份檔案按大學排名列出學生的錄取數，包括芝加哥大學、杜克大學、布朗大學、康乃爾大學、萊斯大學等多所大學。

4. 本研究提到關於父母養育子女的付出，類似於媒體經常報導父母為子女「做牛做馬」，這樣的家庭生活是以孩子為中心，需要父母高度犧牲奉獻（Clark 2008; Xue 2015）。但是，上述的刻板印象未能捕捉到相似菁英家庭之間的細微差別，我在本章會進一步說明這一點。

5. 這與美國中產階級家庭的調查結果相似（Lareau and Goyette 2014; Lareau et al. 2016）。然而，在相似的教養模式下，其實存在明顯的差異。例如，美國和中國的家庭都會為了提高孩子的教育成就，以此考慮居住的地點。然而，在美國，要在何處定居，一般來說只會考慮一次，通常在孩子開始上幼兒園之前就已經底定。中國的父母也是如此，但正如我在本章所呈現的，全家會不斷搬遷，直到孩子讀十二年級為止。

6. 世界各地的中產階級父母都會刻意引導和影響孩子的情緒（Calarco 2018; Chin 2000; Ellis et al. 2014; Ramsden and Hubbard 2002）。父母的情緒引導會影響孩子的教育成果，也會影響孩子的攻擊行為，以及他們應對家庭問題的方式。

7. 然而，詩盈屬於特殊案例。她不但像其他學生一樣可以自由使用金錢，而且還有權利想做什麼就做什麼，完全免除父母的看管。在我和詩盈生活在一起的那四天，詩盈的媽媽從未檢查過詩盈的書包。詩盈在家裡可以不讀書，而是坐在客廳看一個小時的綜藝節目。詩盈不需要向父母報告她在學校的大小事，父母也不問她每天去哪裡。有一次晚自習時，她有一個小時在使用教室後面的電腦，瀏覽歌手的新聞。詩盈的母親允許她做點和高考無關的事，甚至偶爾會和她一起看電視。比起其他人，只有成績優異的學生，能夠在家享有如此高的自由。

8. 中國的學生經常把表兄弟姐妹叫成自己的兄弟姐妹。例如，詩盈稱她的表姐為「姐姐」。然而，華亭是本研究中唯一有親兄弟姐妹的學生。她的姐姐在很小的時候就被親戚收養，正式成為她的堂姐。這個安排並不是什麼秘密，姐妹倆是一起長大的。

9. 留學代辦提供的協助內容各不相同，有的是追蹤錄取進度、填寫申請表格、為申請人撰寫論文。本研究沒有任何菁英學生聘請留學代辦代寫，因為他們認為自己的英語能力遠比代辦還強。然而，大多數學生要求家長聘請代辦，是為了讓申請更簡單一些。

10. 想當然爾，家長對於是否支持吳先生不聘請留學代辦的決定有不同的看法。有一些人可能認為培養孩子獨立是最重要的目標；另一些人可能擔心無法獲得頂尖大學的錄取，這樣風險太大了。除了吳先生，我採訪過的家長之中，沒有人懷疑過他們聘請留學代辦的決定。然而，本研究中的許多菁英家長認為「填寫申請表」是一項簡單的任務，不用培訓也不用練習。當然，孩子是否接受留學代辦的幫助，則是另一回事。

11. Brandon那些地位高低不同的同學也都自己申請研究所、實習和工作。然而，我並不清楚他們在第一次嘗試自己申請時，是否也犯了這樣簡單的錯誤。

12. 親子關係會隨著孩子的成長而改變。孩子從幼兒到青少年初期，父母參與的程度會持續增加，或是維持相當（Dearing et al. 2006），但在孩子進入大學後，父母參與的方式會發生變化，參與程度往往下降（Hamilton 2016；Lareau 2011）。孩子在進入成年初期，與他們父母的感情也不如兒童初期（Harris et al. 1998）。

13. Coleman（1988）的經典研究指出家長封閉網絡（closed parental network）的重要性。學者爭論的是家長網絡的封閉性對學生的教育結果是呈現正面還是負面的影響（Morgan and Sørensen 1999）。我並未評估父母網絡封閉和大學申請結果之間的關係，也未對父母的參與和孩子申請的結果提出任何因果論證。

14. 雖然他們可能也交流了教養方法，但我並未看到他們在校園裡比較彼此的家庭情況，或討論家庭裡的互動情形。只有一次，在某次的家庭訪問中，有一位研究對象的母親提到另一位父母因為「身體不好」，所以他們的「女兒非常獨立」。

15. 唯一的例外是Tracy的父親，他也完成了許多父母會介入幫忙的事，但卻認為自己對於Tracy

的大學中請介入太多。

16. Selena是個例外，她對於父母願意支付首都中學國際部三年的學費與常春藤大學四年的學費表示感激。Selena非常感謝她的父母，因此當她收到賓大的錄取通知時，決定不辦慶祝活動，選擇「把錢留下來繳學費」。然而，Selena與其他學生一樣，並未提到自己的父母提供了一個讓她能夠專心準備大學的環境，也沒提到自己可以利用父母的人脈，或動用其他金錢以外的援助。

17. 至少還有兩名在美國東岸大學讀書的女學生曾經提到自己大一時身體也有同樣的問題。Julie是唯一繼續休學的人，其他人都在一年後復學。

第六章

1. 研究證明親子溝通與學生的學業成績呈正相關，在不同國家都能觀察到相同的情形（Park 2008）。

2. Armstrong and Hamilton 2013; Lareau 2011; McDonough 1997.

3. Chris是美國留學顧問，負責把學生送進美國的大學。然而，可能是由於他的口音或儀態，受指導的學生堅信他是英國人，「負責把學生送進英國的大學」。

4. Alex至少提交多達二十二份的申請。本研究中的學生申請超過十所大學很常見，但申請超過二十所的學生則非常少。

5. 這位母親的說法是ＥＤ（early decision，提早入學）。由於學生只能向一所大學申請ＥＤ，她很可能是口誤。

6. Cookson and Persell 1985; Gaztambide-Fernández 2009; Khan 2011.

7. 兩千三百二十分相當於新制的一千五百七十分，在美國的ＰＲ值是九十九點六七。

8. 這位母親的行為與學者觀察到的美國家長行為相似（Lareau and Horvat 1999）。

9. 目前尚不清楚劉太太的努力是否直接影響詩盈後來的表現，也無法把母親的努力轉化為考試分數。

10. 這一類的應變計畫很可能在北京和上海的家庭中見到，這兩個城市在二〇一七年之前一直採用「預測後填報」的制度。這套制度廢除後，菁英家庭無需再細心規劃孩子的大學填報志願來應對意外情況。儘管情況有所變化，但我相信每個家庭還是會繼續在升學準備過程的其他環節規劃備案。

11. 我把建民留在樣本中是基於以下幾個理由。雖然他們家收入不在中國的前百分之十，但他們家在北京有資產。另一個原因是建民的母親受過大學教育，能夠在申請過程中協助建民，而且通常母親是主要照顧者。最後，建民的祖父母很罕見的都是菁英大學畢業生。從多代階層化的角度來看，他的祖父母可以彌補他父親相對較低的教育程度（Jæger 2012; Zeng and Xie 2014）。

12. Chiang and Park（2015）認為父母這一代如果向下流動，可能與代際衝突有關，特別是出身書香門第的菁英。建民媽媽的例子或多或少證實了這個假設。她在採訪中談到自己這一輩與她父母那一輩之間的衝突。「那些年考上大學是非常困難的，」但建民的媽媽卻退學了，「這個行為是要反抗我讀過大學的父母」。

13. Armstrong and Hamilton（2013）提到有個紐約市地址對於在當地找工作相當重要。

14. 這個家庭的計畫實現了。二〇二一年，文斌在社交媒體上宣佈，他獲得布朗大學的博士班錄取。

15. 建民並未提到那份北京工作的細節。由於他的家庭背景，那份工作可能是類似於國有企業的崗位，這將使他位居國家的中產階級或中上階層。

16. Fong（2011）和Ma（2020）討論出國留學對於不同社會經濟階層的中國學生提升地位的重

要性。

結語

1. Coleman 1961; Milner 2015b.
2. Cameron et al. 2013; Fong 2004, 2011; Sun 1987; Xue 2015.
3. Bin 1996; Chen 1994; Liu et al. 2010; Kipnis 2011; Ma 2020; Mõttus et al. 2008; Zhang et al. 2001.
4. Brooks and Waters 2009.
5. Chan and Boliver 2013; Chiang and Park 2015; Erola and Moisio 2007; Song and Mare 2019.
6. Shavit and Blossfeld 1993.
7. Khan 2011.
8. Wilson and Roscigno 2016.
9. Galak et al. 2016; Gommans et al. 2017; Haun and Tomasello 2011.
10. Bourdieu 1984; Caspi and Roberts 2001; Konty and Dunham 1997.

11. Congressional Research Service 2020; OECD 2020.
12. 另外一位是前面章節提到的龔君。
13. Armstrong and Hamilton 2013; Kim et al. 2015.
14. 這些經歷並非國際留學菁英所獨有。研究顯示友誼模式有種族之分（McCabe 2016），亞洲留學生在校園裡普遍經歷過種族隔離（Arcidiacono et al. 2013; Kwon et al. 2019）。
15. Kwon et al. 2019; Rose-Redwood and Rose-Redwood 2013.
16. Li and Nicholson 2021.
17. Stacey於二〇二一年畢業於哈佛大學商學院。她說儘管自己的資歷幾乎無可挑剔，但卻無法找到一份聘雇中國人的工作。她不認為這個結果與結構上的種族主義有關，但她說出「中國來的人很難找到工作」則顯示情況並非如此。她在香港與Tracy和Sarah會合，可能放棄在華爾街工作的念頭。
18. Chin 2020; Zhou and Lee 2017.
19. Huang 2021; Oguntoyinbo 2014; Yu 2020.
20. 這套高等教育選拔制度的分類，當然代表一種韋伯所說的理想型。
21. Ho 1962.

22. Chaffee 1985; Collins 1998.
23. Walder 2012; Walder and Hu 2009.
24. Walder 2012; Yang 2016.
25. Campbell 2020; Ho 1962; Liang et al. 2013.
26. Jiang 2007; Liang et al. 2013; Liu 2011; Zheng 2007.
27. 這或許是中國經常發生教育改革的原因之一。進一步的討論請見Yang 2012。
28. Chiang 2018.
29. 早期，美國的大學和其他層級的學校，延續古早的模式，學校最初有嚴格的紀律和特定的宗教、古典課程。
30. Baltzell 1987; Scott 1965a, 1965b.
31. Goldin and Katz 1999.
32. Karabel 2005.
33. Jencks and Riesman 2017; Riesman and Jencks 1962.
34. Orfield and Hillman 2018.
35. 這還需要進一步分析，但似乎這兩個國家會利用學校來反制社會不想要的趨勢：一是共產主義的齊頭式平等，另一方面是擴大資本主義的社會階序。

36. Garcia and Pearson 1991; Gardner 1993; Resnick and Hall 1998; Taylor 1994。針對美國制度的批評，請見Baker et al. 1993; Burger and Burger 1994; Linn and Baker 1996; Stecher and Klein 1997。

37. Bransford et al. 1999; Supovitz and Brennan 1997.

38. Ramirez et al.（2018）說明美國與其他國家方向越來越一致，但在研究時，美國對重要考試（high-stakes testing）的興趣略有回升，這實際上與全球對重要考試依賴程度降低（或相似）的趨勢背道而馳。

39. Alon and Tienda 2007; Buchmann et al. 2010; Demerath 2009; Milner 2015b; Radford 2013; Stevens 2007.

40. Stevens（2007）針對一所篩選學生的大學所做的民族誌，發現考試成績的重要性。

41. 將考試成績列為非必要的學校，數量從二十世紀八〇年代的三十幾所增長到二〇一五年全部大學的百分之十左右（Furuta 2017）。新冠肺炎傳染導致這一政策的大幅擴張，美國有超過一半的大學將ＳＡＴ或ＡＣＴ成績作為可選可不選（FairTest 2020）。在本研究中，Julie的大學是在新冠肺炎爆發前採用這個政策的學校之一。當消息傳出，她（和她的同學們）都變得相當悲觀，高度關心母校的未來排名和品質。

42. Cookson and Persell 1985.

43. Coleman 1961; Milner 2015b.

44. 學者已經證明美國青少年認識到考試分數和成績的重要性。但他們並不把考試成績等同於地位，因此相較於本研究中的中國菁英學生，他們對考試成績的關注仍然較低（Demerath 2009; Gaztambide-Fernández 2009; Milner 2015b）。

45. 高三前，本研究的所有學生都參加中學各種課外活動。詩盈會彈鋼琴，Brandon會拉小提琴，而Joe則是參加樂團，還發行了自己的專輯。家齊經常接觸西班牙語。吉娜是一個模特兒，婉如是個有企圖心的體操運動員。然而，除了襲君靠著電影的相關技能（以及她父親從事媒體行業）走上藝術之路外，這些才華在學校體系中並未得到承認。課外成就承擔的風險很大，相較來說好處不多，使許多家庭決定完全放棄課外活動。

46. Rivera（2015）發現，美國一些一流公司和企業，評估進用新人的時候，會考慮申請人課外活動的參與情況。例如，有些公司喜歡懂得古典音樂的申請人。對於中國學生來說，由於課外活動的技能已經生疏，因此他們就少了這些機會。

47. Lareau 2011; Levey-Friedman 2013.

48. Stevens 2007.
49. Card 2017; Mare 2012.
50. Tan 2017.
51. 二〇一五年，ＰＩＳＡ評量北京、上海、江蘇和廣東的中國學生。這些中國考生的排名比二〇一二年的上海考生低得多。然而，他們仍然處於經合組織的平均水準（OECD 2014，2017）。
52. European Commission 2019.
53. Jiménez and Horowitz 2013.
54. Furuta et al. 2016.
55. 英國的Godfrey Thomson爵士於一九四七年開始進行莫雷豪斯考試（Moray House Test），這項考試把十一歲小孩分配到不同的教育方案（Sharp 1997）。
56. Buchmann et al. 2010; Byun and Kim 2010; Jencks and Phillips 1998; Ye 2015.
57. Li et al. 2013; Saez and Zucman 2016; Xie and Zhou 2014; Xie 2016.
58. Ye 2015; Yeung 2013.
59. 非菁英家庭不會分享同種或多種資源，也無法使用相同的教養方式（Chen et al. 2010;

Horvat et al. 2003; Lareau 2000）。此外，考慮到送孩子到歐美讀大學的相關費用，非菁英家庭不太可能將出國留學作為高考失敗的備案。

60. Caspi and Roberts 2001; Konty and Dunham 1997.

61. Ferdinand and Verhulst 1995; Fite et al. 2010; Lubinski et al. 1996; McAdams and Olson 2010; Waterman 1982.

62. 來源：https://www.youtube.com/watch?v=giM2uTH6LP8&ab_channel=%E6%88 %91%E4%B8%AD%E6%96%87%E4%B8%8D%E5%A5%BD.

63. 人們發現學業成績差的學生會調整他們的求學目標（Clark 1960; MacLeod 2018）。儘管他們享有充分的資源，支持他們一再升學，也不能倖免於這種機制。

64. Khan 2011; Sherman 2017.

附錄A

1. Domhoff 1967; Giddens 1972; Mills 1956.

2. Cao 2004; Chambliss 1989; Nilizadeh et al. 2016; Westerman et al. 2012.
3. Page et al. 2013; Sherman 2017.
4. Armstrong and Hamilton 2013; Khan 2011; Rivera 2015.
5. Radford 2013.
6. Gaztambide-Fernández 2009; Khan 2011.
7. Nee 1991; Walder et al. 2000.
8. Chen 2006.
9. Fan 2002.
10. Cao and Suttmeier 2001; Ho 1962; Li and Walder 2001; Weber 1958.
11. Kipnis 2011.
12. 包括一九九八年的九八五計畫，一九九五年的二一一計畫，與二〇一五年的雙一流計畫。
13. Yeung 2013.
14. Wang and Woo 2011.
15. 中國大約有一半的人口是農村居民。收入排在城市前百分之十的人，在整個中國可以排到前百分之五。本研究對參與者的收入進行保守估計，使用中國國家統計局的數據

（2013），把城市居民的人均收入乘以三倍，計算三口之家的收入。

16. 有一次，我到一個學生家裡訪談，覺得這家人似乎並不怎麼富裕。後來我向班主任王老師（女）提出這個疑惑，她向我解釋，根據她看到的資料，這個學生肯定是菁英。王老師對我說：「不要被你看到的家庭環境所迷惑。」我看到這家庭的節儉表現，最初也讓王老師在家庭訪問時感到意外。她解釋：「父母是刻意這麼做的，以免寵壞孩子。」我後來證實了這家也是高收入家庭，學生的母親說他們曾考慮過，如果孩子不能進入他在中國的理想學校，就打算自費送他到美國讀大學。

17. 除了一名學生之外，其他學生的家長至少有一人上過大學。

18. 除了一個在北京的居住時間超過三代以上的家庭，其他家庭都是靠著工作機會成為北京市民，他們的父母將此歸功於自己出色的表現以及考上頂尖大學。

附錄B

1. 由於接觸中選學校的管道有限，無意中把這項研究變成一項歸納性研究（inductive

research）。我於二〇一二年來到北京，希望研究選擇大學的階級差異。起初我找到一所招收大量工人階級的低階學校卻不得其門而入，我的計畫發生了變化。長期接觸學生區分身分的用語後，我的注意力轉向身分體系。事實上，當學生們反覆解釋地位體系後，我才意識到它的重要性。

2. 在頂峰中學，胡老師聲稱「隨機挑了六名學生」，代表各種不同類型的成績優異者。學生懷疑胡老師挑選學生時花了很多心思。建民解釋這六個人之間的朋友圈時，就像解開一道數學題，他打趣地說：「我們之間任何兩個人都是好朋友，但我們中沒有三個人是好朋友。」

3. 莉莉和家齊就是兩個案例。當龍老師帶我去認識莉莉，他隨口說：「有個朋友鼓勵莉莉，會增加她對高考的信心。」

4. 相比之下，表現差的人往往不能、不會、甚至不敢幫忙說服猶豫不決的父母。

5. 我蒐集加分資料時在學生論壇上發現一份大家都在轉傳的名單，上頭有學生的姓名、學校以及在北京和清華大學獲得的加分。我從名單上看到文斌在他後來就讀的大學獲得四十分的加分。然而，文斌接受我訪問時對此隻字未提，可能是因為他的考試分數很高，不需要加分。由於他同學說的加分與名單上的資訊一致，我把這四十分加到了他的高考成績上。

6. 當我像中國菁英學生給一些相當好的大學打上「失敗類型」的標籤時，這一點尤其明顯。有一次，我談到申請上加州大學洛杉磯分校（UCLA）簡直是一場「災難」，朋友立即糾正我：「UCLA是一所非常好的學校。」美國的學者也在研討會上要求我澄清，為什麼去UCLA算是申請頂尖大學「失敗」的案例。

7. 麗華在聽到我被銀行詐騙之後，給我發了簡訊，表示可以把錢打到我的賬戶。李飛在我腳受傷時，在清華校內騎著腳踏車，載我到我要去的地方。詩盈聽說我對一個從沒機會去玩過的遊樂園感興趣，就吆喝大家一起去。

8. 不論我到那個地方找他，Brandon都一定會安排一日遊，帶我到處逛逛。凱豐仍然耐心回答我的每個問題，甚至在我們吃飯時，不厭其煩地重複拼出公司的名字。我有兩次深夜才飛抵北京，在這兩次訪問中，向祖和襲君都來機場接我，並帶我去還沒打烊的餐廳吃飯。

article/2148531/chinese-students-say-us-visa-restrictions-wont-affect.

Zhou, Hao. 2005. *GaoSan*. Guangdong: Guangdong 21st Century Media.

Zhou, Min, and Jennifer Lee. 2017. "Hyper-selectivity and the Remaking of Culture: Understanding the Asian American Achievement Paradox." *Asian American Journal of Psychology* 8(1): 7–15.

Young, Natalie A. E. 2018. "Departing from the Beaten Path: International Schools in China as Response to Discrimination and Academic Failure in the Chinese Educational System." *Comparative Education* 54(2): 159–80.

Yu, Helen H. 2020. "Revisiting the Bamboo Ceiling: Perceptions from Asian Americans on Experiencing Workplace Discrimination." *Asian American Journal of Psychology* 11(3): 158–67.

Zang, Xiaowei. 2001. "University Education, Party Seniority, and Elite Recruitment in China." *Social Science Research* 30(1): 62–75.

Zeng, Kangmin, and Gerald K. LeTendre. 1998. "Adolescent Suicide and Academic Competition in East Asia." *Comparative Education Review* 42(4): 513–28.

Zeng, Zhen, and Yu Xie. 2014. "The Effects of Grandparents on Children's Schooling: Evidence from Rural China." *Demography* 51(2): 599–617.

Zhang, Junsen, Yaohui Zhao, Albert Park, and Xiaoqing Song. 2005. "Economic Returns to Schooling in Urban China, 1988 to 2001." *Journal of Comparative Economics* 33(4): 730–52.

Zhang, Yuching, Geldolph A. Kohnstamm, Ping Chung Cheung, and Sing Lau. 2001. "A New Look at the Old 'Little Emperor': Developmental Changes in the Personality of Only Children in China." *Social Behavior and Personality* 29(7): 725–31.

Zheng, Ruoling. 2007. "The Impact of the National College Entrance Exam on Social Mobility: A Case Study of Xiamen University" (Gaokao Dui Shehui Liudong de Yingxiang: Yi Xiamen Daxue Wei Gean). *Educational Research* 3: 46–50.

Zheng, Sarah, and Zhang Pinghui. 2018. "Chinese Students Say US Visa Restrictions Won't Affect Their Plans." *South China Morning Post*, May 30. https://www.scmp.com/news/china/diplomacy-defence/

Proceedings of the National Academy of Sciences 111(19): 6928–33.

Xing, Xiu-Ya, Tao Fang-Biao, Wan Yu-Hui, Xing Chao, Qi Xiu-Yu, Hao Jia-Hu, Su Pu-Yu, Pan Hai-Feng, and Huang Lei. 2010. "Family Factors Associated with Suicide Attempts among Chinese Adolescent Students: A National Cross-Sectional Survey." *Journal of Adolescent Health* 46(6): 592–99.

Xinhua News. 2015. "Return Students Will Reach 666 Thousand in 2017. 'Foreign Returnees' Might Become 'Foreign Leftovers' " (Liuxue Guiguo Renshu 2017 jiang da 66.6wan, Haigui Youlu cheng Haisheng). June 29. http://news.xinhuanet.com/finance/2015-06/29/c_127961858.htm.

Xue, Hai-Ping, and Rong Wang. 2016. "Compulsory Education Teacher Performance Bonus, Teacher Motivation and Student Achievement" (Yiwu Jiaoyu Jiaoshi Jixiao Jiangjin, Jiaoshi Jjili Yu Xuesheng Chengji). *Educational Research* (Jiaoyu Yanjiu) 5: 21–33.

Xue, Xinran. 2015. *Buy Me the Sky: The Remarkable Truth of China's One-Child Generations*. London: Ebury Digital.

Yang, Dan-Yu. 2012. "Family Background and Admission Chances to Higher Education" (Jiating Beijing Yu Gaodeng Jiaoyu Ruxue Jihui Jundenghua de Shizheng Kaocha). *Higher Education Exploration* 2012(5): 140–43.

Yang, Guobin. 2016. *The Red Guard Generation and Political Activism in China*. New York: Columbia University Press.

Yang, Ye, and Angela Paladino. 2015. "The Case of Wine: Understanding Chinese Gift-Giving Behavior." *Marketing Letters* 26(3): 335–61.

Ye, Hua. 2015. "Key-Point Schools and Entry into Tertiary Education in China." *Chinese Sociological Review* 47(2): 128–53.

Yeung, Wei-Jun Jean. 2013. "Higher Education Expansion and Social Stratification in China." *Chinese Sociological Review* 45(4): 54–80.

Westerman, David, Patric R. Spence, and Brandon Van Der Heide. 2012. "A Social Network as Information: The Effect of System Generated Reports of Connectedness on Credibility on Twitter." *Computers in Human Behavior* 28(1): 199–206.

Wilson, George, and Vincent J. Roscigno. 2016. "Job Authority and Stratification Beliefs." *Research in the Sociology of Work* 29: 75–97.

Woessmann, Ludger. 2011. "Cross-Country Evidence on Teacher Performance Pay." *Economics of Education Review* 30(3): 404–18.

Wo Zhongwen Bu Hao. 2017. "2017 College Entrance Examination Champion: It is Important that Rich in Family" (2017 Gaokao Zhuangyuan: Jiali You Qian Hen Zhongyao). YouTube, June 25. https://www.youtube.com/watch?v=giM2uTH6LP8&ab channel=%E6%88%91%E4%B8%AD%E6%96%87%E4%B8%8D%E5%A5%BD.

Wu, Xiaogang, and Yu Xie. 2003. "Does the Market Pay Off? Earnings Returns to Education in Urban China." *American Sociological Review* 68(3): 425–42.

Wu, Xiaoxin. 2013. *School Choice in China: A Different Tale?* New York: Routledge.

Wu, Yuting. 2018. "8 Million Housing Supplement + Million Annual Salary! Behind the Soaring 'Worth' of Yangtze River Scholars: The Battle for Talents in Universities Has Started!" (800 Wan Fang Bu +Bai Wan NiAnxin! Changjiang Xuezhe "Shenjia" Biao Zhang Beihou: Gaoxiao Rencai Zhengduo Zhan Daxiang!). *Economic Observer* (Jingji Guancha Bao), January 16. https://mp.weixin.qq.co/s/GQjJ9tySOSbwBeGTN-IvbA.

Xie, Yu. 2016. "Understanding Inequality in China." *Chinese Journal of Sociology* 2(3): 327–47.

Xie, Yu, and Xiang Zhou. 2014. "Income Inequality in Today's China."

Quarterly 45(1): 160–69.

Walder, Andrew G. 2012. *Fractured Rebellion: The Beijing Red Guard Movement*. Cambridge, MA: Harvard University Press.

Walder, Andrew G., and Songhua Hu. 2009. "Revolution, Reform, and Status Inheritance: Urban China, 1949–1996." *American Journal of Sociology* 114(5): 1395–1427.

Walder, Andrew G., Bobai Li, and Donald J. Treiman. 2000. "Politics and Life Chances in a State Socialist Regime: Dual Career Paths into the Urban Chinese Elite, 1949 to 1996." *American Sociological Review* 65(2): 191–209.

Wang, Huiyao, David Zweig, and Xiaohua Lin. 2011. "Returnee Entrepreneurs: Impact on China's Globalization Process." *Journal of Contemporary China* 20(70): 413–31.

Wang, Xiaolu, and Wing Thye Woo. 2011. "The Size and Distribution of Hidden Household Income in China." *Asian Economic Papers* 10(1): 1–26.

Waterman, Alan S. 1982. "Identity Development from Adolescence to Adulthood: An Extension of Theory and a Review of Research." *Developmental Psychology* 18(3): 341–58.

Waters, Johanna L. 2006. "Geographies of Cultural Capital: Education, International Migration and Family

Strategies between Hong Kong and Canada." *Transactions of the Institute of British Geographers* 31(2): 179–92.

Weber, Max. 1946. *From Max Weber*. New York: Oxford University Press.

——. 1958. "The Chinese Literati." In *Max Weber: Essays in Sociology*, 416–44. New York: Oxford University Press.

Weis, Lois, Kristin Cipollone, and Heather Jenkins. 2014. *Class Warfare: Class, Race, and College Admissions in Top-Tier Secondary Schools*. Chicago: University of Chicago Press.

Harvard Educational Review 67(3): 472–507.
Tan, Charlene. 2017. "Chinese responses to Shanghai's Performance in PISA." *Comparative Education* 53(2): 209–23.
Tan, Huileng. 2018. "Political Resistance Isn't Stopping Chinese Investors from Snapping Up Property around the World." *CNBC*, September 6. https://sports.yahoo.com/political-resistance-isn-apos-t-014400697.html.
Taylor, Catherine. 1994. "Assessment for Measurement or Standards: The Peril and Promise of Large-Scale Assessment Reform." *American Educational Research Journal* 31(2): 231–62.
Tognini, Giacomo. 2021. "The Countries with the Most Billionaires 2021." *Forbes*, April 6. https://www.forbes.com/sites/giacomotognini/2021/04/06/the-countries-with-the-most-billionaires-2021/?sh=7176f6f6379b.
Torngren, Gustaf, and Henry Montgomery. 2004. "Worse Than Chance? Performance and Confidence among Professionals and Laypeople in the Stock Market." *Journal of Behavioral Finance* 5(3): 148–53.
Tsinghua Career Center. 2014. "Annual Report of the Employment Quality of Graduates from Tsinghua University" (Tsinghua Daxue 2014nian Biyesheng Jiuye Zhiliang Niandu Baogao). Beijing: Tsinghua University.
Turner, Ralph H. 1960. "Sponsored and Contest Mobility and the School System." *American Sociological Review* 25(6): 855–67.
UK Council for International Student Affairs. 2017. "International Student Statistics: UK Higher Education." April 10. https://institutions.ukcisa.org.uk/Info-for-universities-colleges--schools/Policy-research--statistics/Research--statistics/International-students-in-UK-HE/#.
Vandrick, Stephanie. 2011. "Students of the New Global Elite." *TESOL*

Sociological Review 63(2): 264–85.
Song, Xi, and Robert D. Mare. 2019. "Shared Lifetimes, Multigenerational Exposure, and Educational Mobility." *Demography* 56(3): 891–916.
Sorokowska, Agnieszka, Piotr Sorokowski, Peter Hilpert, Katarzyna Cantarero, Tomasz Frackowiak, Khodabakhsh Ahmadi, Ahmad M. Alghraibeh, et al. 2017. "Preferred Interpersonal Distances: A Global Comparison." *Journal of Cross-Cultural Psychology* 48(4): 577–92.
Staff, Jeremy, John E. Schulenberg, and Jerald G. Bachman. 2010. "Adolescent Work Intensity, School Performance, and Academic Engagement." *Sociology of Education* 83(3): 183–200.
Statistics Canada. 2016. "International Students in Canadian Universities, 2004/2005 to 2013/2014." http://www.statcan.gc.ca/pub/81-599-x/81-599-x2016011-eng.htm.
Stecher, Brian M., and Stephen P. Klein. 1997. "The Cost of Science Performance Assessments in Large-Scale Testing Programs." *Educational Evaluation and Policy Analysis* 19(1): 1–14.
Steidlmeier, Paul. 1999. "Gift Giving, Bribery and Corruption: Ethical Management of Business Relationships in China." *Journal of Business Ethics* 20(2): 121–32.
Stevens, Mitchell L. 2007. *Creating a Class: College Admissions and the Education of Elites*. Cambridge, MA: Harvard University Press.
Sun, Lena. 1987. "The Spoiled Brats of China." *Washington Post*, July 26. https://www.washingtonpost.com
/archive/politics/1987/07/26/the-spoiled-brats-of-china/10a39312-9a46-4f0a-9e9a-a7f884469be6/.
Supovitz, Jonathan, and Robert Brennan. 1997. "Mirror, Mirror on the Wall, Which Is the Fairest Test of All? An Examination of the Equitability of Portfolio Assessment Relative to Standardized Tests."

High Schools. Berkeley: University of California Press.

Scott, John Finley. 1965a. "Sororities and the Husband Game." *Transaction* 2(6): 10–14.

——. 1965b. "The American College Sorority: Its Role in Class and Ethnic Endogamy." *American Sociological Review* 30(4): 514–27.

Sharma, Yojana. 2014. "What Do You Do with Millions of Extra Graduates?" *BBC*, July 1. https://www.bbc .com/news/business-28062071.

Sharp, Stephen. 1997. " 'Much More at Home with 3.999 Pupils Than with Four': The Contributions to Psychometrics of Sir Godfrey Thomson." *British Journal of Mathematical and Statistical Psychology* 50(2): 163–74.

Shavit, Yossi, and Hans-Peter Blossfeld, eds. 1993. *Persistent Inequality: Changing Educational Attainment in Thirteen Countries*. Boulder, CO: Westview.

Sherman, Rachel. 2017. *Uneasy Street: The Anxieties of Affluence*. Princeton, NJ: Princeton University Press.

Sina. 2014. "2014 Acceptance Rate in Gaokao Is 74.33%, University Admission Rates Are 38.7%" (2014 Gaokao Luqulu yue 74.33%, Benke Luqulu 38.7%). June 7. http://edu.sina.com.cn/gaokao/2014-06-07/0734422104.shtml.

——. 2016. "Must Read by International Students: Changes in the American National College Entrance Exam SAT" (Guojixuexiao Xuesheng Bidu: Meiguo Gaokao SAT Gaige you he Bianhua). January 11. http://edu.sina.com.cn/ischool/2016-01-11/doc-ifxnkkuv4340046.shtml.

Smits, Jeroen, Wout Ultee, and Jan Lammers. 1998. "Educational Homogamy in 65 Countries: An Explanation of Differences in Openness Using Country-Level Explanatory Variables." *American*

1921–75." *Sociology of Education* 66 (1): 41–62.

Ramirez, Francisco O., Evan Schofer, and John W. Meyer. 2018. "International Tests, National Assessments, and Educational Development (1970–2012)." *Comparative Education Review* 62(3): 344–64.

Ramsden, Sally R., and Julie A. Hubbard. 2002. "Family Expressiveness and Parental Emotion Coaching: Their Role in Children's Emotion Regulation and Aggression." *Journal of Abnormal Child Psychology* 30 (6): 657–67.

Resnick, Lauren B., and Megan Williams Hall. 1998. "Learning Organizations for Sustainable Education Reform." *Daedalus* 127(4): 89–118.

Riesman, David, and Christopher Jencks. 1962. "The Viability of the American College." In *The American College: A Psychological and Social Interpretation of the Higher Learning*, edited by Nevitt Sanford, 74–192. New York: John Wiley.

Rivera, Lauren A. 2015. *Pedigree: How Elite Students Get Elite Jobs.* Princeton, NJ: Princeton University Press.

Roksa, Josipa, and Daniel Potter. 2011. "Parenting and Academic Achievement: Intergenerational Transmission of Educational Advantage." *Sociology of Education* 84 (4): 299–321.

Rose-Redwood, CindyAnn R., and Reuben S. Rose-Redwood. 2013. "Self-Segregation or Global Mixing? Social Interactions and the International Student Experience." *Journal of College Student Development* 54(4): 413–29.

Saez, Emmanuel, and Gabriel Zucman. 2016. "Wealth Inequality in the United States since 1913: Evidence from Capitalized Income Tax Data." *Quarterly Journal of Economics* 131(2): 519–78.

Sánchez-Jankowski, Martín. 2016. *Burning Dislike: Ethnic Violence in*

Page, Benjamin, Larry M. Bartels, and Jason Seawright. 2013. "Democracy and the Policy Preferences of Wealthy Americans." *Perspectives on Politics* 11(1): 51–73.

Park, Hyunjoon. 2008. "The Varied Educational Effects of Parent-Child Communication: A Comparative Study of Fourteen Countries." *Comparative Education Review* 52(2): 219–43.

Peking University Recruitment Newsletter. 2014. "2014 Chart of Successful Alumni in Chinese Universities." *Gaokao Special Issue* 24: 6.

Peking University Student Career Center. 2014. "Annual Report of the Employment Quality of Graduates from Peking University" (Peking University 2014nian Biyesheng Jiuye Zhiliang Niandu Baogao). Beijing: Peking University.

People's Daily. 2016. "Worries over the Fairness of Different Beneficiary Groups in the 'American National College Entrance Exam' " (Meiguo Gaokao Luqu Gongping Kanyou, Huoyi Qunti Gebuxiangtong). January 28. http://edu.people.com.cn/n1/2016/0128/c1053-28092530.html.

Pepper, Suzanne. 1996. *Radicalism and Education Reform in 20th-Century China: The Search for an Ideal Development Model.* Cambridge: Cambridge University Press.

Qian, Wang, Mohammed Abdur Razzaque, and Kau Ah Keng. 2007. "Chinese Cultural Values and Gift-Giving Behavior." *Journal of Consumer Marketing* 24(4): 214–28.

Radford, Alexandria Walton. 2013. Top Student, *Top School? How Social Class Shapes Where Valedictorians Go to College*. Chicago: University of Chicago Press.

Raftery, Adrian E., and Michael Hout. 1993. "Maximally Maintained Inequality: Expansion, Reform, and Opportunity in Irish Education,

Children Stereotype." *Journal of Research in Personality* 42(4): 1047–52.

National Bureau of Statistics. 2013. "Average Annual Income of Urban Residents" (Chengzhen Jumin Pingjun Meiren Quanbu Nianshouru)." Beijing: China Statistics Press.

——. 2017. "China Statistics Year Book." Beijing: China Statistics Press.

Nee, Victor. 1991. "Social Inequalities in Reforming State Socialism: Between Redistribution and Markets in China." *American Sociological Review* 56(3): 267–82.

Nilizadeh, Shirin, Anne Groggel, Peter Lista, Srijita Das, Yong-Yeol Ahn, Apu Kapadia, and Fabio Rojas. 2016. "Twitter's Glass Ceiling: The Effect of Perceived Gender on Online Visibility." In *International AAAI Conference on Web and Social Media*, 289–98. Palo Alto, CA: Association for the Advancement of Artificial Intelligence.

Nolan, Peter. 2013. *Is China Buying the World?* Cambridge, MA: Polity.

OECD. 2014. *PISA 2012 Results: Creative Problem Solving: Students' Skills in Tackling Real-Life Problems*. Vol. 5. Paris: PISA, OECD Publishing.

——. 2017. *PISA 2015 Results: Collaborative Problem Solving*. Vol. 5. Paris: PISA, OECD Publishing.

——. 2020. *OECD Employment Outlook 2020: Worker Security and the Covid-19 Crisis*. Paris: OECD Publishing.

Oguntoyinbo, Lekan. 2014. "Breaking through the Bamboo Ceiling." *Diverse Issues in Higher Education* 31(7): 10–11.

Orfield, Gary, and Nicholas Hillman. 2018. *Accountability and Opportunity in Higher Education: The Civil Rights Dimension*. Cambridge, MA: Harvard Education Press.

Oyer, Paul. 2008. "The Making of an Investment Banker: Stock Market Shocks, Career Choice, and Lifetime Income." *Journal of Finance* 63(6): 2601–28.

Mazlish, Bruce, and Elliot R. Morss. 2005. "A Global Elite?" In *Leviathans: Multinational Corporations and the New Global History*, edited by Alfred D. Chandler and Bruce Mazlish, 167–87. Cambridge: Cambridge University Press.

McAdams, Dan P., and Bradley D. Olson. 2010. "Personality Development: Continuity and Change over the Life Course." *Annual Review of Psychology* 61: 517–42.

McCabe, Janice M. 2016. *Connecting in College: How Friendship Networks Matter for Academic and Social Success*. Chicago: University of Chicago Press.

McDonough, Patricia M. 1997. *Choosing Colleges: How Social Class and Schools Structure Opportunity*. Albany: State University of New York Press.

Mears, Ashley. 2011. *Pricing Beauty: The Making of a Fashion Model*. Berkeley: University of California Press.

Mills, C. Wright. 1956. *The Power Elite*. New York: Oxford University Press.

Milner, Murray. 1994. *Status and Sacredness: A General Theory of Status Relations and an Analysis of Indian Culture*. New York: Oxford University Press.

——. 2015a. *Elites: A General Model*. Cambridge, MA: Polity.

——. 2015b. *Freaks, Geeks, and Cool Kids: Teenagers in an Era of Consumerism, Standardized Tests, and Social Media*. New York: Routledge.

Morgan, Stephen L., and Aage B. Sørensen. 1999. "Parental Networks, Social Closure, and Mathematics Learning: A Test of Coleman's Social Capital Explanation of School Effects." *American Sociological Review* 64(5): 661–81.

Mõttus, René, Kristjan Indus, and Jüri Allik. 2008. "Accuracy of Only

Priority to Fairness or Efficiency" (Gaokao Gaige, Gongping Weishou Haishi Xiaolu Youxian). *Journal of Higher Education* 5(1): 1–6.

Liu, Ruth X., Wei Lin, and Zeng-Yin Chen. 2010. "School Performance, Peer Association, Psychological and Behavioral Adjustments: A Comparison between Chinese Adolescents With and Without Siblings." *Journal of Adolescence* 33(3): 411–17.

Liu, Xianchen, Jenn-Yun Tein, Zhongtang Zhao, and Irwin N. Sandler. 2005. "Suicidality and Correlates among Rural Adolescents of China." *Journal of Adolescent Health* 37(6): 443–51.

Liuxue. 2014. "Rankings of the Numbers of Chinese Students Admitted to American Elite Universities: Duke University Is Top" (Meiguo Mingxiao Luqu Zhongguo Xuesheng Renshu Paihang: Duke University Ju Sho). April 18. http://l.gol.edu.cn/school3324/20140418/t20140418110088l3.shtml.

Lubinski, David, David B. Schmidt, and Camilla Persson Benbow. 1996. "A 20-YearStabilityAnalysisof the Study of Values for Intellectually Gifted Individuals from Adolescence to Adulthood." *Journal of Applied Psychology* 81(4): 443–51.

Lucas, Samuel R. 2001. "Effectively Maintained Inequality: Education Transitions, Track Mobility, and Social Background Effects." *American Journal of Sociology* 106(6): 1642–90.

Ma, Yingyi. 2020. *Ambitious and Anxious: How Chinese College Students Succeed and Struggle in American Higher Education*. New York: Columbia University Press.

MacLeod, Jay. 2018. *Ain't No Makin' It: Aspirations and Attainment in a Low-Incom Neighborhood*. Boulder, CO: Westview.

Mare, Robert D. 2012. "Holistic Review in Freshman Admissions at UCLA." Los Angeles: University of California, Los Angeles. http://uclaunfair.org/pdf/marereport.pdf.

29(1): 89–104.

Li, Shi, Hiroshi Sato, and Terry Sicular, eds. 2013. *Rising Inequality in China: Challenges to a Harmonious Society*. Cambridge: Cambridge University Press.

Li, Yao, and Harvey L. Nicholson Jr. 2021. "When 'Model Minorities' Become 'Yellow Peril'—Othering and the Racialization of Asian Americans in the COVID-19 Pandemic." *Sociology Compass* 15(2): e12849.

Liang, Chen, Hao Zhang, Lan Li, Danqing Ruan, Cameron Campbell, and James Lee. 2013. *Silent Revolution: The Social Origins of Peking University and Soochow University Undergraduates, 1949–2002* (Wusheng de geming: Beijing daxue, suzhou daxue de xuesheng shehui laiyuan 1949–2002). Beijing: SDX Joint Publishing.

Lim, Louisa, and Julia Bergin. 2018. "Inside China's Audacious Global Propaganda Campaign." *Guardian*, December 7. https://www.theguardian.com/news/2018/dec/07/china-plan-for-global-media-dominance-propaganda-xi-jinping.

Lin, Nan, and Wen Xie. 1988. "Occupational Prestige in Urban China." *American Journal of Sociology* 93(4): 793–832.

Linn, Robert L., and Eva L. Baker. 1996. "Can Performance-Based Assessments Be Psychometrically Sound?" In *Performance-Based Student Assessment: Challenges and Possibilities*, edited by Joan Boykoff Baron and Dennie Palmer Wolf. Chicago: University of Chicago Press.

Littrell, Romie F. 2005. "Teaching Students from Confucian Cultures." In *Business and Management Education in China: Transition, Pedagogy and Training*, edited by Ilan Alon and John R. McIntyre, 115–40. Singapore: World Scientific.

Liu, Haifeng. 2011. "The Reform of College Entrance Examination:

Inclusion and Exclusion Race, Class, and Cultural Capital in Family-School Relationships." *Sociology of Education* 72(1): 37–53.

Larmer, Brook. 2014. "Inside a Chinese Test-Prep Factory." *New York Times*, December 31. https://www.nytimes.com/2015/01/04/magazine/inside-a-chinese-test-prep-factory.html.

Lee, Sunhwa, and Mary C. Brinton. 1996. "Elite Education and Social Capital: The Case of South Korea." *Sociology of Education* 69(3): 177–92.

Levey-Friedman, Hilary. 2013. *Playing to Win: Raising Children in a Competitive Culture*. Berkeley: University of California Press.

Li, Bobai, and Andrew G. Walder. 2001. "Career Advancement as Party Patronage: Sponsored Mobility into the Chinese Administrative Elite, 1949–1996." *American Journal of Sociology* 106(5): 1371–1408.

Li, Cheng. 2006. "Foreign-Educated Returnees in the People's Republic of China: Increasing Political Influence with Limited Official Power." *Journal of International Migration and Integration* 7(4): 493–516.

Li, Cheng, and David Bachman. 1989. "Localism, Elitism, and Immobilism: Elite Formation and Social Change in Post-Mao China." *World Politics* 42(1): 64–94.

Li, Fengliang, John Morgan, and Xiaohao Ding. 2008. "The Expansion of Higher Education, Employment and Over-education in China." *International Journal of Educational Development* 28(6): 687–97.

Li, Haiyang, Yan Zhang, Yu Li, Li-An Zhou, and Weiying Zhang. 2012. "Returnees versus Locals: Who Perform Better in China's Technology Entrepreneurship?" *Strategic Entrepreneurship Journal* 6(3): 257–72.

Li, Haizheng. 2003. "Economic Transition and Returns to Education in China." *Economics of Education Review* 22(3): 317–28.

Li, Huijun, and Frances Prevatt. 2008. "Fears and Related Anxieties in Chinese High School Students." *School Psychology International*

Konty, Mark A., and Charlotte Chorn Dunham. 1997. "Differences in Value and Attitude

Change over the Life Course." *Sociological Spectrum* 17(2): 177–97.

Kwon, Soo Ah, Xavier Hernandez, and Jillian L. Moga. 2019. "Racial Segregation and the Limits of International Undergraduate Student Diversity." *Race Ethnicity and Education* 22(1): 59–72.

Lai, Alexis. 2012. "Chinese Flock to Elite U.S. Schools." *CNN*, November 26. http://www.cnn.com/2012/11/25/world/asia/china-ivy-league-admission/index.html.

Lam, Chi-Chung, Esther Sui Chu Ho, and Ngai-Ying Wong. 2002. "Parents' Beliefs and Practices in Education in Confucian Heritage Cultures: The Hong Kong Case." *Journal of Southeast Asian Education* 3(1): 99–114.

Lan, Pei-Chia. 2018. *Raising Global Families: Parenting, Immigration, and Class in Taiwan and the U.S.* Stanford, CA: Stanford University Press.

Lareau, Annette. 2000. *Home Advantage: Social Class and Parental Intervention in Elementary Education*. Washington, DC: Rowman & Littlefield.

——. 2011. *Unequal Childhoods: Class, Race, and Family Life*. Berkeley: University of California Press.

——. 2015. "Cultural Knowledge and Social Inequality." *American Sociological Review* 80(1): 1–27.

Lareau, Annette, Shani Adia Evans, and April Yee. 2016. "The Rules of the Game and the Uncertain Transmission of Advantage: Middle-Class Parents' Search for an Urban Kindergarten." *Sociology of Education* 89(4): 279–99.

Lareau, Annette, and Kimberly Goyette, eds. 2014. *Choosing Homes, Choosing Schools*. New York: Russell Sage Foundation.

Lareau, Annette, and Erin McNamara Horvat. 1999. "Moments of Social

(Gongping Gong Zheng, Jiangou Hexie: Jinian Guifu Gaokao Zhidu 30 Zhonian). *China Examinations* 8: 8–11.

Jiménez, Tomás R., and Adam L. Horowitz. 2013. "When White Is Just Alright: How Immigrants Redefine Achievement and Reconfigure the Ethnoracial Hierarchy." *American Sociological Review* 78(5): 849–71.

John, Tara. 2016. "International Students in U.S. Colleges and Universities Top 1 Million." *Time*, November 14. https://time.com/4569564/international-us-students/.

Kao, Grace, and Jennifer S. Thompson. 2003. "Racial and Ethnic Stratification in Educational Achievement and Attainment." *Annual Review of Sociology* 29: 417–42.

Karabel, Jerome. 2005. *The Chosen: The Hidden History of Admission and Exclusion at Harvard, Yale, and Princeton*. Boston: Mariner Books.

Khan, Shamus Rahman. 2011. *Privilege: The Making of an Adolescent Elite at St. Paul's School*. Princeton, NJ: Princeton University Press.

Kim, Young K., Julie J. Park, and Katie K. Koo. 2015. "Testing Self-Segregation: Multiple-Group Structural Modeling of College Students' Interracial Friendship by Race." *Research in Higher Education* 56(1): 57–77.

Kincheloe, Joe L., Shirley R. Steinberg, and Aaron David Gresson III, eds. 1997. *Measured Lies: The Bell Curve Examined*. New York: St. Martin's.

Kipnis, Andrew B. 2011. *Governing Educational Desire: Culture, Politics, and Schooling in China*. Chicago: University of Chicago Press.

Kiselycznyk, Michael, and Phillip C. Saunders. 2010. "Civil-Military Relations in China: Assessing the PLA's Role in Elite Politics." China Strategic Perspectives, No. 2. Washington, DC: National Defense University Press.

Availability of Specialized Palliative Care Services in Japan." *Japanese Journal of Clinical Oncology* 44(3): 249–56.

Ho, Ping-Ti. 1962. *The Ladder of Success in Imperial China: Aspects of Social Mobility, 1368–1911*. New York: Columbia University Press.

Horvat, Erin, Elliot Weininger, and Annette Lareau. 2003. "From Social Ties to Social Capital: Class Differences in the Relations between Schools and Parent Networks." *American Educational Research Journal* 40(2): 319–51.

Horwitz, Josh. 2016. "Golf Is Now Mandatory at a Chinese Elementary School." *Quartz*, March 21. https://qz.com/640572/for-one-public-school-in-shanghai-golf-is-a-mandatory-course/.

Huang, Tiffany J. 2021. "Negotiating the Workplace: Second-Generation Asian American Professionals' Early Experiences." *Journal of Ethnic and Migration Studies* 47(11): 2477–96.

Huawen. 2017. "2016 Summary of Tsinghua and Peking University Admissions in Each Province" (2016nian Tsinghua, Beida Quanguo Gesheng Zhaosheng Renshu Zonghui). May 1. https://www.cnread.news/content/2357203.html.

Jacques, Martin. 2009. *When China Rules the World: The End of the Western World and the Birth of a New Global Order*. London: Penguin.

Jæger, Mads M. 2012. "The Extended Family and Children's Educational Success." *American Sociological Review* 77(6): 903–22.

Jencks, Christopher, and Meredith Phillips. 1998. *The Black-White Test Score Gap*. Washington, DC: Brookings Institution Press.

Jencks, Christopher, and David Riesman. 2017. *The Academic Revolution*. New York: Routledge. Jencks, Harlan W. 1982. "Defending China in 1982." Current History 81(479): 246–50, 274–75.

Jiang, Gang. 2007. "Equal and Fair, Promote Harmony: 30 Years after the Reestablishment of the National College Entrance Exam"

Rural-Urban Divide and Educational
Stratification in China: A Trajectory Analysis." *Comparative Education Review* 58(3): 509–36.

Harris, Kathleen Mullan, Frank F. Furstenberg, and Jeremy K. Marmer. 1998. "Paternal Involvement with Adolescents in Intact Families: The Influence of Fathers over the Life Course." *Demography* 35(2): 201–16.

Hartmann, Michael. 2006. *The Sociology of Elites*. New York: Routledge.

Haun, Daniel B. M., and Michael Tomasello. 2011. "Conformity to Peer Pressure in Preschool Children." *Child Development* 82(6): 1759–67.

Heathcote, Andrew. 2019. "American Dominance in Tech Wealth Creation Upended by Asian Wave." *Bloomberg*, February 9. https://www.bloomberg.com/news/articles/2019-02-08/american-dominance-in-tech-wealth-creation-upended-by-asian-wave.

Heckman, James J., and Xuesong Li. 2004. "Selection Bias, Comparative Advantage and Heterogeneous Returns to Education: Evidence from China in 2000." *Pacific Economic Review* 9(3): 155–71.

Heeter, Chad. 2008. *Two Million Minutes: A Global Examination.* United States: Broken Pencil Productions. Herrnstein, Richard J., and Charles A. Murray. 1994. *The Bell Curve: Intelligence and Class Structure in American Life*. New York: Free Press.

Higgins, Tim. 2013. "Chinese Students Major in Luxury Cars." *Bloomberg*, December 20. https://www.bloomberg.com/news/articles/2013-12-19/chinese-students-in-u-dot-s-dot-boost-luxury-car-sales.

Hirooka, Kayo, Mitsunori Miyashita, Tatsuya Morita, Takeyuki Ichikawa, Saran Yoshida, Nobuya Akizuki, Miki Akiyama, Yutaka Shirahige, and Kenji Eguchi. 2014. "Regional Medical Professionals' Confidence in Providing Palliative Care, Associated Difficulties and

Goldin, Claudia, and Lawrence F. Katz. 1999. "The Shaping of Higher Education: The Formative Years in the United States, 1890 to 1940." *Journal of Economic Perspectives* 13(1): 37–62.

Gommans, Rob, Marlene J. Sandstrom, Gonneke W. J. M. Stevens, Tom F. M. ter Bogt, and Antonius H. N. Cillessen. 2017. "Popularity, Likeability, and Peer Conformity: Four Field Experiments." *Journal of Experimental Social Psychology* 73: 279–89.

Gong, Honge, Andrew Leigh, and Xin Meng. 2012. "Intergenerational Income Mobility in Urban China." *Review of Income and Wealth* 58(3): 481–503.

Goodman, David SG. 2014. *Class in Contemporary China.* Hoboken, NJ: John Wiley.

Gore, Lance L. P. 2019. "The Communist Party-Dominated Governance Model of China: Legitimacy, Accountability, and Meritocracy." *Polity* 51(1): 161–94.

Grazian, David. 2008. *On the Make: The Hustle of Urban Nightlife.* Chicago: University of Chicago Press.

Guimaraes, Juliana, and Breno Sampaio. 2013. "Family Background and Students' Achievement on a University Entrance Exam in Brazil." *Education Economics* 21(1): 38–59.

Hamilton, Laura T. 2016. *Parenting to a Degree: How Family Matters for College Women's Success.* Chicago: University of Chicago Press.

Hannum, Emily, 1999. "Political Change and the Urban-Rural Gap in Basic Education in China, 1949–1990." *Comparative Education Review* 43(2): 193–211.

Hao, Jie, and Anthony Welch. 2012. "A Tale of Sea Turtles: Job-Seeking Experiences of Hai Gui (High-Skilled Returnees) in China." *Higher Education Policy* 25(2): 243–60.

Hao, Lingxin, Alfred Hu, and Jamie Lo. 2014. "Two Aspects of the

Furuta, Jared, Evan Schofer, and Shawn Wick. 2016. "The Effects of High Stakes Testing on Educational Outcomes, 1960–2006." Presentation at the American Sociological Association annual meeting, Seattle.

Galak, Jeff, Kurt Gray, Igor Elbert, and Nina Strohminger. 2016. "Trickle-Down Preferences: Preferential Conformity to High Status Peers in Fashion Choices." *PLOS One* 11(5): e0153448.

Gao, Helen. 2014. "(Opinion) China's Education Gap." *New York Times*, September 4. https://www.nytimes.com/2014/09/05/opinion/sunday/chinas-education-gap.html.

Garcia, Georgia Earnest, and P. David Pearson. 1991. "The Role of Assessment in a Diverse Society." In *Literacy in a Diverse Society: Perspectives, Practices, and Policies*, edited by Elfrieda H. Hiebert, 253–78. New York: Teachers College Press.

Gardner, Howard E. 1993. *Multiple Intelligence: Theory in Practice*. New York: Basic Books.

Gaztambide-Fernandez, Ruben A. 2009. *The Best of the Best: Becoming Elite at an American Boarding School.* Cambridge, MA: Harvard University Press.

Ghuman, Gagandeep. 2018. "Can China Conquer the World? Yes, It Has a Plan That Works." *Global Canadian*, January 29. https://www.northshoredailypost.com/can-china-conquer-world-yes-plan-works/.

Gibson, Anja. 2019. "The (Re-)Production of Elites in Private and Public Boarding Schools: Comparative Perspectives on Elite Education in Germany." In *Elites and People: Challenges to Democracy*, edited by Fredrik Engelstad, Trygve Gulbrandsen, Marte Mangset, and Mari Teigen, 115–36. Bingley: Emerald.

Giddens, Anthony. 1972. "Elites in the British Class Structure." *Sociological Review* 20(3): 345–72.

Outlook." March 12. https://ec.europa.eu/info/publications/eu-china-strategic-outlook-commission-contribution-european-council-21-22-march-2019en.

FairTest. 2020. "More Than Half of All U.S. Four-Year Colleges and Universities Will Be Test-Optional for Fall 2021 Admission." Fair Test, the National Center for Fair & Open Testing, June 14. https://www.fairtest.org/more-half-all-us-fouryears-colleges-and-universiti.

Fan, C. Cindy. 2002. "The Elite, the Natives, and the Outsiders: Migration and Labor Market Segmentation in Urban China." *Annals of the Association of American Geographers* 92(1): 103–24.

Ferdinand, Robert F., and Frank C. Verhulst. 1995. "Psychopathology from Adolescence into Young Adulthood: An 8-Year Follow-Up Study." *American Journal of Psychiatry* 152(11): 1586–94.

Fischer, Claude S., Michael Hout, Martin Sanchez Jankowski, Samuel R. Lucas, Ann Swidler, and Kim Voss. 1996. *Inequality by Design: Cracking the Bell Curve Myth.* Princeton, IL: Princeton University Press.

Fite, Paula J., Adrian Raine, Magda Stouthamer-Loeber, Rolf Loeber, and Dustin A. Pardini. 2010. "Reactive and Proactive Aggression in Adolescent Males: Examining Differential Outcomes 10 Years Later in Early Adulthood." *Criminal Justice and Behavior* 37(2): 141–57.

Fong, Vanessa. 2004. *Only Hope: Coming of Age under China's One-Child Policy.* Stanford, CA: Stanford University Press.

——. 2011. *Paradise Redefined: Transnational Chinese Students and the Quest for Flexible Citizenship in the Developed World.* Stanford, CA: Stanford University Press.

Furuta, Jared. 2017. "Rationalization and Student/School Personhood in U.S. College Admissions: The Rise of Test-Optional Policies, 1987 to 2015." *Sociology of Education* 90(3): 236–54.

Chicago Press.

Department of Education and Training, Australia. 2017. "International Student Data Monthly Summary." https://internationaleducation.gov.au/research/international-student-data/Pages/default.aspx.

DK International Education. 2013. "2013 China SAT Annual Analysis Report" (2013 Nian SAT Niandu Fenxi Baogao). https://wenku.baidu.com/view/60baeac46294dd88d0d26b9d.html.

Domhoff, G. William. 1967. *Who Rules America?* Englewood Cliff, NJ: Prentice Hall.

——. 2017. *Studying the Power Elite: Fifty Years of Who Rules America?* New York: Routledge.

Dworkin, Jodi B., Reed Larson, and David Hansen. 2003. "Adolescents' Accounts of Growth Experiences in Youth Activities." *Journal of Youth and Adolescence* 32(1): 17–26.

Eckert, Penelope. 1989. *Jocks and Burnouts: Social Categories and Identity in the High School.* New York: Teachers College Press.

Ellis, B. Heidi, Eva Alisic, Amy Reiss, Tom Dishion, and Philip A. Fisher. 2014. "Emotion Regulation among Preschoolers on a Continuum of Risk: The Role of Maternal Emotion Coaching." *Journal of Child and Family Studies* 23(6): 965–74.

Erola, Jani, and Pasi Moisio. 2007. "Social Mobility over Three Generations in Finland, 1950– 2000." *European Sociological Review* 23(2): 169–83.

Er-Rafia, Fatima-Zohra. 2018. "How did China Become the World's Second Economic Power?" *Rising Powers in Global Governance*, September 17. https://risingpowersproject.com/how-did-china-become-the-worlds-second-economic-power/.

European Commission and HR/VP Contribution to the European Council. 2019. "Communication: EU-China— A Strategic

Power: America's Elite Boarding Schools. New York: Basic Books.
Courtois, Aline. 2013. "Becoming Elite: Exclusion, Excellence, and Collective Identity in Ireland's Top Fee-Paying Schools." In *The Anthropology of Elites: Power, Culture, and the Complexities of Distinction*, edited by Jon Abbink and Tijo Salverda, 163–83. New York: Palgrave Macmillan.
Damian, Rodica Ioana, Rong Su, Michael J. Shanahan, Ulrich Trautwein, and Brent W. Roberts. 2015. "Can Personality Traits and Intelligence Compensate for Background Disadvantage? Predicting Status Attainment in Adulthood." *Journal of Personality and Social Psychology* 109(3): 473–89.
Davey, Gareth, Chuan De Lian, and Louise Higgins. 2007. "The University Entrance Examination System in China." *Journal of Further and Higher Education* 31(4): 385–96.
Davis, Bob, and Lingling Wei. 2019. "China's Plan for Tech Dominance is Advancing, Business Groups Say; Critical Report on 'Made in China 2025' Issued as U.S.-China Trade Talks Are Set to Resume Next Week." *Wall Street Journal*, January 22. https://www.wsj.com/articles/u-s-business-groups-weigh-in-on-chinas-technology-push-11548153001.
Dearing, Eric, Holly Kreider, Sandra Simpkins, and Heather B. Weiss. 2006. "Family Involvement in School and Low-Income Children's Literacy: Longitudinal Associations Between and Within Families." *Journal of Educational Psychology* 98(4): 653–64.
Decker, Steve, Scott H. Decker, and Barrik Van Winkle. 1996. *Life in the Gang: Family, Friends, and Violence*. Cambridge: Cambridge University Press.
Demerath, Peter. 2009. *Producing Success: The Culture of Personal Advancement in an American High School*. Chicago: University of

——. 2017. "2016 Study Abroad Report" (2016 Chuguo Liuxue Fazhan Qushi Baogao). https://www.eol.cn/html/lx/report2016/mulu.shtml.

Clark, Burton R. 1960. "The 'Cooling-Out' Function in Higher Education." *American Journal of Sociology* 65(6): 569–76.

Clark, Gregory, and Neil Cummins. 2014. "Inequality and Social Mobility in the Industrial Revolution Era." In *Cambridge Economic History of Modern Britain*, edited by Roderick Floud, Jane Humphries, and Paul Johnson, 211–36. Cambridge: Cambridge University Press.

Clark, Taylor. 2008. "Plight of the Little Emperors." *Psychology Today*, July 1. https://www.psychologytoday.com/us/articles/200807/plight-the-little-emperors.

Coleman, James Samuel. 1961. *The Adolescent Society: The Social Life of the Teenager and Its Impact on Education*. New York: Free Press.

——. 1988. "Social Capital in the Creation of Human Capital." *American Journal of Sociology* 94: 95–120.

College Board. 2013. "The 2013 SAT Report on College & Career Readiness." https://secure-media.collegeboard.org/homeOrg/content/pdf/sat-report-college-career-readiness-2013.pdf.

Collins, Randall. 1979. *The Credential Society: An Historical Sociology of Education and Stratification*. New York: Columbia University Press.

——. 1998. "Technological Displacement and Capitalist Crises: Escapes and Dead Ends." In *The Sociology of Philosophies: A Global Theory of Intellectual Change*. Cambridge, MA: Harvard University Press.

——. 2004. *Interaction Ritual Chains*. Princeton, NJ: Princeton University Press.

Congressional Research Service. 2020. "COVID-19: U.S. Economic Effects." May 13. https://sgp.fas.org/crs/row/R46270.pdf.

Cookson, Peter W., Jr., and Caroline Hodges Persell. 1985. *Preparing for*

Contingencies, Cultural Capital, and Parental Involvement for Elite University Admission in China." *Comparative Education Review* 62(4): 503–21.

Chiang, Yi-Lin, and Annette Lareau. 2018. "Elite Education in China: Insights into the Transition to Higher Education." In *Elites in Education: Major Themes in Education.* Vol. 4: *Pathways to Elite Institutions and Professions*, edited by Agnes Van Zanten, 178–94. New York: Routledge.

Chiang, Yi-Lin, and Hyunjoon Park. 2015. "Do Grandparents Matter? A Multigenerational Perspective on Educational Attainment in Taiwan." *Social Science Research* 51: 163–73.

Childress, Herb. 2019. *The Adjunct Underclass: How America's Colleges Betrayed Their Faculty, Their Students, and Their Mission.* Chicago: University of Chicago Press.

Chin, Margaret M. 2020. *Stuck: Why Asian Americans Don't Reach the Top of the Corporate Ladder*. New York: New York University Press.

Chin, Tiffani. 2000. " 'Sixth Grade Madness' Parental Emotion Work in the Private High School Application Process." *Journal of Contemporary Ethnography* 29(2): 124–63.

China Daily. 2014. "Expected Salary of Graduates Hits 4-Year Low." May 28. https://www.chinadaily.com.cn/china/2014-05/28/content17547583.htm.

China Education Online. 2014a. "Income Ranking of College Graduates: List of the Graduates from 25 Top Paid Universities" (Daxue Biyesheng Gongzi Paiming: Zhongguo XinchouZuigao De 25 Suo Daxue Pandian). http://career.eol.cn/kuaixun4343/20140928/t20140928l181218.shtml.

——. 2014b. "2014 Study Abroad Report" (2014 Chuguo Liuxue Qushi Baogao). https://www.eol.cn/html/lx/2014baogao/.

Social History of Examinations. Cambridge: Cambridge University Press.

Chambliss, Daniel F. 1989. "The Mundanity of Excellence: An Ethnographic Report on Stratification and Olympic Swimmers." *Sociological Theory* 7(1): 70–86.

Chan, Tak Wing, and Vikki Boliver. 2013. "The Grandparents Effect in Social Mobility: Evidence from British Birth Cohort Studies." *American Sociological Review* 78(4): 662–78.

Chao, Grace. 2013. "Elite Status in the People's Republic of China: Its Formation and Maintenance." PhD dissertation, Columbia University.

Chen, B. 1994. "A Little Emperor: One-Child Family." *Integration* 39: 27.

Chen, Chih-Jou. 2006. "Elite Mobility in Post-Reform Rural China." *Issues and Studies* 42(2): 53–83.

Chen, Te-Ping. 2015. "China Curbs Elite Education Programs: Beijing Tries to Chill Western Influence and Close a Growing Gap in Inequality." *Wall Street Journal*, December 20. https://www.wsj.com/articles/china-curbs-elite-education-programs-1450665387.

Chen, Xinyin, Yufang Bian, Tao Xin, Li Wang, and Rainer K. Silbereisen. 2010. "Perceived Social Change and Childrearing Attitudes in China." *European Psychologist* 15(4): 260–70.

Chhin, Christina S., Martha Bleeker, and Janis E. Jacobs. 2008. "Gender-Typed Occupational Choices: The Long-Term Impact of Parents' Beliefs and Expectations." In *Gender and Occupational Outcomes: Longitudinal Assessments of Individual, Social, and Cultural Influences*, edited by Helen M. G. Watt and Jacquelynne S. Eccles, 215–34. Worcester, MA: American Psychological Association.

Chiang, Yi-Lin. 2018. "When Things Don't Go as Planned:

Sociology of Education 85(1): 40–60.

Calarco, Jessica McCrory. 2011. " 'I Need Help!' Social Class and Children's Help-Seeking in Elementary School." *American Sociological Review* 76(6): 862–82.

——. 2014. "Coached for the Classroom: Parents' Cultural Transmission and Children's Reproduction of Educational Inequalities." *American Sociological Review* 79(5): 1015–37.

——. 2018. *Negotiating Opportunities: How the Middle Class Secures Advantages in School.* New York: Oxford University Press, Cameron, Lisa, Nisvan Erkal, Lata Gangadharan, and Xin Meng. 2013. "Little Emperors: Behavioral Impacts of China's One-Child Policy." *Science* 339(6122): 953–57.

Campbell, Cameron. 2020. "The Influence of the Abolition of the Examinations at the End of the Qing on the Holders of Exam Degrees" (Qingmo Keju Tingfei dui Shiren Wenguan Qunti de Yingxiang: Jiyu Weiguan Dashuju de Hongguan Xin Shijiao). *Social Science Journal* 4(249): 156–66.

Cao, Cong. 2004. *China's Scientific Elite.* New York: Routledge.

Cao, Cong, and Richard P. Suttmeier. 2001. "China's New Scientific Elite: Distinguished Young Scientists, the Research Environment and Hopes for Chinese Science." *China Quarterly* 168: 960–84.

Card, David. 2017. "Amicus Curiae Report." Projects at Harvard, December 15. https://projects.iq.harvard.edu/files/diverse-education/files/expertreport-2017-12-15dr.david_cardexpertreportupdatedconfiddesigsredacted.pdf.

Caspi, Avshalom, and Brent W. Roberts. 2001. "Personality Development Across the Life Course: The Argument for Change and Continuity." *Psychological Inquiry* 12(2): 49–66.

Chaffee, John H. 1985. *The Thorny Gates of Learning in Sung China: A*

Bransford, John D., Ann L. Brown, and Rodney R. Cocking. 1999. *How People Learn: Brain, Mind, Experience, and School.* Washington, DC: National Academy Press.

Brooks, David. 2000. *Bobos in Paradise: The New Upper Class and How They Got There*. New York: Simon & Schuster.

Brooks, Rachel, and Johanna L. Waters. 2009. "International Higher Education and the Mobility of UK Students." *Journal of Research in International Education* 8(2): 191–209.

——. 2011. *Student Mobilities, Migration and the Internationalization of Higher Education*. London: Palgrave Macmillan.

Buchmann, Claudia, Dennis J. Condron, and Vincent J. Roscigno. 2010. "Shadow Education, American Style: Test Preparation, the SAT and College Enrollment." *Social Forces* 89(2): 435–61.

Buchmann, Claudia, and Emily Hannum. 2001. "Education and Stratification in Developing Countries: A Review of Theories and Research." *Annual Review of Sociology* 27: 77–102.

Bureau of Consular Affairs. 2019. "Nonimmigrant Visas Issued by Classification." ttps://travel.state.gov/content/travel/en/legal/visa-law0/visa-statistics/nonimmigrant-visa-statistics.html.

Burger, Susan E., and Donald L. Burger. 1994. "Determining the Validity of Performance-Based Assessment." *Educational Measurement:Issues and Practice* 13(1): 9–15.

Byun, Soo-yong, and Kyung-keun Kim. 2010. "Educational Inequality in South Korea: The Widening Socioeconomic Gap in Student Achievement." In *Globalization, Changing Demographics, and Educational Challenges in East Asia*, edited by Emily Hannum, Hyunjoon Park, and Yuko Goto Butler, 155–82. Bingley: Emerald.

Byun, Soo-yong, and Hyunjoon Park. 2012. "The Academic Success of East Asian American Youth: The Role of Shadow Education."

Validity Prospects for Performance-Based Assessment." *American Psychologist* 48(12): 1210–18.

Baltzell, Edward Digby. 1987. *The Protestant Establishment: Aristocracy and Caste in America*. New Haven, CT: Yale University Press.

Bandura, Albert, Claudio Barbaranelli, Gian Vittorio Caprara, and Concetta Pastorelli. 2001. "Self-Efficacy Beliefs as Shapers of Children's Aspirations and Career Trajectories." *Child Development* 72(1): 187–206.

Bell, Daniel A. 2016. *The China Model: Political Meritocracy and the Limits of Democracy.* Princeton, NJ: Princeton University Press.

Bian, Yanjie. 2002. "Chinese Social Stratification and Social Mobility." *Annual Review of Sociology* 28(1): 91–116.

Bin, Zhao. 1996. "The Little Emperors' Small Screen: Parental Control and Children's Television Viewing in China." *Media, Culture & Society* 18(4): 639–58.

Blau, Peter M., and Otis Dudley Duncan. 1967. *The American Occupational Structure.* New York: John Wiley.

Bourdieu, Pierre. 1976. "Marriage Strategies as Strategies of Social Reproduction." In *Family and Society*, edited by Robert Forster and Orest Ranum, 117–44. Baltimore: Johns Hopkins University Press.

——. 1984. *Distinction: A Social Critique of the Judgement of Taste.* Cambridge, MA: Harvard University Press.

——. 1986. "The Forms of Capital." In *Handbook of Theory and Research for the Sociology of Education*, edited by John Richardson, 241–58. Westport, CT: Greenwood.

Bradsher, Keith. 2013. "In China, Families Bet It All on a Child in College." *New York Times*, February 16. https://www.nytimes.com/2013/02/17/business/in-china-families-bet-it-all-on-a-child-in-college.html.

參考書目

Alon, Sigal, and Marta Tienda. 2007. "Diversity, Opportunity, and the Shifting Meritocracy in Higher Education." *American Sociological Review* 72(4): 487–511.

Alvaredo, Facundo, Lucas Chancel, Thomas Piketty, Emmanuel Saez, and Gabriel Zucman. 2018. *World Inequality Report 2018*. Cambridge, MA: Harvard University Press.

Arcidiacono, Peter, Esteban Aucejo, Andrew Hussey, and Kenneth Spenner. 2013. "Racial Segregation Patterns in Selective Universities." *Journal of Law and Economics* 56(4): 1039–60.

Armstrong, Elizabeth A., and Laura T. Hamilton. 2013. *Paying for the Party: How College Maintains*

Inequality. Cambridge, MA: Harvard University Press.

Armstrong, Patrick Ian, and Gail Crombie. 2000. "Compromises in Adolescents' Occupational Aspirations and Expectations from Grades 8 to 10." *Journal of Vocational Behavior* 56(1): 82–98.

Arum, Richard, and Josipa Roksa. 2011. *Academically Adrift: Limited Learning on College Campuses.*

Chicago: University of Chicago Press.

Bai, Limin. 2006. "Graduate Unemployment: Dilemmas and Challenges in China's Move to Mass Higher Education." *China Quarterly* 185(3): 128–44.

Baker, Eva L., Harold F. O'Neil, and Robert L. Linn. 1993. "Policy and

Beyond 51

學神：中國菁英教育現場一手觀察

Study Gods: How the New Chinese Elite Prepare for Global Competition

作者——姜以琳
譯者——許雅淑、李宗義
副總編輯——洪仕翰
責任編輯——林立恆
行銷總監——陳雅雯
行銷——張偉豪
封面設計——Javick
排版——宸遠彩藝

出版——衛城出版／左岸文化事業有限公司
發行——遠足文化事業股份有限公司（讀書共和國出版集團）
地址——二三一四一 新北市新店區民權路一〇八-三號八樓
電話——〇二-二二一八一四一七
傳真——〇二-二二一八〇七二七
客服專線——〇八〇〇-二二一〇二九
法律顧問——華洋法律事務所 蘇文生律師
印刷——呈靖彩藝有限公司
初版——二〇二三年九月
初版二刷——二〇二四年五月

定價——五五〇元

ISBN 978-626-7052-90-7（紙本）
978-626-7052-91-4（PDF）
978-626-7052-94-5（EPUB）

Study Gods: How the New Chinese Elite Prepare for Global Competition, 1 edition
By Yi-Lin Chiang/9780691210483

ACRO POLIS 衛城
email acropolismde@gmail.com
facebook www.facebook.com/acrolispublish

國家圖書館出版品預行編目資料

學神：中國菁英教育現場一手觀察 / 姜以琳著；許雅淑, 李宗義譯.
－初版.－新北市：衛城出版，遠足文化事業股份有限公司，2023.09
面；　公分. --（Beyond ; 51）
譯自 : Study gods : how the new Chinese elite prepare for global competition.
ISBN　978-626-7052-90-7（平裝）

1. CST: 菁英教育　2. CST: 中國大陸研究　3. CST: 文集

520.9208　　112010946